Der blühende Garten

Helen Dillon

Der blühende Garten

Der Ratgeber
der Royal Horticultural Society

Christian Verlag

Aus dem Englischen übersetzt von
Angelika Feilhauer
Redaktion: Brigitte Milkau
Korrektur: Irmgard Perkounigg
Umschlaggestaltung: Horst Bätz
Herstellung: Dieter Lidl
Satz: Josef Fink GmbH, München

Die Originalausgabe unter dem Titel
The Flower Garden wurde erstmals 1993 im Verlag
Conran Octopus Limited, London, veröffentlicht

Druck und Bindung: Mandarin Publishers
Printed in Hong Kong

ISBN 3-88472-220-4

SEITE 1: Ausdauernder Türkischer Mohn
(Papaver orientale)

SEITE 2: Eine gemischte Pflanzung aus Flocken-blumen *(Centaurea)*, Dahlien, Spinnenpflanze *(Cleome)* und blauem Rittersporn

RECHTS: Eine harmonische Doppelrabatte im Spätsommer

INHALT

Der blühende Garten

Natürlich können Sie als Besitzer eines neuen Gartens im Frühsommer in ein Gartencenter eilen und dort das Auto mit Topfpflanzen beladen, die gerade zu blühen beginnen. Wieder zu Hause, können Sie dann, wo immer Sie in Ihrem Garten eine Lücke finden, kleine Löcher ausheben, die Pflanzen hineinsetzen und hoffen, daß alles gutgeht. Tatsächlich kann man auch mit dieser Art der Gartenpflege einige schöne Erfolge erzielen, aber das Vergnügen ist ungleich größer, wenn man sich zunächst darüber informiert, welche Anforderungen eine Pflanze beispielsweise an Boden und Standort stellt, und sie anschließend gut pflegt; dann lernt man ihre Eigenschaften kennen – ihre Größe, ihre Farbe, die Blütezeit und die Länge der Blühperiode. Denn je mehr man über Aussehen und Entwicklung der Pflanzen weiß, desto zauberhafter kann man seinen Garten gestalten.

In dieser hochsommerlichen Blumenrabatte harmonieren die verschiedenen Höhen und zarten Farben perfekt. Zartrosa und rosaroter Schlafmohn *(Papaver somniferum)* lockern das Arrangement auf. Vorn neigen sich Nelken *(Dianthus)* und Storchschnabel *(Geranium sanguineum* ›Album‹) über den Kies.

Eine in warmen Farben gehaltene Rabatte in Helen Dillons Garten. Hier wachsen Purpurglöckchen (*Heuchera*-Hybriden), Eisenkraut (*Verbena* ›Lawrence Johnston‹), Berberitze (*Berberis thunbergia* ›Atropurpurea‹), *Dahlia* ›Bishop of Llandaff‹, Federmohn *(Macleaya cordata)* und Bartfaden (*Penstemon* ›Chester Scarlet‹; näheres über die Kombination von Farben Seite 58 - 59).

Blühende Gärten können jede beliebige Größe und Gestalt haben. Es kann ebenso viel Spaß machen, auf einem Stadtbalkon in Blumenkästen, Töpfen und Kübeln einige sorgfältig ausgewählte Pflanzen zu ziehen wie eine großflächige Blumenrabatte umzugestalten und zu verschönern. In beiden Fällen ist die gleiche genaue Planung erforderlich, die Farbzusammenstellung bereitet das gleiche Vergnügen, und die gleiche freudige Erwartung kommt auf, wenn in diesen beiden so grundverschiedenen Blumengärten im Hochsommer Farben und Düfte ihre volle Pracht entfalten.

Ich erinnere mich an ein unvergeßliches Bild - einen Souterrainbereich in London, wo auf einem kleinen, feuchtkühlen Terrain, das die Sonne nur einmal am Tag um die Mittagszeit kurz streifte, der ganze Zauber eines Blumengartens eingefangen worden war. Es gab dort eine Fülle von Lilien - Königslilien *(Lilium regale)*, Goldbandlilien *(L. auratum)* und Osterlilien *(L. longiflorum)* -, scharlachroten und lindgrünen Ziertabak *(Nicotiana)* sowie hohe, duftende *Nicotiana sylvestris*. Den Rahmen bildeten ein Lorbeerbaum *(Laurus)*, Kamelien *(Camellia)* und Schneeballsträucher *(Viburnum)*. Über zwanzig verschiedene Clematispflanzen suchten sich ihren Weg an Wänden, Geländern und Stufen hinauf zur Sonne, zusammen mit weißblühendem *Solanum jasminoides* ›Album‹, Glockenwinden *(Nolana napiformis)*, verschiedenen Jasminarten und einer Buddleie *(Buddleja)*, die eine kleine Oase für Londons Schmetterlinge war. An dem einzigen sonnigen Fleck in diesem Garten wärmte sich die langblühende *Malva* ›Primley

RECHTS Ein entzückend zartes Arrangement - Bartfaden (*Penstemon* ›Andenken an Friedrich Hahn‹), der links mit Spornblumen *(Centranthus)* wächst, kann leicht durch Stecklinge vermehrt werden, während sich die weiße Malve (*Malva moschata* ›Alba‹), die der Pflanzung Zusammenhalt gibt, von allein aussät. Einen Strukturkontrast schaffen die wolligen Blätter des Wollziest *(Stachys byzantina)*.

Helen Dillon in ihrem Dubliner Garten

Blue‹. All diese Pflanzen wuchsen in einfachen großen Tontöpfen mit Untersetzern und wurden regelmäßig gedüngt und gegossen und täglich sorgfältig nach Schadinsekten abgesucht. Sie erfreuten sich dank der liebevollen Pflege allerbester Gesundheit.

Dieser bezaubernde kleine Garten ist ein schönes Lehrstück. Allein die verschiedenen Clematis sorgten für ununterbrochene Blütenpracht (unter ihnen befanden sich die im Frühjahr blühenden *C. alpina* und *C. macropetala*, der Frühsommerblüher *C. montana* und Sorten von *C. viticella*, die im Spätsommer blüht), und da diese wunderschönen Kletterpflanzen nichts lieber mögen, als mit den Wurzeln im Schatten und ihren Köpfen in der Sonne zu stehen, waren sie natürlich die ideale Wahl für diesen Platz. Der Lorbeerbaum und die Kamelien hatten wunderschönes immergrünes Laub, das für jeden Blumengarten unentbehrlich ist. Auf den Ziertabak war die Wahl gefallen, weil er zu den Beetpflanzen gehört, die im Schatten gut gedeihen, und er darüber hinaus einen himmlischen Duft verströmt, wenn es Abend wird.

Wenn man durch einen Blumengarten schlendert, sollte es – unabhängig von seiner Größe – da und dort ein auffälliges Element geben, das die Sinne stimuliert und berauscht. Diese Aufgabe übernahmen in diesem kleinen hübschen Stadtgarten die Lilien mit ihren großen, wunderschönen Blüten und ihrem schweren Duft. Was die praktischeren Dinge betrifft, so war der ungewöhnlich hohe Pflegestandard in diesem Garten bemerkenswert – wenngleich für einen ungünstigen Ort wie diesen ein absolutes Muß, da sich Schädlinge, wie etwa Blattläuse, in Stadtgärten in verblüffender Schnelligkeit vermehren.

Je mehr Probleme Ihr Garten birgt, um so sorgfältiger müssen Sie eine Pflanze betrachten und beurteilen. Ist sie den Platz wert, den sie braucht? Sieht sie während der Blüte so reizvoll aus, daß man ihr ein unattraktives Aussehen im Spätsommer verzeiht? Verdient sie den Arbeitsaufwand, den sie erfordert, um gut zu gedeihen? Eine ständige Neubewertung des Gartens und der darin wachsenden Pflanzen ist bei der Gartenpflege von elementarer Bedeutung, und dabei sollte man auch selbstkritisch überlegen, ob man sie wirklich an den richtigen Platz gesetzt hat. Man kann mit noch so großem finanziellen Aufwand viele schöne Pflanzen gekauft haben, sie verlieren all ihren Charme, wenn sie nicht so plaziert sind, daß sie gut gedeihen, perfekt zur Geltung kommen und gleichzeitig die Wirkung ihrer Nachbarn unterstreichen.

Unerfahrene Gärtner nehmen manchmal die in Gartenbüchern beschriebenen Anweisungen viel zu ernst. Gewiß sind gute Planung, eine sorgfältige Bepflanzung

Dieses wunderhübsche Arrangement paßt auch in den kleinsten Garten. *Clematis* ›Marie Boisslot‹ klettert in die Höhe, und vorn erheben sich Rittersporn *(Delphinium)*, Fingerhut *(Digitalis)* und Akelei *(Aquilegia)* aus dem üppigen silbrigen Laub von Bartnelke *(Artemisia)*. Zwei oder drei Fingerhutstauden sollten bis zur Samenreife stehenbleiben, damit sie sich vermehren können.

und die richtige Pflege (diesen Themen ist in diesem Buch jeweils ein eigenes Kapitel gewidmet) das wichtigste beim Anlegen eines Blumengartens, und die in diesem Buch gegebenen Anleitungen sollten Sie auf den richtigen Weg bringen. Bedenken Sie aber stets: dies sind nur Anregungen, die Ihren Blick schärfen sollen für das, was bei der Planung, Bepflanzung und Pflege Ihres Gartens eine wichtige Rolle spielt. Wenn Sie mit der Arbeit beginnen, sind Sie auf sich gestellt, und Sie werden bald entdecken, mit welchen Pflanzen Sie nach Ihrem Gutdünken umgehen können. In diesem Buch finden Sie Hunderte von Vorschlägen, wie und wo Sie etwas pflanzen können, doch vergessen Sie nicht: Es sind nur Anregungen - die aufregendsten, originellsten Ideen werden bei der Arbeit von selbst entstehen.

Trotz mancher auftretender Probleme, zerschlagener Hoffnungen, großer Mühen, witterungsbedingter Rückschläge, hartnäckiger Schädlinge und rätselhafter Pflanzenkrankheiten wird die Arbeit im Blumengarten schließlich doch mit viel Freude und Zufriedenheit belohnt, wenn man nach den ersten zaghaften Versuchen Fortschritte zu machen beginnt.

Sie werden eine vollkommen neue, erfrischende Art entdecken, die Welt zu betrachten, eine Sichtweise aus der Wurmperspektive, die nur ernsthaften Unkrautjätern beschert ist. Sie werden zum Beispiel bemerken, wie kleine Wasserrinnsale ins Herz einer Funkie laufen, direkt zu den Wurzeln hinab - eine intelligente Einrichtung der Natur, wie wir sie in der Pflanzenwelt unzählige Male finden. Und die Blumen, Sträucher und Bäume, die in ihrer Verschiedenheit und endlosen Vielfalt alle von einzigartiger Schönheit sind, vermögen so zu bezaubern, daß Sie sich möglicherweise bald in Ihrem blühenden Garten wie in einer Art magischem Spinnennetz gefangen fühlen, aus dem Sie niemals mehr entkommen möchten.

RECHTS Mit Ausnahme des violetten Storchschnabels (*Geranium* x *magnificum*) in der Mitte brauchen all diese Pflanzen kaum Pflege. Dennoch sorgen sie über viele Jahre hinweg im Frühsommer für ein großartiges Farbschauspiel. Frauenmantel *(Alchemilla mollis)* mit ihren gelbgrünen, duftigen Blüten paßt in jede Hochsommerrabatte und fühlt sich in Sonne und Schatten gleichermaßen wohl. Die Glockenblume *(Campanula glomerata)* gedeiht üppig, sollte aber nach einigen Jahren geteilt werden, damit sie schön bleibt.

Die Planung des blühenden Gartens

Ob Sie nun einen Garten völlig neu anlegen oder einen bereits vorhandenen umgestalten wollen – während der Arbeit an Ihrem Blumengarten werden Sie nicht nur eine Reihe von Problemen zu bewältigen haben, sondern auch viele Momente der Freude und Zufriedenheit erleben. Ihre Ausgangsbasis mag eine Fläche nackter Erde sein, ein fröhliches Durcheinander verschiedenster Pflanzen oder vielleicht ein hübscher alter Garten mit einzelnen Rosen, einem alten Fliederbusch und Resten eines Steingartens in der Mitte des Rasens. Doch womit Sie auch beginnen und wie Sie Ihren Garten letztlich gestalten wollen – in jedem Fall ist zu Beginn eine sorgfältige Planung erforderlich.

In diesem Garten wurden die einfachen strukturgebenden Elemente – der mit Ziegeln gepflasterte Weg, die einladende Bank und die Grenzhecke – mit Blumenbeeten in einer dezenten Farbkombination aus blaßgelben und cremefarbenen Tönen ergänzt. Links läßt der schöne, aber äußerst wuchsfreudige Buntblättrige Giersch (*Aegopodium podagraria* ›Variegatum‹) eine große Fläche aus weißbuntem Laub entstehen. Für Höhenkontraste sorgen Fenchel *(Foeniculum vulgare)*, Garbe *(Achillea)*, Fingerhut *(Digitalis)* und Iris.

Bestandsaufnahme

In den sechziger Jahren begann Helen Ballard in ihrer Gärtnerei im englischen Worchester Nieswurzen zu züchten und erzielte einige bemerkenswerte Erfolge. Die Blütenfarben ihrer Züchtungen reichen von Bläulich-Schwarz bis zu klarem Gelb. Daneben entstanden aber auch wunderschöne Formen der verbreiteteren rötlich-violetten, rosa und weißen Nieswurzen. Als Waldpflanzen wachsen diese Pflanzen am liebsten im Halbschatten. Sie sind unkompliziert und gedeihen auf vielen Böden, sofern reichlich organisches Material und etwas Knochenmehl in ihr Pflanzloch eingearbeitet wurde. Ihre schönen Blüten kommen besser zur Geltung, wenn man Mitte des Winters die alten Blätter wegschneidet; dies hemmt auch die Verbreitung von Pilzkrankheiten.

Der ideale Platz für einen Garten existiert vielleicht nur in der Phantasie: Stellen Sie sich einen sanft abfallenden Hang vor, mit durchlässigem und gleichzeitig humusreichem Boden, der sich auch mitten im Winter gut bearbeiten läßt und im Sommer die Feuchtigkeit hält, einem Boden, der weder zu sauer noch zu alkalisch ist und sich deshalb für fast jede Pflanze eignet, die Sie ziehen möchten. Ergänzen Sie diesen Garten um ein kleines lichtes Wäldchen mit einem Bach für Pflanzen, die Schatten und Wasser lieben, und fügen Sie einige schützende Mauern für frostempfindliche Sträucher sowie mehrere alte Eiben- *(Taxus baccata)* und Buchsbaumhecken *(Buxus sempervirens)* hinzu. Natürlich ist das Klima mild, und es regnet nur zur rechten Zeit und ausschließlich während der Nacht. Selbstredend verfügt der Besitzer dieses kleinen Paradieses über ein üppiges Bankkonto, unbegrenzte Zeit und eine endlose Energie für die Gartenarbeit.

Die Wirklichkeit sieht in der Regel jedoch anders aus. Vielleicht müssen Sie sich mit einer Aussicht auf unansehnliche Nachbargebäude arrangieren, mit großen Bäumen, die dem Garten Licht und Nährstoffe rauben, mit störenden Masten und Wäscheleinen oder auch mit Katzen, die gelegentlich Ihren Garten besuchen. Möglicherweise haben Sie einen anstrengenden Beruf oder eine Familie mit kleinen Kindern, so daß Ihnen keine Zeit bleibt, verträumt durch den Garten zu schlendern und zu überlegen, was Sie wo pflanzen könnten, geschweige denn die Muskelkraft für harte Gartenarbeit. Vielleicht sind Sie gerade umgezogen und haben möglicherweise beim Kauf Ihres Hauses nur auf das Gebäude, seine Größe sowie die Anzahl der Zimmer geachtet und dabei völlig übersehen, daß der Garten wenig Sonne bekommt oder der Boden in manchen Bereichen kalkig und miserabel drainiert ist. Falls Sie einen Neubau bezogen haben, wurden vielleicht bei den Bauarbeiten unglücklicherweise Mutter- und Unterboden vermischt, oder man hat den Unterboden mit einer dünnen Schicht Muttererde bedeckt, um Sie in falscher Sicherheit zu wiegen. Vielleicht haben Sie es aber nicht mit einer nackten Fläche rund um einen Neubau zu tun, sondern müssen sich vielmehr Ihren Weg durch ein Dickicht aus Unkräutern bahnen, und es gehen Ihnen zahlreiche Ideen durch den Kopf, während Sie die Überreste alter Wege freilegen und Pflanzen entdekken, die der Erhaltung wert sind. Wer hingegen einen gepflegten Garten übernimmt, kann Probleme ganz anderer Art haben. Auf den ersten Blick mag alles ganz schön aussehen, aber dann wirkt es doch irgendwie unbefriedigend. Möglicherweise ergänzen sich die Pflanzen nicht richtig, und das Gesamtbild der Anlage wirkt nicht stimmig.

Und schließlich gibt es das merkwürdige Phänomen, daß die meisten Gartenbesitzer glauben, allein ihr Garten würde unüberwindliche Probleme aufwerfen; und wenn sie nicht gegen Spätfröste, Windböen oder Dickmaulrüßler zu kämpfen haben, die die Wurzeln ihrer Pflanzen anfressen, so behaupten sie gewiß, der Boden in ihrem Garten bestände aus klebrigem, unbearbeitbarem Ton mit einer abnorm hohen Schneckenpopulation oder aus trockenem Geröll, in dem selbst Pflanzen wie *Iris unguicularis*, die Trockenheit geradezu liebt, unter Wassermangel leiden.

Ob man einen neuen Blumengarten anlegt oder einen alten verschönern möchte – zuerst muß man sich entscheiden, welche Art von Blumengarten man haben möchte. Wollen Sie an jedem Tag des Jahres etwas Blühendes im Garten finden, oder legen Sie Wert auf ein großartiges Spektakel sommerlicher Farben? Haben Sie sich vielleicht in Lilien, Wicken, Rosen oder Aurikel verliebt, und möchten Sie sich auf deren Kultur spezialisieren? Wollen Sie einen bestimmten Bereich für die Kultur von Schnittblumen reservieren, oder sollen diese in den Rabatten wachsen (siehe Seite 43)? Sollen Blumenbeete in bestimmten Farbkombinationen angelegt werden? Spielt Duft für Sie eine wichtige Rolle? Vielleicht trifft dies alles in gewissem Grad für Sie zu, doch lassen Sie uns zunächst die Merkmale Ihres Gartens betrachten und dann überlegen, wie diese Ideen verwirklicht werden können.

Die Größe des Gartens

Die Größe eines Gartens diktiert bestimmte Regeln, denn je kleiner der Garten ist, desto genauer muß man abwägen, welche Pflanzen man aus dem großen Angebot auswählt. Jeder neue Besitzer eines Gartens verspürt zuerst einmal die Neigung, schnurstracks in ein Gartencenter zu gehen und dort etwas von diesem oder jenem zu kaufen. Aber bevor Sie dies tun, sollten Sie über eine kluge Bemerkung nachdenken, die Gertrude Jekyll 1900 in »Home and Garden« machte: »Wenn ich es mit den Gärten anderer Leute zu tun habe, sagen diese oft: ›Ich habe eine Menge Sträucher und andere Pflanzen gekauft, zeigen Sie mir, wo ich sie hinsetzen soll‹. Darauf kann ich nur antworten: ›Auf diese Weise vermag ich Ihnen nicht zu helfen; zeigen Sie mir Ihre freien Flächen, und ich sage Ihnen, welche Pflanzen Sie dafür brauchen‹.«

In der Gärtnerei sehen zunächst alle Pflanzen hübsch aus. Doch bevor man sich entschließt, eine Pflanze zu kaufen, sollte man möglichst viel über sie in Erfahrung bringen. Natürlich kann man in Büchern nachschlagen, um ihre endgültige Höhe und Breite festzustellen. Schwe-

rer läßt sich aber vielleicht herausfinden, in welchem Zeitraum sie diese Größe erreicht, und oft sind in Büchern auch die Eigenschaften der Pflanzen nicht genau beschrieben – etwa ob ein Baum leichten Schatten wirft (wie Gleditschie, Goldregen oder Felsenbirne), so daß unter ihm eine recht große Zahl von Pflanzen gedeihen kann, oder ob er die Erde so stark beschattet, daß dort kaum etwas wächst. In diesem Fall sollten Sie speziell nach Pflanzen Ausschau halten, die Schatten lieben. (Schattentolerante Pflanzen siehe Seite 18–19). Denken Sie über diesen Aspekt gut nach, denn wahrscheinlich möchten Sie möglichst viele Pflanzen unterbringen und auch schattige Bereiche mit Blumen schmücken.

Ein anderer wichtiger Gesichtspunkt bei der Auswahl eines kleinen Baumes ist sein Wasser- und Nahrungsbedarf. Befinden sich seine Wurzeln dicht unter der Oberfläche und nehmen sie dort alle Feuchtigkeit und Pflanzennährstoffe auf, wie es bei der Sandbirke der Fall ist? Oder können Sie beinahe bis an den Stamm heran andere Pflanzen setzen, wie etwa bei einem Apfel- oder Birnbaum? Und wie wirkt ein Baum oder Strauch im Hochsommer, wenn man sich häufig im Garten aufhält? Ist die Farbe seines Stammes vielleicht besonders im Winter reizvoll, wenn der Baum kein Laub mehr trägt? Sträucher wie Flieder, Pfeifenstrauch und Forsythie haben im Spätsommer langweilig stumpfgrünes Laub und sind zu dieser Zeit keine große Bereicherung für den Garten. Nutzen Sie jede Gelegenheit, andere Gärten zu besichtigen und mit erfahrenen Gartenbesitzern zu sprechen, um herauszufinden, wie Pflanzen in ausgewachsenem Zustand aussehen, welche Anforderungen sie an die Lichtverhältnisse und Bodenbeschaffenheit stellen und welchen optischen Beitrag sie während der verschiedenen Jahreszeiten leisten.

Ein verwilderter Garten kann ebenso viele Herausforderungen bergen wie ein unbepflanztes Grundstück. In diesem Garten haben Wildkräuter jedes freie Fleckchen Erde besiedelt, und die Sträucher und Kletterpflanzen wurden so lange nicht mehr geschnitten, daß sie nun lang und dünn sind. Noch blühen Fingerhut *(Digitalis)*, Felberich *(Lysimachia)* und Lichtnelke *(Lychnis)*, doch sie haben dem Boden alle Nährstoffe entzogen.

Klima und Himmelsrichtung

Während der Planungsphase gehören die Launen des örtlichen Klimas und die Lage Ihres Gartens zu den zwei wichtigsten Merkmalen, die es zu beachten gilt.

Das Klima

Sowohl das allgemeine Klima der Gegend als auch das Mikroklima in den verschiedenen Gartenbereichen muß berücksichtigt werden, denn selbst im kleinsten Garten wird es eine warme Ecke, eine zugige Mauer und einen sonnenlosen Bereich geben.

Wenn es von einer Pflanze heißt, sie sei frostempfindlich, wird man vermuten, daß sie beim ersten starken Frost vernichtet wird. Aber so einfach ist das nicht. Bei einigen schwärzt tatsächlich der erste starke Frost die Blätter, wie etwa bei Dahlien, Gazanien und *Osteospermum* aus Südafrika, empfindlichen Strohblumen und Salbei. Doch manchmal ist es nicht so sehr die Winterkälte, die Pflanzen eingehen läßt, sondern eher ein Mangel an Sonne im vergangenen Sommer, der das Ausreifen des Holzes verhindert hat. Es gibt auch Pflanzen, die eigentlich starken Frost vertragen, sich aber durch einige milde Tage am Ende des Winters täuschen lassen und verfrüht austreiben, um dann prompt einem Frost zum Opfer zu fallen. Wieder andere Pflanzen, insbesondere Steingartenpflanzen, sind vollkommen kältefest, vertragen aber die Feuchtigkeit im Winter nicht und müssen mit Glas oder Folie vor starkem Regen geschützt werden.

Wie Wasser fließt auch kalte Luft den Hang hinab, und wenn sie auf eine Mulde oder ein Hindernis wie eine Mauer trifft, entsteht dort eine Frostfalle. Nur durch eine genaue Beobachtung Ihrer Pflanzen im Garten über einen längeren Zeitraum können Sie feststellen, wo sich die am besten geschützten Plätze befinden und welche Bereiche den unempfindlichsten Pflanzen vorbehalten bleiben sollten.

Vielerorts werden die Niederschläge immer unberechenbarer, und selbst in regenreicheren Gegenden herrscht während des Sommers streckenweise oft Trokkenheit. Bei der Anlage Ihres Gartens sollten Sie deshalb nach Möglichkeit alle jene Pflanzen an einer Stelle zusammensetzen, die bei Wassermangel wirklich leiden, am besten in die Nähe eines Wasserhahns, damit Sie bei Trockenheit Pflanzen wie Prachtspiere *(Astilbe)*, Schwalbenwurzenzian *(Gentiana asclepiadea)*, Schaublatt *(Rodgersia)*, Scheinmohn *(Meconopsis)* problemlos retten können.

Nieswurz *(Helleborus orientalis)*, Schneeglöckchen *(Galanthus nivalis)* und Aronstabblätter lassen in dieser schattigen, nach Norden liegenden Rabatte ein reizvolles Frühlingsarrangement entstehen. Nieswurz und Schneeglöckchen bleiben mindestens drei Monate dekorativ; beide Pflanzen breiten sich durch Selbstaussaat aus.

Die Himmelsrichtung

Die Lage eines Gartens in bezug auf die Himmelsrichtung spielt eine wichtige Rolle bei der Planung. Nordlagen erhalten in den dunkleren Monaten wenig Licht, und hier sollten Blumen mit schönem Winterlaub und solche, die auch im Schatten gedeihen, Vorrang haben, wie Bergenie *(Bergenia)*, Elfenblume *(Epimedium)*, Aronstab *(Arum)*, Falsche Alraunwurzel *(Tellima)*, Kaukasusvergißmeinnicht *(Brunnera)*, Schwertlilie *(Iris foetidissima)*, Glockenblume *(Campanula)*, Christrose *(Helleborus)* und Lungenkraut *(Pulmonaria)*. Denken Sie daran, daß Sie und Ihre Besucher den Zugang zum Haus am häufigsten sehen. Falls er sich auf der Nordseite befindet, könnten Sie hier den Winter zum Thema machen und die schönen Sträucher des Winters pflanzen, wie Winterjasmin *(Jasminum nudiflorum)*, Schneeball *(Viburnum farreri)* und eine der herrlichen winterblühenden Mahonien (*Mahonia* x *media* ›Charity‹ oder ›Lionel Fortescue‹).

Wind kann Pflanzen auf unterschiedliche Weise schädigen, etwa indem er von Bäumen und Sträuchern Äste abreißt oder so heftig an ihnen zerrt, daß die Wurzeln brechen. Darüber hinaus kann Wind auch die Verdunstungsrate erhöhen - wenn über die Blätter zu viel Feuchtigkeit abgegeben wird, ist dies für Pflanzen eine starke Belastung. An Mauern und Häuserwänden können auf der windabgewandten Seite starke Wirbel entstehen, während eine Hecke, ein Lattenzaun oder eine Schutzpflanzung aus windfesten Arten den Wind abschwächt. Man kann in windigen Gegenden Jungpflanzen mit feinen Kunststoffnetzen schützen, die an Bambusstäben oder Pfosten befestigt werden. In Stadtgärten stellt sich oft das Problem, daß in den schmalen Streifen zwischen Häusern Windwirbel entstehen.

Auf der sonnigen Seite des Hauses sind die Probleme angenehmerer Art. Hier geht es darum, aus einer großen Palette wunderschöner sonnenliebender Pflanzen diejenigen auszusuchen, die diesen bevorzugten Platz auch wirklich verdienen; denn gewiß möchten Sie den kostbarsten Standort in Ihrem Garten nicht an Pflanzen verschwenden, die ebensogut an anderen Plätzen gedeihen.

Schattige Rabatten

Bei der Planung eines Gartens muß man bedenken, daß es unterschiedliche Arten von Schatten gibt. Einige der schönsten Waldpflanzen, die wir kultivieren, sind Schattenliebhaber, doch muß es der richtige Schatten sein. Stellen Sie sich folgendes Beet vor: Der Boden ist locker und humusreich, das ganze Jahr gut durchfeuchtet, ohne zu feucht zu sein, und es liegt im Schatten, ohne jedoch unter dichtem Blattwerk zu verschwinden. Es gibt keine Baumwurzeln, die gierig jeden Tropfen Wasser aus dem Boden saugen, und auch keine hohe Nordwand, die im Sommer den Regen abhält. Ein hohes Blätterdach schützt dieses Beet vor heißer Sonne, und es liegt zwar im Schatten, aber die Lichtverhältnisse sind trotzdem gut. Keine austrocknenden Ostwinde stören die Ruhe der Pflanzen oder lassen ihre Blätter welken. Jeden Herbst nährt eine natürliche Decke aus abgeworfenem Laub die Erde. Dies ist das ideale Beet für *Glaucidium palmatum*, Blutwurz *(Sanguinaria canadensis)*, *Jeffersonia*, Dreiblatt *(Trillium)*, Feuerkolben *(Arisaema)*, *Anemonella*, winterharte Gartenorchideen und andere schöne Schattenpflanzen.

Das andere Extrem ist ein schattiges Beet mit trockenem Boden, dem ein unterirdisches Baumwurzelgeflecht die Feuchtigkeit raubt. Wenn Sie in den Boden hineinschauen und die zahllosen Wurzeln sehen könnten, die sich in alle Richtungen recken, um gierig Wasser und Pflanzennährstoffe zu verschlingen, würden Sie vielleicht zögern, hier eine Pflanze hinzusetzen. Überhängende Bäume und hohe Gebäude können eine solche Situation noch verschlechtern, indem sie den Regen fernhalten. Da es aber nur eine begrenzte Auswahl an Pflanzen gibt, die dort gedeihen, ist die Gestaltung eines solchen Gartenbereichs wiederum verhältnismäßig einfach, weil der Entscheidungsspielraum von vornherein gering ist.

Bartiris, Ziest *(Stachys byzantina)*, Vexiernelke *(Lychnis coronaria)* und Katzenminze *(Nepeta)* brauchen Sonne, Pfingstrosen *(Paeonia)* gedeihen dagegen auch im Halbschatten. Der rotblättrige Perückenstrauch *(Cotinus coggygria)* eignet sich sowohl an sonnigen als auch halbschattigen Standorten gut als Hintergrundpflanze.

Ein schattiges Beet

Viele Pflanzen, die im Schatten gut gedeihen, tragen ganzjährig dekoratives Laub und eher unscheinbare Blüten. Doch gerade aus diesem Grund entfalten sie im Schatten ihre besondere Wirkung; leuchtende Farben gehören in die Sonne.

Die Mandelwolfsmilch (*Euphorbia amygdaloides* ssp. *robbiae)* in der Mitte des Pflanzplans hat das ganze Jahr hindurch wunderschönes Laub; im Spätsommer müssen ihre alten Blütenstiele entfernt werden. Der buntlaubige Liguster *(Ligustrum)* sieht sehr reizvoll aus, und wenn man die unteren Zweige dicht am Stamm abschneidet, wirkt er wie ein kleiner Baum.

Euonymus fortunei ›Emerald and Gold‹, Goldgelber Baldrian (*Valeriana phu* ›Aurea‹) und die buntlaubige *Tolmiea* lassen attraktive gelbe Farbtupfer entstehen. *Valeriana* wird im Sommer jedoch grün, und deshalb wurde daneben *Tanacetum parthenium* ›Aureum‹ (syn. *Chrysanthemum parthenium)* mit seinen goldenen, filigranen Blättern gepflanzt. Da gelbe und cremefarben panaschierte Blätter leicht voneinander ablenken, wenn man sie nebeneinandersetzt, stehen die Pflanzen in einem angemessenen Abstand zu dem cremefarben gezeichneten Laub von Liguster (*Ligustrum ovalifolium* ›Argenteum‹), Kaukasusvergißmeinnicht (*Brunnera macrophylla* ›Hadspen Cream‹), Immergrüner Staudengeranie (*Geranium macrorrhizum* ›Variegatum‹) und *Iris foetidissima* ›Variegata‹.

Bei den drei Gruppen weißblühender Herbstanemonen (*Anemone-Japonica*-Hybride ›Honorine Jobert‹) wachsen Judassilberlinge *(Lunaria annua)*, die im Frühjahr blühen. Nach der Blüte werden die Judassilberlinge herausgezogen, um mehr Platz für die Anemonen zu schaffen. Eine oder zwei Pflanzen sollten sich jedoch aussamen können. Die hier empfohlene Funkie *(Hosta lancifolia)* verträgt Trockenheit besser als die meisten Funkien. Sie steht zwischen *Arum italicum* ›Pictum‹, und wenn die Funkie im Herbst welkt, erscheint der Aronstab, um den Winter mit seinen glänzendgrünen, marmorierten Blättern aufzuheitern.

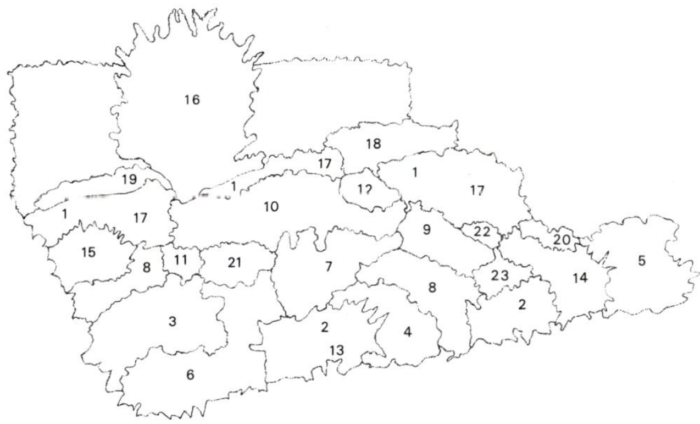

Das Schattenbeet im Spätfrühjahr. Es sieht jedoch die meiste Zeit des Jahres reizvoll aus und wirkt selbst im Winter heiter, denn die Blätter von *Bergenia* ›Ballanley‹ und *B. purpurascens* werden mit Beginn des kalten Wetters blutrot, die Falsche Alraunwurzel *(Tellima)* läuft karminrot an, und die Elfenblume *(Epimedium)* färbt sich bronze.

1 *Anemone-Japonica-*Hybride ›Honorine Jobert‹
2 *Arum italicum* ›Pictum‹
3 *Bergenia* ›Ballawley‹
4 *Bergenia* ›Silberlicht‹ (syn. B. ›Silver light‹)
5 *Bergenia purpurascens*
6 *Brunnera macrophylla* ›Hadspen Cream‹
7 *Brunnera macrophylla* ›Langtrees‹
8 *Epimedium* x *versicolor* ›Neo-sulphureum‹
9 *Euonymus fortunei* ›Emerald and Gold‹
10 *Euphorbia amygdaloides* ssp. *robbiae*
11 *Geranium macrorrhizum* ›Variegatum‹
12 *Hellborus foetidus*
13 *Hosta lancifolia*
14 *Iris foetidissima*
15 *Iris foetidissima* ›Variegata‹
16 *Ligustrum ovalifolium* ›Argenteum‹
17 *Lunaria annua*
18 *Lunaria rediviva*
19 *Symphytum ibericum*
20 *Tanacetum parthenium* ›Aureum‹
21 *Tellima grandiflora* ›Purpurea‹
22 *Tolmiea menziesii* ›Taff's Gold‹
23 *Valeriana phu* ›Aurea‹

Weitere geeignete Pflanzen für diesen Standort:

Acanthus mollis oder
A. spinosus ›Lady Moore‹
Alchemilla mollis
Cyclamen hederifolium (syn. *C. neapolitamum*)
Daphne laureola
Dryopteris filix-mas
Galanthus nivalis
Geranium endressii
Geranium phaeum
Hypericum androsaemum
Polygonatum x *hybridum*
Polygonatum verticillatum
Sarcococca humilis
Sarcococca ruscifolia
Saxifraga x *urbium*
Tiarella cordifolia
Vinca minor ›Alba Variegata‹
Viola labradorica ›Purpurea‹

Die Beschaffenheit des Bodens

Letztendlich bestimmt weniger Ihre Vorliebe für bestimmte Pflanzen als vielmehr die Beschaffenheit des Bodens die Auswahl der Pflanzen. Obwohl es möglich ist, durch Ausbringen von besonderen Substraten Bodenbedingungen zu schaffen, die den Ansprüchen bestimmter Pflanzen gerecht werden, ist es weitaus empfehlenswerter, sich den Gegebenheiten anzupassen. Der größte Teil des Gartens sollte mit Gewächsen bepflanzt sein, die mit den bereits vorhandenen Bodenbedingungen zufrieden sind. Dennoch gibt es einige Pflanzen, für deren Kultur es sich lohnt, keine Mühen zu scheuen. Diese setzt man entweder in ein speziell vorbereitetes Beet, oder man experimentiert mit ihnen, indem man sie in verschiedene Teile des Gartens pflanzt. Die meisten Gärtner sind im Grunde ihres Herzens Spielernaturen, und nichts reizt sie mehr als die Kultivierung einer Pflanze, die für den Boden oder das lokale Klima ungeeignet ist.

Wer sich über den Bodentyp in seinem Garten im unklaren ist, schaut in Nachbargärten nach, welche Pflanzen dort gut gedeihen - in kalkfreien Gebieten werden Sie Rhododendren, Azaleen, Lavendelheide und andere Heidekrautgewächse finden. Falls der Boden in Ihrem Garten zu kalkhaltig ist, können Sie natürlich auch für diese Pflanzen ein Beet mit kalkfreier Erde anlegen.

Unverzichtbar ist eine fruchtbare, gründlich vorbereitete Erde. Es wäre kurzsichtig, die Bodenvorbereitung zu vernachlässigen, selbst wenn es durch die gebotene Sorgfalt zu Verzögerungen bei der Bepflanzung kommt. Ein gründliches Umgraben, bei dem Mist oder Kompost in den Boden eingearbeitet wird (siehe Seite 81), läßt sich nicht durch Düngen und Mulchen der Beetoberflä-

Einen Sickerschacht anlegen

Zunächst gräbt man ein etwa 1 m^2 großes Loch von etwa 60 cm Tiefe und kleidet die Wände mit Geotextilien aus (in Baumärkten erhältlich). Dann füllt man den Schacht zu drei Vierteln mit einer Schicht aus groben Steinen oder Bauschutt. Nun schlägt man die überstehenden Ende der Geotextilien über diese Schicht und bedeckt das Ganze mit Erde. Ein solcher Sickerschacht kann auch die Sammelstelle für Drainagerohre sein, die verlegt wurden, um aus einem sumpfigen Teil des Gartens das Wasser abzuführen.

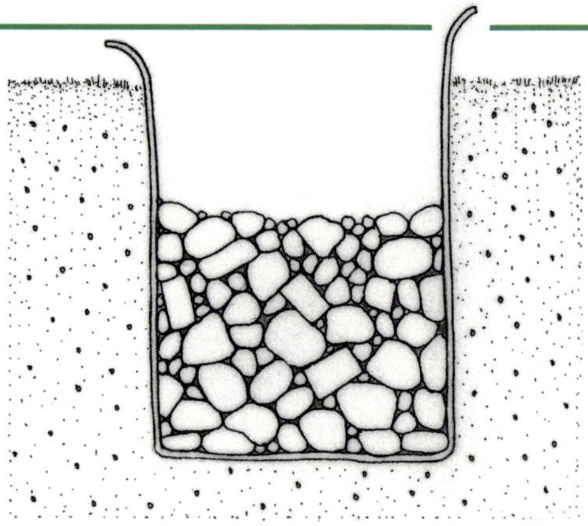

Geotextilien verhindern, daß Schlamm die Ritzen zwischen den Steinen verstopft und den Abfluß des Wassers behindert.

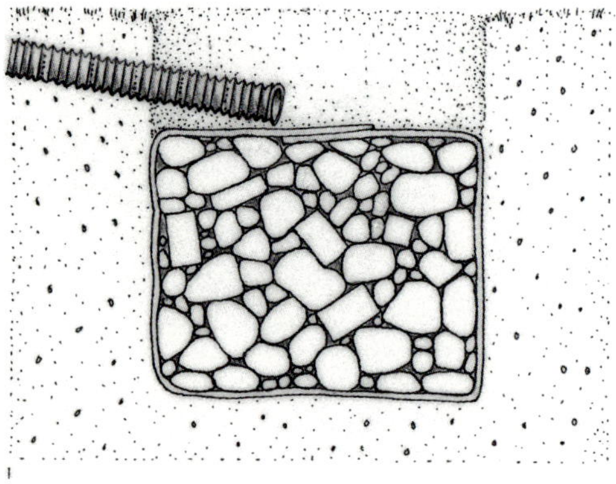

Modernes Dränrohr

che zu einem späteren Zeitpunkt ersetzen. Und wie gut ist die Bodendurchlässigkeit? Nur wenige Pflanzen vertragen sumpfige Bedingungen. Ist die Erde nicht genügend durchlüftet, können die Wurzeln der Pflanzen faulen und die für eine gesunde Entwicklung wichtigen Bodenorganismen absterben. Bei einer gründlichen Bearbeitung des Bodens durch tiefes Umgraben wird die verdichtete Erdschicht unter dem Mutterboden aufgebrochen, und auch großzügige Gaben organischen Materials wie Kompost oder Mist tun der Erde gut. Sandige Böden sind im allgemeinen gut drainiert, schwere Lehmböden hingegen lassen das Wasser schlecht abfließen; hier kann man Abhilfe schaffen, indem man scharfen Sand (Flußsand) einarbeitet. Wer sich über die Drainage im unklaren ist, gräbt ein Loch, gießt Wasser hinein und beobachtet, wie rasch es abläuft. Falls es am folgenden Tag noch nicht abgeflossen ist, kann man das Problem möglicherweise durch einen Sickerschacht (siehe Seite 20) lösen. Dazu hebt man eine quadratische Grube aus, füllt sie zu drei Vierteln mit Bauschutt und deckt sie mit Dachpappe oder Blech ab. In schwerwiegenderen Fällen sollte man eine Röhrendrainage verlegen, die zu einem großen Sickerschacht oder zu einem Graben führt.

Wenn ein Teilbereich des Gartens schlecht drainiert und sumpfig ist und selbst im Sommer nicht austrocknet, sollte man es mit Pflanzen aus der nebenstehenden Liste versuchen.

PFLANZEN FÜR SCHLECHT DRAINIERTEN BODEN

Astilbe
Caltha palustris
Chelone obliqua
Darmera peltata
Houttuynia cordata ›Flore Pleno‹
Iris ensata (in kalkfreiem Boden)
Iris laevigata
Iris pseudocorus ›Variegata‹
Ligularia dentata ›Desdemona‹
L. przewalskii ›The Rocket‹
Lysichiton americanus
Lysimachia nummularia
L. punctata
Lythrum salicaria
Mimulus guttatus
Myosotis scorpioides
Primula florindae
Primula japonica
Primula pulverulenta
Rodgersia
Trollius europaeus

LINKS Rhododendren (hier ein Exemplar vor einem Teppich aus Hasenglöckchen) sollten nur in kalkfreiem Boden gezogen werden.

RECHTS Die großen, weichen Blätter der Hortensie *(Hydrangea villosa)* werden bei Wassermangel welk; *Acanthus mollis* gedeiht auch an warmen, trockenen Plätzen gut.

Ranunculus constantinopolitanus ›Plenus‹ ist ein schöner Hahnenfuß, den jedoch kaum jemand kennt – vielleicht, weil sein Name mehrmals geändert wurde. Diese Staude eignet sich gut zum Überbrücken der »Durststrecke« zwischen Frühjahr und Sommer. Ihre dichtgefüllten Pomponblüten bestehen aus glänzenden gelben Petalen und leuchtendgrünen Mitten. Die tief eingeschnittenen, gezähnten Blätter haben helle graugrüne Flecken, die mit Fortschreiten des Jahres verblassen.

Vorhandene Gartenelemente

Nun ist die Begutachtung der bereits vorhandenen Elemente in Ihrem Garten an der Reihe, die sich nicht verändern lassen. Werfen Sie einen Blick aus den Fenstern der Haupträume des Hauses, und begeben Sie sich im Garten an die wichtigsten Aussichtspunkte. Möglicherweise bekommen Sie einen besseren Eindruck, wenn Sie einige Fotos machen, denn wo das Auge geflissentlich übersieht, was es nicht sehen will, läßt sich eine Kamera nicht so leicht täuschen und entdeckt rasch diesen Mast oder jene Antenne in der Entfernung, die durch geschickt eingesetzte Gestaltungsideen aus dem Blickfeld verbannt werden sollten.

Vielleicht gibt es ein hübsches Element, das Sie in das Gesamtbild einbeziehen wollen, wie etwa die Silhouette eines schönen Baumes im Nachbargarten; dann sollten Sie dies im Bepflanzungsplan berücksichtigen. Ebensogut kann es natürlich ein häßliches Element geben, das durch geschickte Bepflanzung versteckt werden soll. Eine naheliegende Lösung schiene hier die Anlage einer Hecke aus der raschwachsenden Leyland-Zypresse (x *Cupressocyparis leylandii*), doch aus zwei Gründen ist dies nicht empfehlenswert. Erstens: Aus gestalterischer Sicht ist es weitaus wirkungsvoller, einen Baum im Vordergrund nahe beim Haus zu pflanzen, der den Blick auf sich zieht und den Hintergrund abschirmt. Dies wurde mir in einem New Yorker Garten klar, der rundum von Hochhäusern umgeben war. Gleich beim Haus hatte man Sandbirkengruppen gepflanzt, die mit ihren weißen Stämmen, filigranen Ästen und anmutigen Blättern den Blick auf sich lenkten und gleichzeitig die harten Konturen der umliegenden Gebäude verbargen. Zweitens (und dies gilt vor allem für kleinere Gärten): Wenn die Hecke eine gute Höhe erreicht hat, raubt sie dem umliegenden Bereich alle Nährstoffe, Feuchtigkeit und Licht und reduziert damit den vorhandenen Platz, den man mit wirkungsvollen Pflanzenarrangements sinnvoller nutzen könnte.

Bereits vorhandene Pflanzen erhalten

Zu den bereits vorhandenen Gartenelementen gehören gewöhnlich auch Pflanzen. Höchstwahrscheinlich haben Sie vom vorherigen Gartenbesitzer Pflanzen jeglicher Art übernommen, von ausgewachsenen Bäumen und Sträuchern angefangen bis hin zu Stauden und Zwiebelblumen. Falls Sie gerade neu in ein Haus eingezogen sind und vermuten, daß es im Garten einige schöne Zwiebelblumen geben könnte, sollten Sie das nächste Frühjahr abwarten. In einem alten Garten findet sich möglicherweise auch manch schöne Staude, die vermehrt und gepflegt werden muß.

Begutachten Sie die vorhandenen Bäume und Sträucher. Auch in einem vernachlässigten Garten können sich einige schöne Exemplare befinden, die möglicherweise lediglich von Gestrüpp befreit werden müssen. Unförmige Nadelgehölze entfernt man aber gegebenenfalls, denn sie lassen sich nicht mehr verschönern.

Alte Eiben und Stechpalmen kann man ohne weiteres rigoros in Form schneiden. Sie sollten erhalten werden, da sie nur langsam wachsen. Fliederbüsche, Berberitzen und viele andere Sträucher kann man fast bis auf Bodenhöhe zurückschneiden, da sie wieder neu austreiben. In Zweifelsfällen sollten Sie vielleicht den sachkundigen Rat eines erfahrenen Gärtners suchen. Sie sollten in der Planungsphase auch bedenken, daß es einfacher ist, Pflanzen am Anfang herauszunehmen, als den Garten zu einem späteren Zeitpunkt durch größere Aktionen zu stören.

Einen Gartenschuppen kaschieren

Dieser praktische, aber eher uninteressante Schuppen ist zu einem dekorativen Gartenelement geworden. Zur Tür führt ein Weg aus Steinplatten, den Eingang markieren zwei runde Buchsbäume *(Buxus)*. Schneeball *(Viburnum davidii)* und Skimmie *(Skimmia)* bilden den Übergang vom Schuppen zum Garten. *Akebia quinata* klettert am Schuppen empor und verbirgt ihn mit ihrem grünen Laub. Im Spätfrühjahr entwickelt sie braunviolette Blüten, und nach einem warmen Sommer werden Sie vielleicht mit außergewöhnlichen, großen, violettgrauen Früchten überrascht.

Dieser Gartenschuppen fügt sich schön in den Garten ein. Gerade beginnt sich ein Hopfen *(Humulus lupulus)* an dem Spalier emporzuwinden; davor bilden einjährige rosafarbene Kosmeen, violetter und rosa Muskateller-Salbei *(Salvia sclarea)*, Fuchsien und Bartfaden *(Penstemon)* ein fröhliches Blütenmeer. Um einen Schuppen im Schattenbereich des Gartens zu kaschieren, kann man *Clematis montana* oder Geißblatt verwenden.

Die Aufbewahrung von Arbeitsgeräten und Kompost

Wer schöne Pflanzen ziehen will, braucht einen geeigneten Platz, an dem er Kompost, Mist, Mutterboden, Lauberde und Sand aufbewahrt. Außerdem müssen irgendwo Werkzeuge und Gartengeräte, wie etwa Rasenmäher untergebracht werden. Vielleicht erscheint es Ihnen sinnvoll, all diese Dinge weit hinten im Garten zu verstauen, aber überlegen Sie sich das gut. Der Zugriff sollte möglichst einfach sein. Auch wenn Sie im Herbst aufräumen und große Mengen Pflanzenabfälle auf den Komposthaufen bringen müssen, wollen Sie sicher nicht zu weit vom Zentrum Ihres Wirkens entfernt sein. Wenn Sie einen kleinen Garten haben, sollten Sie Ihre Gartenutensilien nicht gerade in kostbaren Pflanzbereichen lagern, sondern besser in einer trockenen, schattigen Ecke.

Kaschieren unliebsamer Gartenelemente

Je mehr man sich bemüht, ein unansehnliches Element im Garten zu verbergen, desto stärker scheint es manchmal die Aufmerksamkeit auf sich zu ziehen. In »The Education of a Gardener« sagt Russell Page, der vielleicht bedeutendste Gartenarchitekt dieses Jahrhunderts: »Unüberlegte Bepflanzung, die zu verbergen sucht, betont nur, was sie verstecken soll.« Deshalb tut man oft besser so, als sei eben jener häßliche, alte Gartenschuppen genau das, was man immer haben wollte, und macht ihn zu einem wirkungsvollen eigenständigen Element. Der in der Abbildung gezeigte Schuppen besteht aus dekorativen Brettern mit floralen Ornamenten an jeder Ecke, die am Dach befestigt sind. Er wurde in sehr dunklem Grün gestrichen, das ausgezeichnet mit dem Hintergrund verschmilzt. Um das zu kaschierende Element herum angeordnete Sträucher und Pflanzen sorgen für die optische Einfügung in den Garten.

Der Zeitfaktor

Wenn im Spätsommer die Blätter der Bartiris welken, wirken Zwergformen weitaus unauffälliger als größere Sorten. An sonnigen Standorten gedeihen sie selbst dann gut, wenn man sie nicht regelmäßig teilt.

Die Auswahl der Blumen und Sträucher für Ihren Garten ist in starkem Maß auch davon abhängig, wieviel Zeit Sie für die Pflege der neuen Gewächse investieren können.

Wenn Ihnen die Zeit fehlt, arbeitsintensive Pflanzen zu pflegen und ihnen all die Aufmerksamkeit zu widmen, die sie brauchen - so muß man beispielsweise Rittersporn aufbinden, großblumige und vielblütige Rosen schneiden, Clematis düngen und aufbinden, Wicken stützen und ihre welken Blüten entfernen, einjährige Blumen auspflanzen, Primeln von Zeit zu Zeit teilen -, sollten Sie diesen Aspekt berücksichtigen und statt dessen lieber andere Pflanzen ziehen.

Die Auswahl der Pflanzen

Es gibt ein wundervolles Spektrum an unkomplizierten Pflanzen, die keine Stützen brauchen, Trockenheit vertragen, jahrelang nicht geteilt werden müssen, keine regelmäßige Düngung verlangen und keine besonderen Ansprüche an Boden oder Standort stellen. Und wer nur wenig Zeit hat, kann auch mit diesen Pflanzen einen schönen Garten anlegen.

Zwar können nur wenige Pflanzen den leuchtendblauen Blütenständen großblumiger Rittersporn-Hybriden in optischer Hinsicht das Wasser reichen, aber sie müssen sorgsam gestützt, gedüngt und gewässert werden, damit sie ihre Pracht vollständig entfalten. Und so sollten diejenigen, die nur ein paar Stunden für ihren Garten übrig haben, an ihrer Stelle vielleicht lieber Eisenhut pflanzen, etwa *Aconitum* ›Bressingham Spire‹, *A.* ›Newry Blue‹ oder den reizvollen weiß-blauen *A.* x *cammarum* ›Bicolor‹, statt mit ansehen zu müssen, wie die herrlichen Ritterspornblüten mit Schmutz bespritzt werden oder von abgeknickten Stengeln herabhängen. Wer glaubt, auf das großartige Blau des Rittersporns nicht verzichten zu können, sollte es mit einer der kleineren Arten versuchen, wie dem nur etwa 60 cm hohen *Delphinium tatsienense*, der nicht gestützt werden muß und sich bereitwillig aussamt.

Viele alte Rosen und beinahe alle Wildrosen müssen nicht geschnitten werden und blühen selbst dann prachtvoll, wenn man es mit der Düngung nicht so genau nimmt, vorausgesetzt, sie hatten einen guten Start. Und statt der großblumigen Clematis-Arten, die viele Nährstoffe benötigen, kann man es mit Arten wie *Clematis alpina* oder *C. macropetala* versuchen, die keinen Schnitt brauchen und auch unter schlechteren Bedingungen gedeihen.

Wenn Sie bereit sind, auf den himmlischen Duft einjähriger Wicken zu verzichten, weil Ihnen das Stützen der Pflanzen zu zeitaufwendig ist, sollten Sie die Staudenwicke *(Lathyrus latifolius)* in ihrer wunderschönen weißen Form ›White Pearl‹ pflanzen; sie kann an den Zweigen eines Strauches gezogen werden, sich durch die Blumenrabatte ranken oder über eine Böschung ergießen. Wem die Zeit fehlt, einjährige Blumen zu pflanzen, sollte nur solche ziehen, die sich selbst aussamen (siehe Seite 53).

Die heikleren Primeln, die immer wieder geteilt werden müssen, damit sie gut gedeihen, kann man durch robustere Arten wie die Tibetprimel *(Primula florindae)* mit ihren duftenden, zitronengelben Blüten ersetzen (sie kommt mit den Bedingungen einer normalen Rabatte zurecht, gilt jedoch als wasserliebend) oder durch eine unkomplizierte Etagenprimel wie die Japanische

Primel *(P. japonica)*. Sie samen sich selbst aus, und auch wenn die Mutterpflanze von Dickmaulrüßlern befallen wird, gibt es immer Jungpflanzen, die sie ersetzen können. Wer ein Freund der Bartiris ist, verwendet Zwergformen, die selbst dann länger blühen als ihre höheren Verwandten, wenn man es mit der regelmäßigen Teilung nicht so genau nimmt.

Nichts ist als einfarbiger grüner Hintergrund für farbenfrohe Blumenbeete besser geeignet als ein Rasen, aber zweifellos kostet seine Pflege viel Zeit: Er muß nicht nur gemäht werden, auch seine Kanten muß man sauber beschneiden und unerwünschte Wildkräuter entfernen. Denn so schön die Rabatten auch sein mögen – neben einem ungepflegten Rasen ist ihre Wirkung rasch dahin. In einem kleinen Garten kann man zur Auflockerung Pflaster verwenden und auch reichlich Buchsbaum, der in Töpfen und/oder im Boden wächst.

Geld spielt ebenfalls eine Rolle. Wer nur über begrenzte Mittel verfügt, muß möglicherweise viele Pflanzen aussäen oder aus Stecklingen ziehen, die er von Freunden bekommen hat. Aber dies hat auch Vorteile: Ein schmaler Geldbeutel macht Sie zu einem besseren Gärtner, da Sie mehr über das Handwerk lernen müssen. Treten Sie Gesellschaften von Pflanzenliebhabern bei, und studieren Sie deren Saatgutlisten: Sie enthalten zahllose seltene, interessante Pflanzen, die es Wert sind, mit ihnen zu experimentieren. Am besten beginnen Sie mit kleinen Pflanzen und investieren Ihr Geld lieber in die Bearbeitung des Bodens. Sparen Sie nicht bei Mist, Mutterboden, Lauberde, Dünger oder Knochenmehl.

Lebensalter und Zeitabläufe

So merkwürdig dies klingen mag – das Alter des Gartenbesitzers ist etwas, das bei der Planung eines Gartens in vielfältiger Weise berücksichtigt werden muß. Wenn Sie jung sind, haben Sie möglicherweise vor, bald wieder umzuziehen; und in diesem Fall werden Sie gewiß nicht sehnsüchtig Jahre darauf warten wollen, daß ein Baum wie der chinesische Taubenbaum *(Davidia involucrata)* seine cremefarbenen Hochblätter entwickelt. Statt dessen werden Sie Sträucher bevorzugen, die rasch heranwachsen und blühen (siehe Pflanzenliste Seite 32) und sich leicht durch Stecklinge vermehren lassen, damit Sie im Fall eines Umzugs Jungpflanzen mitnehmen können.

Alte Buchsbaumpflanzen lassen sich gut umsetzen; Sie werden in dem neuen Garten viel Zeit und Geld sparen, wenn Sie sie einfach im Umzugswagen mitnehmen und an Ihrem neuen Wohnsitz wieder einpflanzen. Auch Eiben bis zu 2 m Höhe lassen sich problemlos verpflanzen, wenn man sie das folgende Jahr sorgfältig wässert. Allerdings brauchen sie etwas Zeit, bis sie wieder gut gedeihen. Bei Rosen lassen sich selbst alte Exemplare umpflanzen, wenn man sie stark zurückschneidet und beschädigte Wurzeln entfernt. Und seine Lieblingsstauden kann man auf jeden Fall mitnehmen, da ihnen ein Umzug in neue Erde guttut.

Andererseits denkt der leidenschaftliche Gärtner immer an den nächsten Frühling, und mancher Achtzigjährige setzt noch Lilien, obwohl Jahre vergehen werden, bis sie endlich zur Blüte kommen und ihre Pracht entfalten.

Hohe Stauden, wie dieser Rittersporn *(Delphinium)*, brauchen unbedingt Stützen. Rosa ›Rambling Rector‹ klettert bis zu sieben Meter hoch, muß jedoch immer wieder aufgebunden werden.

Der persönliche Stil

RECHTS Dies ist ein Garten mit den Elementen einer formalen Gestaltung – rechteckigen, mit Buchsbaum *(Buxus)* gesäumten Beeten, in denen als Hochstämmchen erzogene Exemplare von *Rosa* ›Iceberg‹ und pyramidenförmige Eiben *(Taxus)* wachsen. Eine Eibenhecke im Hintergrund bildet den Abschluß.

Obwohl diese Gartengestaltung sehr ungezwungen wirkt, liegen ihr strukturgebende Elemente zugrunde. Der hölzerne Trennzaun und der grasbewachsene Weg, der den Blick auf die Steinbank am Ende des Gartens lenkt, bilden den Rahmen für üppige Pflanzungen aus Ziest *(Stachys byzantina)*, Lavendel *(Lavandula)*, gefülltem *Chrysanthemum*, Fenchel *(Foeniculum)* und Obstbäumen.

Während der Planungsphase werden Sie in der Phantasie ein Bild Ihres zukünftigen Gartens haben, und dieses Bild gilt es, in die Realität umzusetzen. Zuerst müssen Sie entscheiden, was besser zum Haus und seiner Umgebung paßt: eine formale oder eine freie Gestaltung? Extrem ausgedrückt: Der Unterschied zwischen beiden Stilen besteht darin, daß der formale Garten auf geraden Linien und geometrischen Formen wie Quadraten, Rechtecken oder Kreisen mit strengen Mustern aus gestutzter Eibe und Buchsbaum basiert, während der freigestaltete Garten auf natürlicheren Linien beruht, mit sanften Schwüngen und gewundenen Wegen und einer Fülle bunter Blumen, die sich über die Ränder ergießen.

Das Thema Biegungen und Schwünge bedarf einiger Erläuterungen: Wenn man einen von Schafen ausgetretenen Gebirgspfad oder einen alten Waldweg betrachtet, wird man sehen, daß Biegungen immer eine Ursache haben, wie etwa einen Felsen, einen Baum oder einen Bach. In Gärten findet man manchmal jedoch kleine, gewundene Wege, die ohne besonderen Grund angelegt wurden. In einem Garten will man aber nicht nur schlendern, sondern auch so rasch wie möglich von A nach B gelangen, und der Weg zum Komposthaufen oder Kräuterbeet sollte so direkt wie möglich dorthinführen. In kleinen Gärten findet man allzuoft kleine gewundene Wege, die völlig grundlos angelegt wurden. Wenn Sie eine geschwungene Linie in Ihren Garten einbeziehen möchten, muß sie eine klare Aussage machen, indem Sie sie großzügig proportionieren und an ihrer breitesten Stelle einen großen Strauch, wie etwa eine Mahonie pflanzen, so daß ihr Vorhandensein einen Grund erhält.

Sogar William Robinson, für den die Natur das einzig wirkliche Vorbild für die Gartengestaltung ist, sagt in »The English Flower Garden«: »Oft ist eine gerade Linie die schönste, die verwendet werden kann; ihre Verwendung impliziert jedoch keineswegs, daß wir unsere Pflanzen oder Büsche daneben nicht natürlich gruppieren können.«

Eine klare Struktur trägt dazu bei, die einzelnen Elemente des Gartens zu verbinden. Einigen der schönsten Gärten liegt eine streng formale Anlage zugrunde, innerhalb der Wege, Rasen und Blumenbeete in geraden Linien gestaltet wurden, deren Wirkung durch Pflanzen aufgelockert wird. Diese Pflanzen bilden ausgedehnte Teppiche aus Laub, die sich über die geraden Konturen schieben, einladende Kissen bilden, sich an Hecken aufrichten, ineinanderwachsen und ein reizvolles Durcheinander von Blüten und Blättern entstehen lassen.

Durch eine streng formale Gestaltung aller strukturgebenden Elemente im Garten - wie Konturen von Wegen, Beeten, Rasenflächen und Hecken - und eine sich davon abhebende üppig wachsende Bepflanzung kann man eine entzückende ländliche Wirkung entstehen lassen. Die Pflanzungen sollten unterschiedliche Gestalt haben, indem man große Pflanzengruppen mit kleinen Gruppen und auch einzelnen Gewächsen kombiniert und es Pflanzen wie Fingerhut, Glockenblume, Schlüsselblume, Mohn und Feldstiefmütterchen erlaubt, sich selbst auszusamen, so daß innerhalb einer klaren Struktur ein herrliches Durcheinander entsteht. Dieser schlichte ländliche Gestaltungsstil wird vervollkommnet, indem man einige Gemüsepflanzen unter die Blumen mischt. So sehen die großen, gewellten, blaugrauen Blätter des Meerkohls *(Crambe maritima)* in der Rabatte großartig aus, leuchtendgrüne Petersilie betont äußerst effektvoll silbriggraue Pflanzen wie Beifuß *(Artemisia ludoviciana)*, und rote Kopfsalatsorten mit krausen Blättern wirken nicht nur im Garten, sondern auch in der Salatschüssel wunderschön. Pflanzen Sie auch einige Apfel- und Birnbäume, die sich sehr gut für kleine Gärten eignen, da sie der umliegenden Erde keine Nährstoffe entziehen, sowie Walderdbeeren, die sich im Halbschatten selbst ausäen.

Wenn Sie einen eigenwilligen Gestaltungsstil ausprobieren möchten, der nicht unbedingt mit dem Haus harmoniert, tun Sie dies an einem abgeschiedenen Ort, versteckt hinter hohen Mauern oder Hecken. Einige der bekanntesten klassischen Gärten in England, wie etwa Hidcote Manor und Sissinghurst Castle, hat man durch formale Hecken unterteilt, so daß »Gartenräume« entstanden. Indem man auf diese Weise Flächen abtrennt, schafft man verwunschene Schauplätze, auf denen man Phantasien ausleben, verschiedene Stimmungen entstehen lassen oder für einen Moment so tun kann, als sei man in das Italien oder England des sechzehnten Jahrhunderts zurückversetzt. In diesen verborgenen kleinen Gärten verliert die äußere Welt ihre Bedeutung, und der Phantasie sind keine Grenzen gesetzt. Erstaunlicherweise ist dies auch in kleinen Gärten möglich. Indem man sie durch ein einfaches Spalier oder eine Hecke teilt, schafft man eine geheimnisvolle Atmosphäre, die die Neugier weckt.

Denken Sie aber vor allem daran, daß es *Ihr* Garten ist. Jeder Garten ist einzigartig. Lassen Sie sich nie von irgendeinem Buch oder einer Person vorschreiben, welchen Stil Sie für Ihren Garten zu wählen haben, wie Sie ihn gestalten oder welche Pflanzen Sie aussuchen sollen - es ist Ihr eigener, persönlicher Versuch, mit einem bestimmten Stück Land so umzugehen, wie Sie es für wünschenswert halten.

Eine sonnenbeschienene Mauer

Der wärmste und geschützteste Bereich in Ihrem Garten ist wahrscheinlich eine sonnenbeschienene Mauer. Bei Pflanzungen vor einer Mauer sollte man versuchen, ein harmonisches Gleichgewicht zu finden, zwischen Sträuchern, die Volumen schaffen, wie Hasenohr *(Bupleurum)*, Rosmarinwinde *(Itea)* und *Carpenteria*, und zarten, sich windenden Kletterpflanzen, wie *Clematis* und *Solanum*.

Das Beet am Fuß der Mauer sollte durch die Wurzeln der Sträucher ausreichend drainiert sein; es ist gut geeignet als Standort für einige ganz besondere Zwiebelblumen, wie Guernsey-Lilie *(Nerine undulata)* und Belladonnalilie *(Amaryllis belladonna)*. *Iris unguicularis* schmiegt sich unter den duftenden, winterblühenden Seidelbast *(Daphne bholua)*.
Das graue Laub von Ackerwinde *(Convolvulus cneorum)*, Lavendel (*Lavandula angustifolia* ›Hidcote‹ und *L. lanata*), wie auch die entzückend filigranen, silbrigen Blätter des Kreuzkrautes *(Senecio leucostachys)* haben einigende Wirkung, ebenso das Schleierkraut (*Gypsophila* ›Rosenschleier‹). Stutzt man das Schleierkraut nach dem Welken der ersten Blüten zurück, blüht es bis in den Herbst hinein weiter. Im Gegensatz zu anderen Lavendelarten blüht *Lavandula angustifolia* ›Hidcote‹ nahezu endlos.

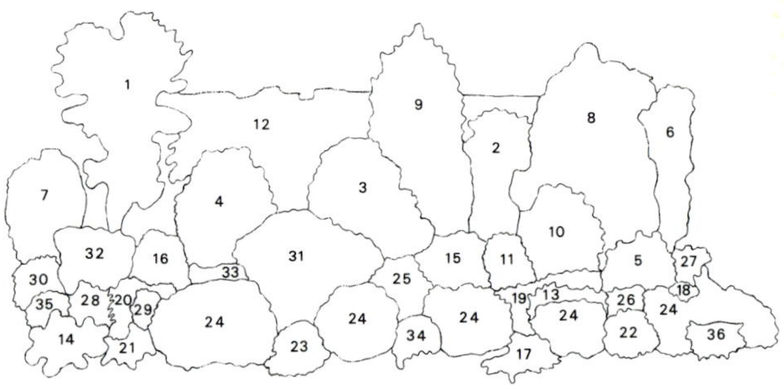

Viele der hier aufgelisteten Pflanzen sind frostempfindlich und sollten in kalten Gegenden durch winterharte Arten ersetzt werden.

An der Mauer

1 *Azara microphylla* ›Variegata‹
2 *Buddleja crispa*
3 *Bupleurum fruticosum*
4 *Carpenteria californica*
5 *Ceratostigma willmottianum*
6 *Clematis texensis* ›Etoile Rose‹
7 *Daphne bholua*
8 *Itea ilicifolia*
9 *Pittosporum tenuifolium* ›Silver Queen‹
10 *Rosa* x *odorata* ›Mutabilis‹
11 *Senecio leucostachys*
12 *Solanum jasminoides* ›Album‹

Beet am Fuß der Mauer

13 *Arum creticum*
14 *Bergenia ciliata*
15 *Cistus* ›Silver Pink‹
16 *Convolvulus cneorum*
17 *Convolvulus sabatius* (syn. *C. mauritanicus*)
18 *Cyclamen coum*
19 *Epilobium canum* ›Dublin‹
20 *Erodium pelargoniiflorum*
21 *Euphorbia myrsinites*
22 *Geranium renardii*

23 *Geranium traversii* var. *elegans*
24 *Gypsophila* ›Rosenschleier‹
25 x *Halimiocistus wintonensis* ›Merrist Wood Cream‹
26 *Helianthemum* ›Beech Park Red‹
27 *Helleborus* x *sternii* ›Boughton Beauty‹
28 *Iris* ›Cherry Garden‹
29 *Iris* ›Green Spot‹
30 *Iris unguicularis*
31 *Lavandula angustifolia* ›Hidcote‹
32 *Lavandula lanata*
33 *Nerine undulata*
34 *Origanum* ›Barbara Tingey‹
35 *Origanum rotundifolium*
36 *Yucca filamentosa* ›Variegata‹

Weitere geeignete Pflanzen für sonnige Standorte:

Abelia x *grandiflora*
Artemisia ›Powis Castle‹
Calamintha nepeta
Ceanothus ›Puget Blue‹
Cestrum parqui
Choisya ternata
Cistus laurifolius
Clematis armandii
Clianthus puniceus
Coronilla glauca (syn. *C. valentina* ssp. *glauca*)
Cytisus battandieri
Daphne x *burkwoodii* ›Somerset‹
Erysium ›Bowles' Mauve‹
Gladiolus ›The Bride‹
Hebe
Luma apiculata ›Glanleam Gold‹
Perovskia atriplicifolia ›Blue Spire‹
Romneya coulteri
Salvia microphylla var. *neurepia*
Wisteria sinensis

Ein Blumenbeet am Fuß einer Mauer im Hochsommer. In dieser Zeit stehen die meisten Kletterpflanzen, Sträucher und Stauden in voller Blüte.

Einen Plan anfertigen

Es kann nicht genug betont werden, wie wichtig es ist, einen Blumengarten bezüglich der Zeit und Kosten in Stadien zu planen. Für die Pflege eines Gartens gilt das gleiche wie für die Führung eines Geschäftes: Zuerst müssen Prioritäten gesetzt werden.

Bei der Planung eines Gartens ist es von großem Vorteil, wenn man seine Gestaltung von vornherein sorgfältig und schrittweise plant. Natürlich kann man seinen Garten einfach langsam wachsen lassen und immer wieder Korrekturen vornehmen, während man seinen Geschmack ändert, sein Wissen über Pflanzen erweitert und seine visuelle Wahrnehmung entwickelt. Dann verändert man vielleicht die Form des Rasens, legt einen neuen Weg an oder auch zwei, verringert oder erhöht die Zahl der Immergrüne, vergrößert und verkleinert Belagflächen, vereinfacht in manchen Bereichen die Bepflanzung, fügt einen Blickfang hinzu oder beschließt, daß er sich am falschen Platz befindet und umgesetzt werden muß.

Neue Pflanzen werden oft gedankenlos eingekauft und wahllos verteilt. Möglicherweise gefällt Ihnen die Farbe bestimmter Blüten so gut, daß Sie dabei übersehen, wie die Wuchsform der Pflanze beschaffen ist; vielleicht denken Sie, daß der Garten mehr Höhe braucht, und pflanzen noch einen Baum, oder meinen, weniger Schatten sei besser, und fällen ein weiteres Exemplar. Wenn Sie Pflanzen häufig an Stellen umsetzen, wo sie Ihrer Ansicht nach besser wachsen oder aussehen, werden sie ständig gestört. Langfristig gesehen spart man jedoch viel Zeit und Geld, wenn man den Garten in Etappen plant und diese, eine nach der anderen, mit Sorgfalt ausführt.

Unkrautbekämpfung

Wenn in einem Garten hartnäckiges Unkraut zahlreich vertreten ist (Winden, Quecke und Giersch), muß die ganze Fläche zuerst einmal sorgfältig davon befreit werden. Unerwünschte Wildkräuter, wie diese, machen nicht einmal vor einer Zementdecke oder Pflastersteinen halt und haben sich rasch ihren Weg durch Ritzen oder um Kanten herum gesucht.

Bei der Unkrautbekämpfung sollten Sie stets bedenken, daß jedes chemische Mittel nicht nur das Unkraut vernichtet, sondern sich auch schädigend auf die Umwelt auswirkt; in der näheren Umgebung stehende Kulturpflanzen sowie Tiere können durch chemische Unkrautbekämpfung natürlich ebenfalls Schaden nehmen. Herbizide werden im Handel unter verschiedenen Bezeichnungen angeboten; auf der Verpackung muß der aktive Wirkstoff angegeben sein. Die sicherste und unschädlichste Methode, Unkraut zu entfernen, ist das Jäten von Hand, nachdem man den Boden umgegraben hat. Aber sie ist sehr zeitaufwendig, und man muß peinlich genau darauf achten, daß keine Wurzelreste im Boden verbleiben. Bereits eine kleine Menge abgeschnittener Windenwurzeln wächst in der frisch umgegrabenen Erde ausgezeichnet an.

Widerstehen Sie der Versuchung, mit dem Kauf von Pflanzen zu beginnen, bevor der Boden nicht unkrautfrei ist: Wer jemals versucht hat, die Wurzeln einer Quecke und irgendeiner Zierpflanze zu entwirren, weiß, worum es hier geht. Wenn Sie im ersten Jahr keine Zeit haben, den Boden sorgfältig zu säubern, pflanzen Sie zunächst einjährige Blumen.

Gepflasterte Bereiche verschönern

Es gibt Möglichkeiten, einen gepflasterten Weg oder eine Fläche besser in die Umgebung zu integrieren und damit zu einem schöneren Gartenelement zu machen.

Falls Sie Betonplatten für Wege und Flächen benutzen müssen, können Sie diese mit in Mustern verlegten Ziegeln oder Kieselsteinen auflockern (siehe rechts). Dies wird die Strenge des neuen Betons mildern. Auch Pflanzen, die die Ränder der gepflasterten Bereiche umspielen oder zwischen den Platten wachsen, lassen das Ganze weicher erscheinen.

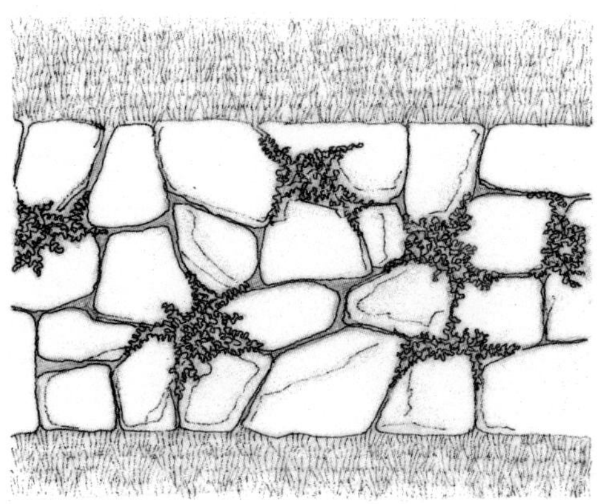

Im Polygonalverband verlegtes Pflaster wirkt mit Lücken für Pflanzen hübscher.

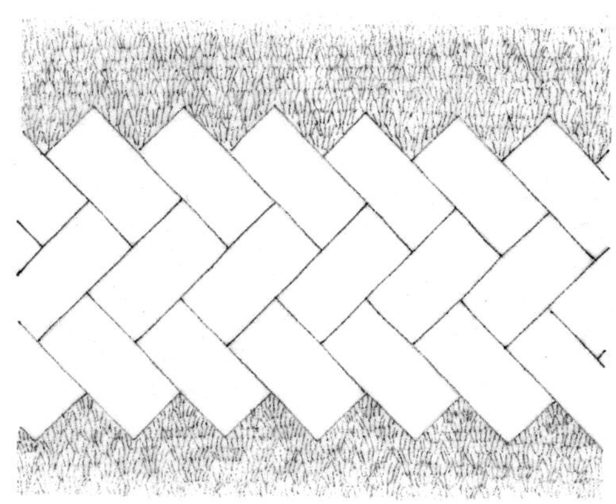

Ziegel können in einer Vielzahl interessanter Muster verlegt werden.

Wege und Terrassen

Haben Sie nun endlich das hartnäckige Unkraut beseitigt, sind die Flächen mit festen Belägen an der Reihe, wie Wege oder Terrassen. Die Anlage befestigter Bereiche ist im Blumengarten vermutlich der größte Kostenfaktor. Für Wege, Stufen und Mauern sollten Baumaterialien gewählt werden, die mit dem Landschaftsbild harmonieren. Wer nicht umhin kann, Betonplatten zu verwenden, sollte dazwischen in dekorativen Mustern verlegte Ziegel einfügen, um die harte Wirkung des Betons zu mildern. Die neuen Wege kann man dann sofort trockenen Fußes und mit einer Schubkarre bei jedem Wetter begehen.

Außerdem muß nun ein sonniger, geschützter Platz für eine befestigte Fläche gefunden werden, die sich für Geselligkeit, ungestörte Sonnenbäder und zum Spielen für Kinder eignet. Im Idealfall liegt er direkt beim Haus und ist vielleicht sogar durch eine an das Haus angebaute Garage windgeschützt. Dies bietet die Möglichkeit, mit geringem Aufwand eine Überdachung anzubringen. Wenn der Hauptgarten nach Osten und Westen ausgerichtet ist, sind vielleicht zwei Bereiche gewünscht, um morgens und abends Sonne zu bekommen. Geht der Garten nach Norden, wird die Fläche ein Stück vom Haus entfernt angelegt, und in diesem Fall muß sie über einen guten Weg leicht zugänglich sein. In allen Fällen sollte der befestigte Bereich aber ausreichend groß sein, denn Sie möchten sicher reichlich Platz für Blumentöpfe haben, die das strenge Pflaster weicher erscheinen lassen.

Der Garten von Helen Dillon mit einer Rabatte aus Blumen mit warmen Farben im Hintergrund; in den vorderen Beeten wiederholen sich die Farben der unter dem Hartriegel (*Cornus controversa* ›Variegata‹) wachsenden Funkien *(Hosta)* und *Lobelia* in der blauen Winde *(Convolvulus sabatius)*.

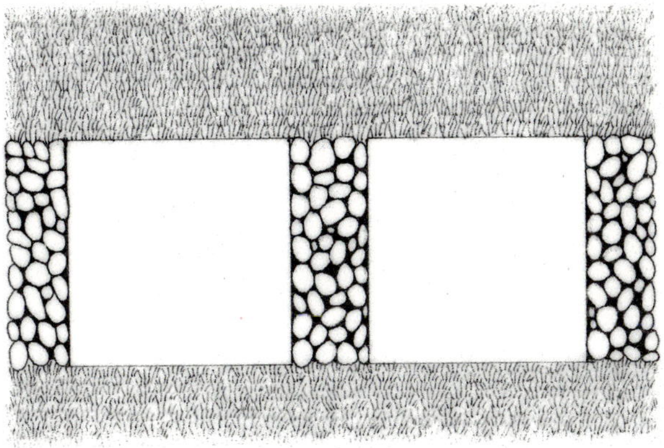

Runde Steine zwischen Betonplatten lassen deren gerade Linien weicher erscheinen.

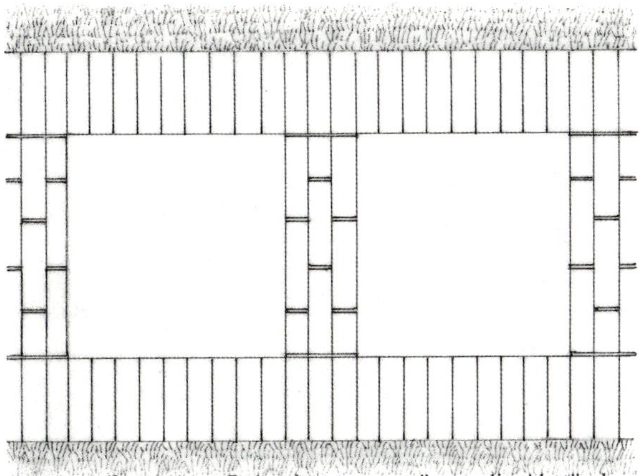

Bei kleinformatigen Belagelementen müssen die Abstände genau berechnet werden.

Die Blumenbeete

RASCH WACHSENDE STRÄUCHER FÜR NEU ANGELEGTE GÄRTEN

Abutilon vitifolium
Artemisia ›Powis Castle‹
Brachyglottis laxifolia
Cistus
Euphorbia characias wulfenii
Fuchsia
Lavandula
Lavatera
Penstemon
Rosmarinus

Bei der Anlage von Blumenbeeten spielt die Festlegung der Position eine wichtige Rolle: Ein Beet optisch reizvoll zu gestalten, das parallel zum Haus oder zentralen Aussichtspunkt liegt, ist in seiner Gesamtheit mit einem Blick erfaßbar, und seine Gestaltung erfordert daher erhebliche Fähigkeiten. Eventuell vorhandene Lücken fallen sofort auf, und die Formen und Farben müssen sorgfältig arrangiert werden. Blickt man auf ein Blumenbeet jedoch von der Kopfseite aus (mit anderen Worten: liegt es im rechten Winkel zu Haus oder Aussichtspunkt), macht es einen geheimnisvolleren Eindruck, einfach deshalb, weil man nicht sofort alles überblicken kann. Und wahrscheinlich fällt es auch nicht so schnell auf, wenn eine wichtige Pflanze verblüht ist und daher die Farbzusammenstellung nicht mehr vollkommen harmoniert.

Häufig macht man bei der Anlage von Beeten den Fehler, daß man sie zu klein plant. Bei einem sehr schmalen Beet ist es schwierig, mit Pflanzen eine gelungene Wirkung zu erzielen. Hat es jedoch eine ausreichende Breite, läßt sich sehr viel leichter ein interessantes Gleichgewicht von Farben und Formen erreichen. Im Idealfall ist eine Staudenrabatte mindestens 3 m breit. Die Blumenbeete sollten stets sorgfältig umgegraben werden, bevor man sie bepflanzt (siehe Seite 81). Falls Sie eine befestigte Fläche in der Nähe der wärmsten Mauer anlegen, sollten Sie darauf achten, daß dort ausreichend Platz für ein Beet bleibt, das groß genug ist, um dort mit empfindlicheren Pflanzen experimentieren zu können.

Versuchen Sie auf sinnlose Schlangenlinien (siehe Seite 26) zugunsten großzügiger, anmutiger Schwünge zu verzichten. Vermeiden Sie Formen, die an Eingeweide erinnern – nierenförmige Beete haben im Garten nichts zu suchen.

Der Rasen

Sind die Blumenbeete umgegraben, ist die Anlage des Rasens an der Reihe. Nun sollten Sie entscheiden, ob Sie eine Mähkante haben möchten, da sie sich in diesem Stadium leichter anbringen läßt als später. Eine Mähkante mit 30 cm Breite oder etwas mehr hat unschätzbaren Wert, da sich die Pflanzen am Rand des Blumenbeetes über sie legen können, um die harte Rasenkante aufzulockern, ihre Blätter auszubreiten und ihre Blüten auf dem sonnengewärmten Stein zur Schau zu stellen, statt über den Rasen zu wachsen und ihm Schaden zuzufügen.

Die Strukturierung des Gartens

Die nächste Entscheidung betrifft die Plazierung der »lebenden Struktur« – Hecken, Bäume und Sträucher. Dabei muß ein sorgfältiges Gleichgewicht zwischen immergrünen und sommergrünen Pflanzen hergestellt werden. Sind zu wenige Immergrüne plaziert worden, kann der Garten im Winter kahl und öde wirken, gerade wenn sich das Auge am meisten nach dem reinen Dunkelgrün von Eibe, Buchsbaum und Stechpalme sehnt; zu viele Immergrüne können jedoch den Sommerrabatten einen unangenehm düsteren Charakter verleihen. Oft erkennt man einen im Winter angelegten Garten

Festlegen der Form von Beeten und Rabatten

Wenn es Ihnen schwerfällt, sich die Form eines geplanten Blumenbeetes vorzustellen, oder Sie ein bereits angelegtes Blumenbeet verändern wollen, können Sie die gewünschte Form mit dem Gartenschlauch (bzw. Ziegeln oder Steinen) legen. Dann treten Sie zurück und begutachten das Ergebnis. Warten Sie ein oder zwei Tage, bevor Sie sich endgültig entscheiden.

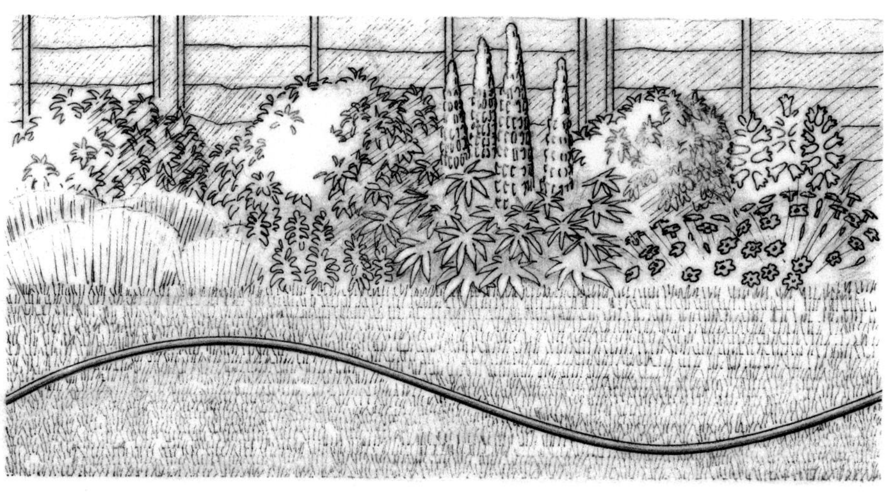

Eine Mähkante, die aus einem schmalen Pflaster- oder Kiesstreifen besteht und den Rasen von den Beeten trennt, eröffnet viele Gestaltungsmöglichkeiten. Die dominanten geraden Linien der Rabatte können durch Pflanzen aufgelockert werden, ohne daß der Rasen leidet. Sträucher und eine Eibenhecke rahmen diese farbenfrohe Staudenrabatte ein.

daran, daß eine große Zahl immergrüner Pflanzen, insbesondere Nadelgehölze, verwendet wurde, um ihn auch in der kalten Jahreszeit üppig wirken zu lassen. Doch wie langweilig sieht ein solcher Garten dann im nächsten Jahr aus, weil sich kaum noch Platz für Rosen, Rittersporn, Päonien und all die prächtigen Blumen des Hochsommers findet.

Für den Blumengarten geeignete Bäume und Sträucher lassen sich in zwei Kategorien unterteilen. Zu der ersten gehören jene, die an bevorzugte Standorte gepflanzt werden und ausreichend Platz bekommen müssen, damit sie sich zu schönen Exemplaren entwickeln können; man sollte alle Nachbarpflanzen entfernen, die zu einem späteren Zeitpunkt ihre Entwicklung stören; Beispiele sind hier Magnolien *(Magnolia)* und Hartriegel *(Cornus)*. Zu der zweiten Gruppe zählen die Bäume und Sträucher, die zusammen mit Stauden und Einjahresblumen in der Blumenrabatte attraktiv aussehen, wie etwa Weigelie (*Weigela* ›Praecox Variegata‹), Ginster *(Genista aetnensis)*, Hasenohr *(Bupleurum fruticosum)*, Bartblume *(Caryopteris)*, *Phygelius*, Sommerjasmin *(Philadelphus)*, Perückenstrauch *(Cotinus coggygria)*, Schmetterlingsstrauch *(Buddleja davidii)*, Hortensie *(Hydrangea)* und Strauchrose.

Nachdem diese Grundstruktur gepflanzt wurde, kann der Garten aber noch recht kahl aussehen. Zum Füllen der freien Flächen können neben Stauden und einjährigen Blumen auch Sträucher verwendet werden, die rasch wachsen. Möglicherweise müssen einige jedoch später wieder entfernt werden, weil ihr üppiger Wuchs anderen Pflanzen den Platz streitig macht. Der Standort für die strukturierenden Bäume und Sträucher sollte sehr sorgsam ausgewählt werden.

Für den Fall, daß die endgültige Größe wichtiger Pflanzen schlecht einschätzbar ist, kann man auch an kritische Standorte die eine oder andere Pflanze mit dem Hintergedanken setzen, daß man sie in späteren Jahren notfalls wieder entfernt.

Standorte für Blumen

Blumen können auf vielfältige Weise ihre Rolle im Garten erfüllen, und neben den Blumenbeeten kommen für sie auch noch andere Standorte in Betracht.

Beete und Rabatten

Das gemischte Beet, in dem all die beliebten Sommerblumen - Rosen, Stauden und Einjahresblumen - wachsen, sollte stets an der sonnigsten Stelle liegen. In den meisten Gärten gibt es aber auch ein Schattenbeet, dessen Gestaltung Erfindungsgabe erfordert und zu Experimenten einlädt. Welche Pflanzen unter diesen Bedingungen gedeihen, hängt in starkem Maß von der Art des Schattens ab (siehe Seite 17). Aber es gibt keinen Grund, warum dieses Beet weniger reizvoll wirken sollte als eine sonnige Rabatte. Einige der schönsten Pflanzen gedeihen hervorragend im Schatten oder Halbschatten, wie etwa Scheinglocke (*Kirengeshoma palmata* und *K. koreana*), Scheinmohn *(Meconopsis)*, Schattenblume *(Smilacina racemosa)*, Krötenlilie *(Tricyrtis)* und Christrose *(Helleborus)*.

Hochbeete

Pflanzen, die aufgrund ihrer geringen Größe dem Überlebenskampf in einer gemischten Rabatte nicht gewachsen sind oder einer sorgfältigen Überwachung bedürfen, sollten in ein Hochbeet gepflanzt werden, das aus lokalem Stein oder alten Ziegeln errichtet wird. Auf durchlässigem Boden muß es nicht höher als 30 cm sein, auf schwereren Böden sollte es etwa 60 cm Höhe haben. Insbesondere auf vollkommen flachen Grundstücken kann man mit geschickt plazierten Hochbeeten interessante Akzente für die Gesamtgestaltung setzen. Gleichzeitig erlauben sie die Kultur eines neuen Spektrums von Pflanzen, für die vorher kein geeigneter Standort vorhanden war - Wildpflanzen von Bergen aus aller Welt, alpine Gewächse, die zum Gedeihen unbedingt durchlässige Erde benötigen und in den meisten Fällen auch optimales Licht und Sonne (Bepflanzungsplan siehe Seite 38).

Ein Hochbeet bepflanzen

Wenn Sie die Mauer für ein Hochbeet aus trockenem Gestein errichten, können sogar Pflanzen in die Ritzen zwischen den Steinen gesetzt werden; die Stützmauern können auch aus Ziegeln bestehen. Ein solches Beet sollte in voller Sonne liegen und unerreichbar für das von Bäumen herabtröpfelnde Regenwasser sein.

Einige alpine Gewächse, die zumeist aus größeren Höhen stammen, brauchen ein sehr sandiges, durchlässiges Substrat. Falls der vorhandene Gartenboden recht schwer ist, sollte das Beet für diese Pflanzen eine Höhe von mindestens 60 cm haben.

Gepflasterte Bereiche

In sehr kleinen Gärten, in denen ein Rasen zu viel wertvolle Pflanzfläche wegnehmen würde, und in größeren

Ein Hochbeet einrichten

Falls der Boden in Ihrem Garten nicht gut drainiert ist, müssen Sie den Grund des Hochbeets mit einer Schicht aus großen Steinen bedecken und die Zwischenräume mit Kies ausfüllen. Diese Drainageschicht wird mit umgedrehten Grasnarben abgedeckt, um zu verhindern, daß die darüberliegende Schicht einsickert und den Abfluß verstopft. Dann füllt man das Hochbeet mit einer Mischung aus zwei Teilen grobkörnigem, scharfem Sand, drei Teilen Gartenerde und einem Teil Lauberde auf. Nach dem Pflanzen wird die Oberfläche mit einer 5 cm dicken Schicht Kies abgedeckt, die das Unkraut unterdrückt, im Winter vor Feuchtigkeit schützt und im Sommer zu viel Verdunstung verhindert.

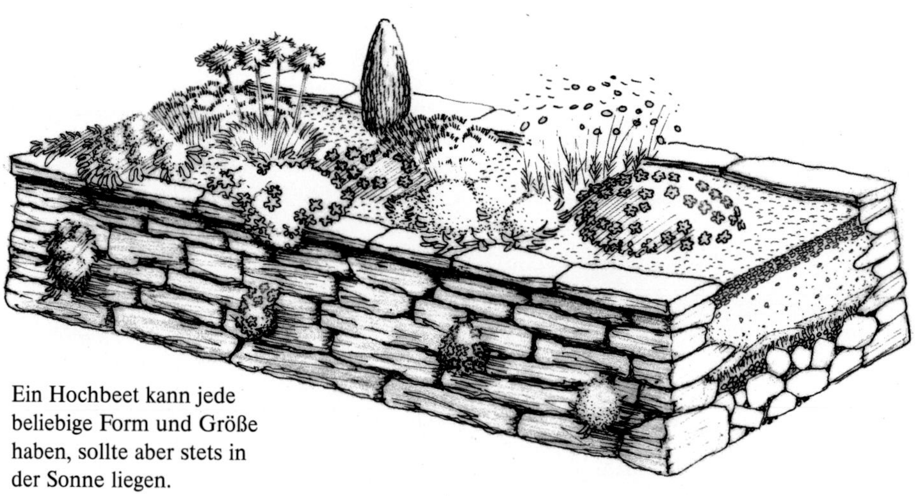

Ein Hochbeet kann jede beliebige Form und Größe haben, sollte aber stets in der Sonne liegen.

Ein gut drainiertes, sonniges Hochbeet ist ein idealer Platz für eine Kollektion von Steingartenpflanzen, wie den strauchigen Bartfaden *(Penstemon)* mit seinen leuchtenden magentaroten Blüten, die gelbe Binsenlilie *(Sisyrinchium macrocarpon)* und die silberblättrige *Celmisia semi-cordata* ›David Shackleton‹. Felsenteller *(Ramonda myconi)* wächst an einem schattigeren Platz am Fuß der Wand. Die auffälligen gestreiften Blätter von *Iris pallida* ›Argentea Variegata‹ wirken bis in den Herbst frisch.

Gärten, in denen man durch die Anlage eines von Eiben- oder Buchenhecken umgebenen »Gartenraumes« eine besondere Stimmung schaffen will, kann eine gepflasterte Fläche erstaunlich arbeitssparend sein und gleichzeitig kleinen bodendeckenden Blütenpflanzen eine Heimat bieten.

Wer einen kleinen Stadtgarten besitzt, in dem ein sommergrüner Baum wächst, muß den darunterliegenden Schattenbereich nicht unbedingt bepflanzen; man kann ihn ebensogut pflastern. Bei der Vorbereitung des Bodens und dem Verlegen des Pflasters darf man jedoch weder die Baumwurzeln beschädigen noch das Bodenniveau um den Stamm herum verändern.

Die Baumwurzeln fühlen sich unter dem Belag wohl, und da und dort kann man eine Lücke lassen, in die man geeignete Pflanzen setzt. Ist Wurmfarn *(Dryopteris filix-mas)* einmal angewachsen, gedeiht er an trockenen Standorten überraschend gut und wirkt dort außerordentlich harmonisch. Darüber hinaus geeignet sind Immergrüne *(Vinca minor)*, *Viola labradorica*, *Hypericum androsaemum*, Salomonssiegel *(Polygonatum)* und Efeu *(Hedera)*. Einen besonders großen Platz sollte man für Freiland-Alpenveilchen *(Cyclamen hederifolium)* reservieren. Sie sind vollkommen winterhart, und ihren kleinen rosa und weißen Blüten folgen wunderschön silbergrau marmorierte Blätter, die während des ganzen Winters frisch und dekorativ bleiben. An dieser Pflanze sieht man sich niemals satt, und sie samt sich jedes Jahr bereitwillig aus.

Pflasterspalten bepflanzen

Unter der gepflasterten Fläche sollte sich gute, durchlässige Erde befinden. Vor dem Pflastern sollte zunächst der Boden geebnet und darauf eine 5 cm dicke Schicht Sand verteilt werden, damit das Wasser gut ablaufen kann. Zwischen den einzelnen Pflasterelementen läßt man 3–4 cm große Lücken, die mit einer Mischung aus gleichen Teilen guter Erde, scharfem Grobsand und Lauberde aufgefüllt werden. Gut geeignet für die Bepflanzung von Pflasterspalten sind Steingartengewächse, wie Sonnenröschen *(Helianthum)*, Steinkraut *(Alyssum saxatile)* und Strohblumen *(Helychrysum milfordiae)*; weitere geeignete Pflanzen finden sie in der Liste auf Seite 37).

Bevor man die Pflanzen aus ihren Töpfen nimmt, wässert man sie zunächst ausgiebig. Dann nimmt man sie aus ihren Töpfen und drückt die Wurzelballen vorsichtig in die Spalten zwischen den Platten. Achten Sie sorgfältig darauf, daß die Stengel und Blätter der Pflanzen so arrangiert sind, daß sie auf dem Pflaster liegen und sich auf dem warmen Stein sonnen können, während ihre Wurzeln darunter nach Nährstoffen und Wasser suchen. Nach dem Einsetzen wässert man die Pflanzen großzügig. Vielleicht möchten Sie den gepflasterten Bereich auch auflockern und hier und dort eine Platte weglassen, um ein kleines Blumenbeet anzulegen, in dem einige größere Pflanzen oder niedrige, farbenfrohe Einjahresblumen Platz finden.

Kiesflächen

Wenn Ihnen die Pflege eines Rasens zu zeitaufwendig ist, können Sie statt dessen eine Kiesfläche anlegen, die ebenfalls einen Eindruck von Weite entstehen läßt. In kleinen schattigen Stadtgärten, wo unter Bäumen ohnehin ein Rasen schlecht gedeiht, kann man mit immergrünen Sträuchern und schattenliebenden Pflanzen, die um eine Kiesfläche herum angeordnet sind, eine Oase schaffen, einen abgeschiedenen Platz zum Entspannen und Träumen. Die winzige kriechende *Mentha requienii* verströmt am Boden einen herrlichen Minzeduft; möglicherweise müssen die Pflanzen jedoch nach einem harten Winter ersetzt werden.

Auch sonnige Kiesgärten bieten zahllose Gestaltungsmöglichkeiten, da die kleinen Steine wie eine Mulchdecke wirken und Pflanzen zwischen ihnen gut gedeihen. Wer eine große Fläche bepflanzen möchte, kann Thymianarten verwenden, deren Blütenfarbe von malvenfarben über Violett und Rosa bis Weiß reicht. Und falls kein Platz mehr für eine neue Pflanze vorhanden ist, kann man sie vielleicht an den Rand eines Kieswegs oder einer Auffahrt setzen (Bepflanzungsplan für Kiesflächen siehe Seite 38).

Kiesflächen bepflanzen

Zunächst wird der Boden wie bei jedem Blumenbeet vorbereitet (siehe Seite 81) und dann mit einem Rechen geebnet. Um die Erde zu festigen, geht man in kleinen Trippelschritten vorwärts und rückwärts über die ganze Fläche. Anschließend harkt man den Boden nochmals und entfernt dabei große Steine. Dann werden alle großen Bäume und Sträucher gepflanzt (siehe Seite 82). Zum Schluß verteilt man auf der Erde eine etwa 10 bis

Pflanzenteppiche

Nachdem man den Boden vorbereitet (siehe oben), alle großen Gehölze gepflanzt und den Kies verteilt hat, vervollständigt man nun mit kleineren Pflanzen das Bild. Man arrangiert sie, zunächst in ihren Töpfen, auf dem Kies und versucht, unter Berücksichtigung der Farbe, Blütezeit, Form und Größe aller Pflanzen eine harmonische Wirkung zu erzielen, die aber nicht steif erscheinen sollte. Dann tritt man zurück, begutachtet das Arrangement kritisch und nimmt letzte Korrekturen vor. Wenn man zufrieden ist, kann mit dem Pflanzen begonnen werden.

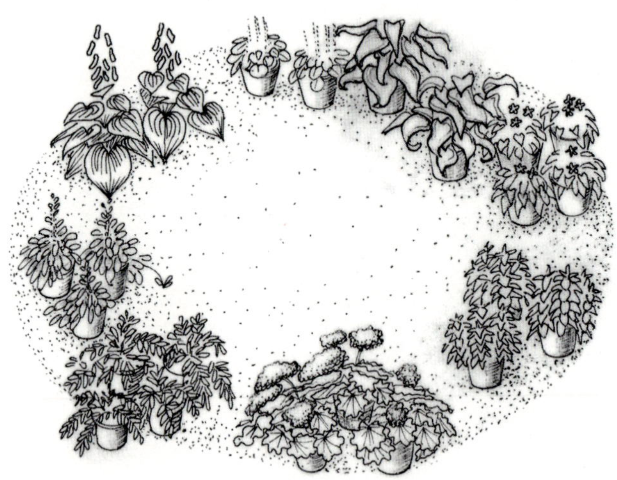

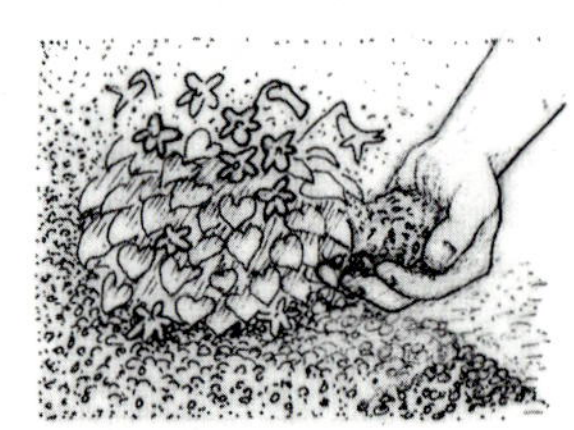

Nachdem die Erde um die Pflanze herum angedrückt wurde, verteilt man den Kies und schiebt ihn behutsam unter die Blätter.

PFLANZEN FÜR SONNIGE PFLASTER UND KIESFLÄCHEN:

Acaena ›Blue Haze‹
Alyssum saxatile ›Citrina‹
Arabis ferdinandi-coburgii
Armeria maritima
Artemisia schmidtiana ›Nana‹
Artemisia stelleriana
Aubretia deltoidea
Campanula cochleariifolia
Campanula portenschlagiana
Campanula poscharskyana
Chamaemelum nobile
Dryas octopetala
Erigeron karvinskianus
Erysimum ›Moonlight‹
Geranium cinereum ›Ballerina‹
*Geranium-sanguineum-*Cultivare
Helianthemum
Hypericum olympicum ›Citrinum‹
Iberis sempervirens ›Little Gem‹
Lobelia pedunculata
*Phlox-douglasii-*Cultivare
Potentilla alba
Saponaria ocymoides
Saxifraga cotyledon
*Thymus-serphyllum-*Cultivare
Trifolium repens ›Purpurascens‹

OBEN LINKS Gartennelken (*Dianthus* ›Joan's Blood) sehen in Kies sehr hübsch aus. Sie brauchen volle Sonne und durchlässigen, leicht alkalischen Boden.

15 cm dicke Schicht Kies, wie man ihn etwa für Auffahrten verwendet. Feiner Kies eignet sich am besten; größere Steine knirschen unter den Füßen und sind zum Begehen unangenehm. Nach dem Verteilen wird der Kies geharkt.

Nun setzen Sie die kleineren Pflanzen (in ihren Töpfen) auf den Kies, treten zurück und betrachten das Ganze kritisch. Die Wurzelballen der Pflanzen sollten feucht sein; am besten wässert man sie etwa eine Stunde, bevor man die Pflanzen aus dem Topf nimmt. Zum Einsetzen einer Pflanze mittlerer Größe, wie etwa einer Funkie, schieben Sie am vorgesehenen Standort den Kies beiseite und nehmen die Pflanze aus ihrem Topf. Mit einem Handspaten heben Sie ein Loch aus, das etwas größer ist als der Topf, und lockern die Erde ein wenig. Dann arbeiten Sie einen halben Eimer Komposterde und eine gute Handvoll Knochenmehl ein. Setzen Sie die Pflanze in das Loch, und füllen Sie rundum Erde auf, die zwischendurch immer wieder behutsam angedrückt werden muß. Zum Schluß wird der Kies unter die Blätter der Pflanze geschoben.

Für sehr kleine Pflanzen macht man ein Loch in den Kies und füllt etwa 5 cm Erde hinein. Dann setzt man die Pflanze ein, wobei man Platz für eine 5 cm dicke Deckschicht aus Kies läßt. Anschließend wässert man die Pflanze mit einer Gießkanne mit Brausekopf; auch den Kies sollte man begießen, um die Erde abzuwaschen.

Pflanzgefäße

Wenn Sie Pflanzen auswählen, die Sie in Gefäße setzen wollen, dürfen Sie ruhig Wagemut zeigen, denn hier können Sie auch Gewächse ziehen, die im übrigen Garten deplaziert erscheinen würden: exotisch wirkende, frostempfindliche Pflanzen wie Stechapfel *(Datura)*, nicht winterharte Fuchsien wie *Fuchsia* ›Thalia‹, prächtige Goldbandlilien *(Lilium auratum)* und Prachtlilien *(L. speciosum* var. *album)*, Basilikum und den unverzichtbaren Zitronenstrauch *(Aloysia triphylla)*, dessen Blätter so herrlich duften, wenn man sie zerdrückt. Pflanzen, die im Gartenboden nicht gedeihen, können in Pflanzgefäßen mit speziellen Substraten versorgt werden; so kann man bei einem kalkigen Boden Gefäße mit Kamelien und Rhododendren bepflanzen oder mit wunderschönen blaublühenden Hortensien, die sich in Kalkboden unweigerlich rosa färben.

Töpfe und Kübel mit frostempfindlichen Stauden und Sträuchern, die den Sommer über im Freien stehen, werden während der Wachstumsperiode durch die vielen bedingt winterharten Einjahresblumen ergänzt. Die Terrasse oder der befestigte Bereich mit den üppig bepflanzten Töpfen sollte im Sommer ein Ort des Überflusses sein. Kleine Töpfe setzt man in Gruppen zusammen, um den Eindruck eines wogenden Meeres aus Farben und Düften entstehen zu lassen. Bei der Bepflanzung der Gefäße muß man die Anzahl der benötigten Pflanzen schätzen. So braucht man beispielsweise für einen Kübel mit 35 cm Durchmesser fünf Petunien, fünf *Verbena* ›Silver Anne‹ und zwei Strohblumen *(Helichrysum petiolare)*; in einem großen Holzkübel mit 60 cm Durchmesser haben ein Blumenrohr *(Canna)*, drei Scharlachfuchsien (*Fuchsia magellanica* ›Versicolor‹), drei Strauchmargariten *(Argyranthemum)*, drei *Plecostachys serpyllifolia*, sieben Petunien und sieben Verbenen Platz. Wenn man Pflanzen so dicht zusammensetzt, muß man sie jedoch regelmäßig mit Flüssigdünger versorgen, damit sie ausreichend mit Nährstoffen versorgt sind und gesund und schön bleiben.

In kleinen Gärten kann das welkende Laub von Zwiebelblumen störend wirken. Deshalb gruppiert man sie besser in Töpfen auf der Terrasse. Dieses großzügige Arrangement besteht aus Tulpen (hauptsächlich *Tulipa* ›White Triumphator‹) und kleinen Töpfen mit Kräutern.

Ein schattiger Stadtgarten mit Kiesfläche

Die Erde unter Kiesflächen sollte unbedingt unkrautfrei sein und vor dem Pflanzen mit reichlich Humus angereichert werden (siehe Seite 36). Der Kies wird auf der gesamten Fläche verteilt; er gibt dem Arrangement Zusammenhalt und wirkt gleichzeitig wie eine Mulchdecke. Im Sommer setzt man Pflanzgefäße mit farbenfrohen Lilien, Fleißigen Lieschen und Ziertabak dazu und – als formalen Akzent – in Kugelform gestutzten Buchsbaum. Im mittleren Bereich läßt man Korsische Minze *(Mentha requienii)* und *Lobelia pedunculata*, eine dekorative teppichbildende Pflanze mit winzigen blauen Blüten, wachsen.

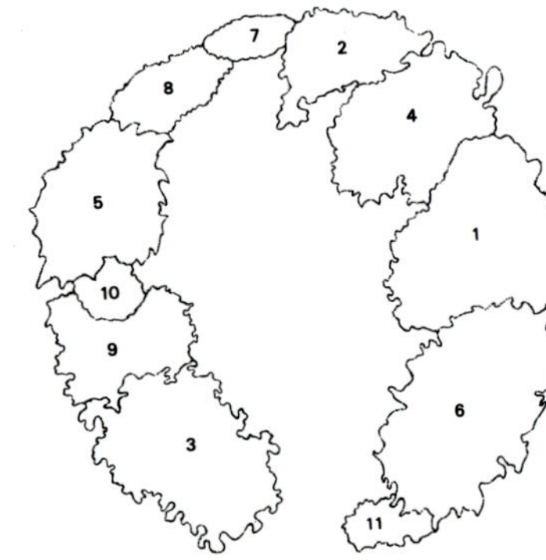

1 *Alchemilla mollis*
2 *Ajuga reptans* ›Atropurpurea‹
3 *Astrantia major* ›Sunningdale Variegated‹
4 *Brunnera macrophylla* ›Hadspen Cream‹
5 *Hosta* ›Halcyon‹
6 *Hosta undulata* var. *univittata*
7 *Lamium maculatum* ›Beacon Silver‹
8 *Saxifraga* x *urbium*
9 *Vinca minor*
10 *Viola cornuta*
11 *Viola labradorica* ›Purpurea‹

Alle Pflanzen in diesem frühsommerlichen Kiesgarten mögen ihren schattigen Standort und breiten sich dort üppig aus. Ihre ruhigen, kühlen Farben kommen im Schatten gut zur Geltung und bilden einen schönen Hintergrund für Pflanzgefäße mit Sommerblumen.

Ein Beet mit ungewöhnlichen Pflanzen

Wenn man Pflanzen mit viel grauem Laub und Pastelltönen zu zarten Arrangements gruppiert, kann man mit Sicherheit ein dekoratives Beet gestalten. Doch manchmal macht es Spaß, etwas abenteuerlustiger zu sein und verwirrende Kompositionen aus empfindlichen Stauden und einjährigen Pflanzen mit exotischer Wirkung zu schaffen; vor allem Pflanzen mit auffälligem Laub sind hierfür geeignet.

Dieses aufregende Arrangement aus kontrastierendem Laub und exotisch wirkenden Blumen bleibt drei Monate dekorativ. Im Spätsommer erlebt es seinen Höhepunkt.

1 *Alonsoa warscewiczii*
2 *Amaranthus caudatus* ›Viridis‹
3 *Arundo donax*
4 *Canna indica* ›Purpurea‹
5 *Eucomis bicolor*
6 *Hibiscus trionum*
7 *Melianthus major*
8 *Nicotiana langsdorfii*
9 *Nicotiana* ›Lime Green‹
10 *Ricinus communis* ›Impala‹
11 *Verbena* x *hybrida* ›Tropic‹

Weitere geeignete Pflanzen für diesen Standort:

Bidens ferulifolia
Cordyline australis ›Atropurpurea‹
Cosmos atrosanguineus
Dahlia ›Bishop of Llandaff‹
Euphorbia marginata
Mimulus aurantiacus
Moluccella laevis
Rudbeckia hirta ›Marmalade‹
Sanvitalia procumbens
Zinnia ›Envy‹

Künstlich geschaffene Höhe

Ein neuer Garten wirkt manchmal langweilig flach, da noch keine Pflanze eine vernünftige Höhe erreicht hat. Um dieses Problem zu lösen, kann man einen Bogen aufstellen, mehrere Bögen, die zusammen einen Gang bilden, ein Spalier aus Metall oder Holz, oder sogar eine große Pergola. Trennelemente wie diese verhindern, daß der Garten mit einem Blick überschaubar ist. Sie können auch den Nutzgarten verbergen und gleichzeitig all den herrlichen Kletterpflanzen, die Sie ziehen möchten, eine Heimat geben.

Wenn Sie zu Beginn schnell Höhe in den Garten bringen wollen, sollten Sie, statt einen raschwüchsigen Baum zu pflanzen, der Ihnen jedoch bald Schwierigkeiten machen kann, weil er Nachbarpflanzen die Nährstoffe raubt oder zu viel Schatten wirft, lieber großblättrigen Efeu an einem Stab ziehen. Mitunter bekommt man große Exemplare, die sofort eine enorme optische Wirkung haben.

Ein Wort zu Spalieren: Sie sollten bei der Auswahl auf Stabilität achten; Holzspaliere, die man in Abschnitten fertig kaufen kann, sind oft leider ebenso wackelig wie preiswert und nur einigermaßen stabil, wenn man sie an einer Wand befestigt. Aber selbst dann kann es sein, daß sie im Sturm heruntergerissen werden, wenn eine Pflanze zu wuchsfreudig ist. Ein begrüntes Spalier entwickelt bei Wind die Eigenschaften eines Segels und braucht in Abständen von 2 m stabile Stützen, die am besten in Zement eingelassen werden.

Eine an einem Stab erzogene *Clematis* läßt einen wunderbaren Höhenkontrast entstehen. Der Stab ist mit grobmaschigem Drahtgeflecht umgeben, damit sich die Pflanze festhalten kann. Hier erhebt sich *Clematis* ›Hagley Hybrid‹ über Fingerhut *(Digitalis)* und Büsche aus Sterndolde *(Astrantia major)* und Storchschnabel *(Geranium endressii)*.

Rascher Sichtschutz in neuen Gärten

In einem neuen Garten wird man kaum Überraschungen oder Geheimnisse finden. Er ist wie eine Leinwand aus kahler Erde und kann merkwürdig leer wirken, bis endlich all die geplanten Dauerpflanzungen mit ihren unterschiedlichen Höhen und Formen dem Gesamtbild optischen Reiz verleihen. Pflanzen Sie deshalb im ersten Jahr Einjahresblumen, die an Spalieren, Bögen und Stangen gezogen werden. Wenn Sie an mehreren Stellen des Gartens einen schlichten provisorischen Schirm errichten (aus an stabilen Stützen befestigtem Drahtgeflecht oder kunststoffummanteltem Draht), gibt Ihnen das die Gelegenheit, herauszufinden, wo auf lange Sicht höhere Pflanzen harmonisch wirken würden.

An sonnigen Standorten möchten Sie für einen einjährigen Sichtschutz vielleicht am liebsten Duftwicken *(Lathyrus odoratus)* verwenden, die mit ihren zarten Farben und ihrem altmodischen Duft den Sommer schlechthin verkörpern. Da sie tiefgründigen, nährstoffreichen Boden benötigen, muß für sie eine Fläche von ausreichender Breite bis in 60 cm Tiefe umgegraben werden. In die Erde arbeitet man reichlich Mist oder Kompost ein. Unter die Deckschicht mischt man etwas feuchten Torf und Volldünger, so daß ein krümeliger, lockerer Boden entsteht, in dem sich die Wurzeln ungehindert ausbreiten können. Wer es mit den größeren, stärker gerüschten Blüten der modernen Wicken versuchen möchte, sollte die kaminrote und weiße Sorte ›Painted Lady‹ verwenden, die seit mindestens zwei Jahrhunderten in unseren Gärten wächst. Sie hat kleinere Blüten, duftet aber intensiv. Wicken bilden im Garten einen so herrlichen Vorhang aus Blüten, daß man sie kaum zu pflücken wagt. Unterläßt man dies jedoch, bilden sie bald Samen aus und blühen nicht weiter.

Mit langen Bambusstäben, die oben fest zusammengebunden werden, kann leicht ein »Wigwam« für Stangenbohnen errichtet werden. Eine solche Konstruktion nimmt verblüffend wenig Platz in Anspruch und läßt sofort ein Gartenelement von nützlicher Höhe entstehen. Man kann einen großflächigen Sichtschutz bilden, indem man die Bohnen an einem Gerüst aus weitmaschigem, mit Kunststoff überzogenem Drahtnetz emporwachsen läßt. Das Drahtnetz sollte beidseitig mit stabilen Stangen (am besten mit Querverstrebungen gesichert) gestützt werden. Die roten und weißen Blüten der Stangenbohnen wirken selbst in der Blumenrabatte nicht deplaziert. Bohnen lieben den gleichen nahrhaften Boden wie Wicken, und damit sie gute Erträge bringen, muß man sie regelmäßig pflücken, solange sie noch jung und zart sind.

Die Glockenrebe *(Cobaea scandens)* ist mit ihren großen, zunächst zartgrünen und später tiefvioletten glockenförmigen Blüten eine großartige Pflanze. Rasch klettert sie an einem Zaun oder einer Mauer empor, und sie blüht bis in den Spätherbst. Ihre Kultur ist einfach, sofern man berücksichtigt, daß sie aus Mittel- und Südamerika stammt und daher einen warmen, geschützten Standort braucht. In ihrer Heimat ist sie mehrjährig, und in sehr milden Lagen kann sie dies auch anderswo sein.

Der schlingende goldblättrige Hopfen (*Humulus lupulus* ›Aureus‹) läßt in einem jungen Garten rasch eine leuchtende Fläche aus gelbem Laub entstehen. Er eignet sich hervorragend, um die Farbe eines neuen Sommerhauses oder einer neuen Pergola zu dämpfen. An weiblichen Pflanzen bildet er im Herbst zapfenähnliche, grüne Fruchtstände, die in nickenden Büscheln gruppiert sind. Er ist sehr ausdauernd und kommt jedes Jahr wieder. An den Gartenboden stellt er keine besonderen Ansprüche.

Eine verbreitete, fröhliche Kletterpflanze ist die Kapuzinerkresse *(Tropaeolum)*, die im ersten Jahr, insbesondere auf kargem Boden, für herrliche Fülle sorgt. Wächst sie in zu nahrhafter Erde, entwickelt sie viele Blätter und nur wenige Blüten. *Tropaeolum peregrinum* (syn. *T. canariense*) aus Peru ist eine zartere Art mit zitronengelben, leicht gerüschten Blüten, die nahe bei einem Strauch gepflanzt werden kann, der bereits abgeblüht ist. Diese Art ist allerdings frostempfindlich, aber wenn man sie einmal im Garten hatte, werden sich immer wieder hier und dort Sämlinge zeigen, da sie sich bereitwillig selbst aussamt.

Rhodochiton atrosanguineus hat hinreißende kleine dunkelviolette Trichterblüten. Sie sitzen in hellkarminroten Kelchen, die die windenden Triebe auch dann noch schmücken, wenn die Blüten schon verwelkt sind. Zwar macht diese Pflanze einen weitaus schwierigeren Eindruck, als sie tatsächlich ist, doch muß sie im Warmen ausgesät werden und braucht später im Freiland einen sehr geschützten Platz. Da sie nur wenige Samen ausbildet, muß man jede einzelne reife Fruchtkapsel im Herbst wirklich suchen.

Zu den ersten Pflanzen, von denen man Samen bestellen sollte, gehört die Schönranke *(Eccremocarpus scaber)*. Sie hat filigranes Laub und Röhrenblüten, die orange, kirschrot, gelb oder manchmal auch rosafarben sind. Sie braucht wenig Platz, und da ihre Triebe sehr leicht sind, können Sie sie sogar an Ihrem wertvollsten Strauch emporklettern lassen. Darüber hinaus ist sie offenbar auch mit den mageren Bedingungen am Fuß einer sonnigen Mauer zufrieden. In milderen Gegenden wächst sie ausdauernd, anderswo muß man sie jedes Jahr neu aus Samen ziehen (falls sie sich nicht selbst ausgesamt hat).

Die Prunkwinde (*Ipomoea* ›Heavenly Blue‹) hat leuchtendblaue Trichterblüten von betörender Schönheit. Gekaufte Jungpflanzen dürfen allerdings nicht zu früh ins Freie gesetzt werden, denn in diesem Stadium wird das Laub bei Kälte blaß und hängt traurig herunter. Die geschädigten Pflanzen brauchen dann Wochen, um sich wieder zu erholen. Wer Prunkwinden aus Samen zieht, muß sie sorgfältig abhärten. Sie brauchen Sonne, Schutz vor kalten Winden und eine regelmäßige Wässerung.

Wenn Sie im Zweifel sind, ob Sie an eine bestimmte Stelle im Garten eine Hecke pflanzen sollen, ist es hilfreich, dort eine Reihe Topinambur *(Helianthus tuberosus)* zu pflanzen. Sagt Ihnen die Wirkung im Herbst nicht zu, können Sie die Knollen im Winter ausgraben und zu Suppe verarbeiten. Topinambur stellt keine großen Ansprüche an den Boden. Er wird bis zu 3 m hoch und läßt im Sommer einen guten Windschutz entstehen.

Glyzinien (hier *Wisteria floribunda* ›Alba‹) sind eindrucksvolle Schlingsträucher, die Mauern, Pergolen und Bäume im Sommer mit ihren herrlichen Blütentrauben schmücken.

Blickfänge

UNTEN LINKS Am Ende des Weges, der von Blumenrabatten in Pastellfarben gesäumt wird, bildet eine große Lorbeerkirsche *(Prunus lusitanica)* einen lebendigen Blickfang.

UNTEN RECHTS Hier bildet eine an einem Bogen wachsende *Rosa* ›Adélaïde d'Orléans‹ den Rahmen für den Blick auf eine Steinbank. Rechts und links des Weges wächst Storchschnabel (*Geranium psilostemon und G. endressii*).

Jeder Garten braucht da und dort einen Blickfang, der das Auge lenkt. Dabei kann es sich um einen Sitzplatz, ein Spalier oder eine Statue handeln, aber auch um einen einladenden Waldweg, der hinter einer Biegung verschwindet, oder, im kleinen Maßstab, einfach um einen hübschen Topf.

Eine Pflanze kann als Schlußpunkt dienen, wie etwa ein säulenförmiger Wacholder (*Juniperus communis* ›Hibernica‹) oder eine goldblättrige Säuleneibe (*Taxus baccata* ›Fastigiata Aurea‹). Auch Pflanzen mit architektonischem Charakter und auffälligen spitzen Blättern, wie eine panaschierte Palmlilie *(Yucca)*, eine silbrige *Astelia* oder der Neuseeländer Flachs *(Phormium)*, ziehen die Blicke auf sich.

In manchen Gärten präsentiert sich dem Besucher ein unruhiges Bild. Wahrscheinlich begann der Besitzer einmal mit einer gutplazierten Sitzgelegenheit, die wirklich reizvoll wirkte, aber dann fügte er noch einige Blickfänge und Pflanzen mit leuchtendem, auffälligem Laub hinzu. Auf diese Weise entstand ein Kaleidoskop von Farben mit einer Gruppe von Statuen, ein gewaltiges Sammelsurium aus Pflanzen, Töpfen, Spindeln oder Sitzgelegenheiten. Jede Pflanze und jeder Gegenstand mag für sich wunderschön sein, doch ist er in der Masse kaum noch zu erfassen. Denken Sie deshalb bei der Planung Ihres Gartens auch daran, daß der Spielraum zwischen zu wenig und zu viel visueller Anregung oft sehr schmal ist.

Da weiße Gartenmöbel das Gesamtbild dominieren können, weil sie zu gewichtig wirken, sollte man versuchen, sie durch dunkelgrüne Farbe zu dämpfen, die mit reichlich Schwarz gemischt wurde. Einfache neue Tontöpfe bekommen rasch einen weicheren Charakter und werden von Algen und Moos besiedelt, wenn man sie mit einer Mischung aus verdünnter Jauche, Milch und einem flüssigen Volldünger bestreicht.

Blumen für den Schnitt

Gärten, die aus langen Reihen von Blumen bestehen, welche nur für den Schnitt gedacht sind, entstanden zuerst in den mauerumgebenen Gärten herrschaftlicher Landhäuser. Sie beschwören ein Bild von der Dame des Hauses herauf, die, mit einem Strohhut auf dem Kopf und einem Korb in der Hand, in der Frische des Morgens kleine Streifzüge durch den Garten unternimmt, um nach Herzenslust Blumen zu pflücken - Arme voll Wicken, Lilien, Päonien oder Nelken.

Doch mit etwas Phantasie und einem kleinen Blumenstrauß aus dem Supermarkt kann man ebenfalls Reizvolles entstehen lassen - vorausgesetzt man hat passendes Laub in seinem Garten. Es ist immer einfach, im Laden die größeren Blumen - etwa Chrysanthemen, Tulpen, Gladiolen und Nelken zu bekommen, aber fast unmöglich, die hübschen kleinen Blumen zu finden, die für optische Fülle sorgen, wie Frauenmantel *(Alchemilla)*, Akelei *(Aquilegia)*, Purpurglöckchen *(Heuchera)*, Fenchel *(Foeniculum)*, Falsche Alraunwurzel *(Tellima)*, Sterndolde *(Astrantia)*, Wiesenkerbel *(Anthriscus)* oder Chrysanthemen *(Tanacetum*, früher *Chrysanthemum)* ›White Bonnet‹, welche für zarte Effekte unverzichtbar sind. Diese Pflanzen nehmen es aber im Garten nicht übel, wenn man hier und dort einen Stengel abschneidet - im Gegensatz zu manchen Blumen, wie etwa strauchigen Päonien, die ich auf keinen Fall für die Vase schneiden würde. Es folgt nun eine Liste von Laub und Blumen, die sich für den Schnitt eignen. (Eine Liste mit weiteren dekorativen Blumen finden Sie auf Seite 87.) Zu den Pflanzen, die man wegen ihres dekorativen Laubs im Garten haben sollte, gehören: *Arum italicum* ›Pictum‹, *Bergenia, Elaeagnus, Eucalyptus, Euphorbia amygdaloides* ssp. *robbiae, Euonymus fortunei* ›Silver Queen‹ und andere, *Heuchera micrantha* ›Palace Purple‹, *Hosta, Pittosporum, Ruta graveolens* ›Jackman's Blue‹, *Skimmia und Sarcococca.*

Frühjahr

Convallaria
Doronicum
Helleborus
Jasminum
Narcissus
Tulipa

Frühsommer

Astrantia
Aquilegia
Hesperis
Heucherella
Polygonatum

Von *Allium aflatunense* sollten nicht alle Blüten für die Vase geschnitten werden, damit sich die Pflanze selbst aussamen kann.

Sommer

Agapanthus
Antirrhinum
Alchemilla
Allium
Alstroemeria
Anthemis
Argyranthemum
Aster
Astrantia
Campanula
Cosmos
Delphinium
Dianthus
Digitalis
Echinops
Foeniculum
Gypsophila
Hydrangea
Lathyrus
Leucanthemum x *superbum*
Lilium
Lupinus
Malva
Moluccella
Nicotiana
Paeonia
Papaver
Phlox
Pimpinella
Romneya
Rosa
Selinum
Thalictrum
Tanacetum
Verbena

Spätsommer und Herbst

Anaphalis
Aster
Dahlia
Dendranthema (syn. *Chrysanthemum)*
Gladiolus
Helenium
Nerine
Rudbeckia
Schizostylis
Sedum
Solidaster

Mit Pflanzen gestalten

Die Arbeit im Blumengarten ähnelt dem Versuch, Kontrolle über ein Bild zu erlangen, dessen Elemente sich fast täglich verändern. Wenn man einen Blumengarten anlegt, ist es nicht damit getan, einfach eine Anzahl blühender Pflanzen zusammenzutragen; denn so hübsch jede einzelne auch sein mag – auf diese Weise entsteht nicht mehr als eine kleine botanische Sammlung. Angesichts der Vielzahl herrlicher Blumen, die heute auf dem Markt sind, muß man seine persönliche Auswahl so treffen, daß sich die Pflanzen zu einem harmonischen Gesamtbild vereinigen. Während Sie experimentieren, werden Sie sowohl eklatante Fehlschläge als auch bezaubernde Überraschungen erleben, denn die Ergebnisse sind nie genau vorhersagbar.

Großflächige Pflanzungen von *Anemone blanda*, hier unter einer noch unbelaubten Rose, bilden im Frühjahr prachtvolle Blickfänge.

Grundregeln der Gestaltung

Bei der Entscheidung über den Standort einer Pflanze muß man ihre Form, Größe, Farbe und Struktur sowie ihr Wuchsverhalten berücksichtigen. Jede neue Pflanze, die in ein Blumenbeet gesetzt wird, beeinflußt unweigerlich die Wirkung der bereits vorhandenen Gewächse. So wirkt zum Beispiel eine hohe Pflanze noch höher, wenn zu ihren Füßen eine niedrige, teppichbildende Pflanze wächst. Eine Pflanze mit langen, schwertförmigen Blättern erscheint neben einer Pflanze mit lockerem, rundem Wuchs noch steifer, und ein silbergraues Gewächs läßt neben sich die Farbe blauer Blüten noch intensiver erscheinen.

Hinzu kommen die Vorlieben und Abneigungen jeder einzelnen Pflanze. Mag sie Sonne oder Schatten, Trockenheit oder feuchte Bedingungen? Wann blüht sie und wie lange? Gibt es eine Jahreszeit, in der sie häßlich wird und eingeht? Am Anfang mag diese Fülle von Informationen, die man über eine Pflanze benötigt, überwältigend erscheinen. Doch wenn man einmal begonnen hat, sich mit diesem Thema zu beschäftigen, findet man auch leichter die wissenswerten Merkmale heraus, und je mehr man von einer Pflanze weiß, um so besser kann man sie wirkungsvoll plazieren.

Es ist also wichtig, sich zunächst möglichst viel Wissen über eine Pflanze anzueignen. (In diesem Zusammenhang ist ihr korrekter lateinischer Name, unter dem man sie in jedem Nachschlagewerk findet, von großem Nutzen.) Wenn Sie festgestellt haben, wo eine Pflanze in freier Natur vorkommt, haben Sie bereits einige Hinweise auf ihre erfolgreiche Kultur. Denn ist ihr Standort falsch gewählt, nützt es gar nichts, wenn Farbe oder Form perfekt mit der Umgebung harmonieren. Eine Pflanze etwa, die auf Lichtungen im Himalaya heimisch ist, wo die Niederschlagsraten hoch sind, wird nicht an

jenem warmen, sonnigen Platz wachsen wollen, den Sie für Lavendel und Zistrose, die aus dem Mittelmeerraum stammen, ausgesucht haben.

Pflanzen aus sehr verschiedenartigen Lebensräumen passen schlecht zueinander. Manchmal etwa sieht man Dahlien zwischen Rhododendren stehen. Solche Pflanzungen wirken unausgewogen, und wieviel harmonischer würde das Rhododendronbeet aussehen, wenn statt dessen spätblühende Lilien, Enzian *(Gentiana)*, Wachsglocke *(Kirengeshoma)*, Krötenlilien *(Tricyrtis)* oder einige Hortensien verwendet worden wären, die ebenso wie Rhododendron kühlen, feuchten, sauren Boden mögen. Die ursprünglich aus Mexiko stammenden Dahlien mit ihren prächtigen Blüten haben natürlich auch ihren Platz im Garten - in praller Sonne und in einem Boden, den man reichlich düngt, um eine üppige Blüte anzuregen.

Pflanzen umsetzen

Bei der Auswahl einer Pflanze ist es auch wichtig zu wissen, ob sie zu den Arten gehört, die sofort an den richtigen Platz gesetzt werden müssen, weil sie es nicht vertragen, wenn man sie wieder ausgräbt und umsetzt, wie etwa Färberhülse *(Baptisia)* oder Diptam *(Dictamnus albus)*. Umgekehrt ist es aber möglich, daß eine Pflanze es nicht übelnimmt, wenn man sie verpflanzt. Während Sie die verschiedenen Elemente Ihres Blumenbeetes hin und her schieben, Farben aufeinander abstimmen, Höhen neu ordnen und Lücken schließen, ist es für die spätere Pflege des Gartens wichtig, jede einzelne Pflanze in dieser zusammengewürfelten Gesellschaft - etwa Storchschnabel *(Geranium)*, Glockenblume *(Campanula)* und Flammenblume *(Phlox)* kennenzulernen.

LINKS Hier wurden verschiedene Formen nebeneinandergesetzt - in der Absicht, durch die hohen Blütenstände der Junkerlilie *Asphodeline lutea* und die Trichterblüten der Taglilie (*Hemerocallis* ›Golden Chimes‹) die Wirkung von Funkie *(Hosta)* und Frauenmantel *(Alchemilla mollis)* aufzulockern.

Die großartigen violetten Blätter von Wunderbaum *(Ricinus)* und Blumenrohr *(Canna)* bringen die Pomponblüten der Dahlien und die Blütenstände der Fackellilie *(Kniphofia)* erst richtig zur Geltung. Im Hintergrund das filigrane Laub einer *Rosa moyesii.*

Form und Struktur

Paeonia obovata var. *alba* ist eine in Sibirien heimische Staude. Sie hat einfache Blüten, die sie im Frühsommer für nur wenige Tage öffnet, doch im Frühherbst erlebt sie einen zweiten Höhepunkt. Dann platzen ihre Fruchtkapseln auf, in denen großartige marineblaue und scharlachrote Samen sitzen. Erstere können ausgesät werden, sobald sie reif sind.

Leicht übersieht man die Wuchsform und Struktur einer Pflanze, weil man vollkommen von der Schönheit der einzelnen Blüten gefangen ist - so wie man von dem Gesicht eines Menschen so fasziniert sein kann, daß man seine Statur nicht wahrnimmt. Die Form und die Struktur einer Pflanze sind von größter Bedeutung bei der Wahl ihres Standorts. Bevor Sie sich daher mit der Blütenfarbe beschäftigen, betrachten Sie zunächst Laub und Wuchsform.

Die Wuchsform

In Gartenbüchern wird oft der Begriff *habitus* verwendet, wenn dem Leser erklärt werden soll, wie sich eine Pflanze verhält. Der *habitus* einer Pflanze bestimmt weitgehend ihre Form: Welches Verhalten zeigt eine Pflanze wann, wie und in welcher Geschwindigkeit? Sie kann aufrecht nach oben wachsen, wie eine italienische Zypresse, einen hängenden Wuchs haben, wie die Trauerweide, oder am Boden kriechen, wie Johanniskraut *(Hyperium olympicum)*, das sich eng an jeden Stein schmiegt.

Gute Gärtner scheinen - wie gute Köche - instinktiv zu wissen, wie und in welchem Verhältnis sie Zutaten mischen müssen. Sind Sie mit einem Blumenbeet unzufrieden, überlegen Sie, ob Sie zur Verbesserung der Wirkung nicht vielleicht eine spitzblättrige Pflanze, weitere Pflanzen mit rundem Wuchs oder ein prägnantes aufrechtes Element ergänzen sollten. Möglicherweise erscheint die Pflanzung auch zu kompakt und bedarf einiger Pflanzen mit zartem, filigranem Laub. Oft läßt sich der Eindruck einfach durch einige schlichte Bergenien oder grünblättrige Funkien verbessern. Wenn Sie dagegen ein nacktes Blumenbeet in einem neuen Garten bepflanzen müssen, kaufen Sie verschiedene Pflanzen und kombinieren sie, noch in den Töpfen, zu unterschiedlichen Arrangements, um festzustellen, wie sie nebeneinander wirken.

Die unten aufgeführten Wuchsformen spielen in jedem Gesamtbild eine wichtige Rolle.

Pflanzen mit langen, spitzen Blättern, wie Palmlilie *(Yucca)*, Neuseeländischer Flachs *(Phormium)*, *Astelia* und Fackellilie *(Kniphofia)* ziehen den Blick auf sich und setzen in der Blumenrabatte klare Schlußpunkte. Sie lassen einen notwendigen Kontrast zu den weicheren Kissen und Hügeln, die andere Pflanzen bilden, entstehen.

Pflanzen mit großen, einfarbig grünen Blättern, wie *Bergenia* und *Hosta* wirken, in Gruppen gepflanzt, auf große Mengen zusammengewürfelter Blütenstauden beruhigend. Die meisten Stauden wachsen in der Natur auf Wiesen, wo sie, um die große Konkurrenz zu überleben, ihre Blütenstengel weit dem Licht entgegenrecken. Dadurch leidet jedoch ihre Wuchsform, deren Wirkung man erstaunlich verbessern kann, wenn man sie mit Pflanzen mit schlichten, auffallenden Blättern kombiniert.

Filigranes, zartes Laub ist ein weiteres Element im Orchester der Blätter. Es ist typisch für Pflanzen wie Fenchel *(Foeniculum)*, Prachtspiere *(Astilbe)*, Wiesenraute *(Thalictrum)*, Wasserschierling *(Cicuta virosa)* und natürlich Farne.

Fünf charakteristische Wuchsformen

Die Mehrzahl der Pflanzen für den Blumengarten läßt sich grob in die folgenden fünf Kategorien unterteilen. Bei der Planung der Bepflanzung ist es hilfreich, wenn man feststellt, ob die gewählten Pflanzen in diese Gruppen passen. Man kann auch die Wirkung eines bereits angelegten Beetes verändern oder verbessern, wenn man es in Hinblick auf die Wuchsformen kritisch betrachtet. Das Hinzufügen einer Pflanze oder einer Gruppe von Pflanzen kann die vorhandene Bepflanzung auflockern, spannungsreicher machen oder einfach verbinden.

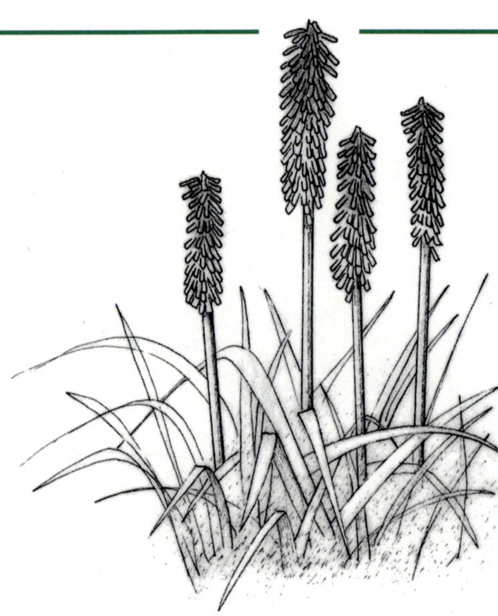

Lange, schmale Blätter bilden klare Kontraste.

Große, einfarbige Blätter lassen Ruhe entstehen.

Kissenbildende Pflanzen, wie Heiligenkraut *(Santolina)*, Beifuß *(Artemisia)*, kleine Formen von Strauchveronika *(Hebe)*, Lavendel *(Lavendula)*, Salbei *(Salvia)* und Raute *(Ruta)*, verhindern, daß ein Arrangement zu unruhig wirkt.

Vertikale Akzente sind ein letzter Baustein, ohne den das Bild stets unvollständig aussehen würde. Pflanzen wie der Säulenwacholder (*Juniperus communis* ›Hibernica‹) oder die Säuleneibe (*Taxus baccata* ›Fastigiata‹) haben starke Aussagekraft. In einem kleinen Blumenbeet kann ein konisch geschnittener Buchsbaum *(Buxus)* diese Rolle übernehmen.

Die Textur der Blätter

Laub gibt es mit zahllosen unterschiedlichen Texturen, und so wie Sie die Form jeder Pflanze bei der Standortwahl berücksichtigt haben, sollten Sie auch überlegen, wie die Texturkontraste am eindrucksvollsten zur Geltung kommen.

Manchen Blättern sieht man es schon von weitem an, daß sie sich so wunderbar anfühlen, daß man gar nicht abwarten kann, sie anzufassen, wie etwa die großen, weißen, wolligen Blätter des Wollsalbeis *(Salvia argentea)*, den silbrigen Samt des Wollziests *(Stachys byzantina)* oder das glatte, weiche, graue Laub von *Origanum dictamnus*, einem entzückenden, etwas empfindlichen Dost aus Kreta. Da sind die glänzenden Blätter von Pflanzen wie *Bergenia* und Kamelien *(Camellia)*, die das Licht reflektieren, die borstigen Blätter von Beinwell *(Symphytum)*, die gerunzelten, rauhhaarigen Blätter des Borretsch *(Borago officinalis)* und der Ochsenzunge *(Anchusa)* oder das hübsche, stark gerunzelte Laub von Schaublatt *(Rodgersia)*. Der Vollständigkeit halber sei erwähnt, daß es auch noch fleischige, saftige Blätter gibt, mit Dornen und Stacheln besetzte Blätter, und junge, zarte Blätter, die auf keinen Fall gequetscht werden dürfen, weil sie sonst Schaden nehmen.

In diesem Arrangement sind die langen Blätter des Neuseeländer Flachs, der hohe Knöterich und das panaschierte Gras wirkungsvoll miteinander kombiniert.

Filigrane, zarte Blätter haben auflockernde Wirkung.

Runder, kissenartiger Wuchs hat sanften Charakter.

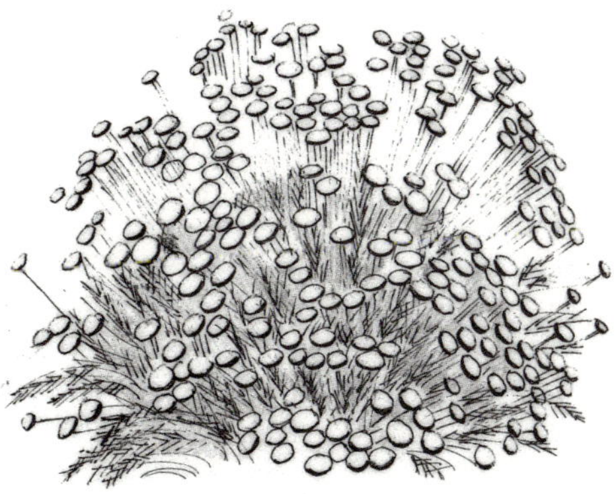

Vertikal wachsende Pflanzen setzen starke Akzente.

Größe, Ausgewogenheit und Wiederholung

Dies ist ein Musterbeispiel für eine ausgewogene Bepflanzung, die von dunkelgrünen, gestutzten Eiben strukturiert wird. Sich wiederholende Gruppen aus Wollziest *(Stachys byzantina)*, Katzenminze *(Nepeta)* und rosa Storchschnabel *(Geranium endressii)* bilden große Kissen, zu denen die hohen Blütenstände der Binsenlilie *(Sisyrinchium)* einen schönen Kontrast bilden.

»Die kleinsten vorn, die größten hinten«, ist eine Regel, die nicht notwendigerweise auch für die Bepflanzung eines Blumenbeetes gilt. Eine gleichmäßig abgestufte Reihe bunter Blumen ist mit einem Blick überschaubar, und das Auge sucht, schnell gelangweilt, nach mehr. Hohe Pflanzen, die da und dort ganz vorn in der Rabatte stehen, können faszinierend wirken, vor allem, wenn sie die Sicht auf das, was hinter ihnen liegt, nicht versperren, wie etwa bis zu 1,5 m hohes Eisenkraut (*Verbena bonariensis* syn. *V. patagonica*) oder zartgefiederter Fenchel *(Foeniculum vulgare)*.

Wie ein gartenbegeisterter Freund von mir festgestellt hat, schrecken Menschen oft vor Pflanzen zurück, die größer sind als sie selbst. Doch das wäre schade, denn auch im kleinsten Garten sollte man nicht auf große Stauden verzichten. Ihre Höhe und der großartige Kontrast, den sie zu benachbarten Pflanzen bilden, verleihen dem Garten einen besonderen Charakter. Und einige Pflanzen verlangen einfach nach einer prominenten Position ganz vorn im Beet, wie etwa das Federgras *(Stipa gigantea)* mit seinen eleganten Halmen und silbernen Ährchen oder Trichterschwertel *(Dierama pulcherrimum)*, damit ihre anmutige, ausladende Wuchsform richtig zur Geltung kommt.

Ausgewogenheit

Stellen Sie sich einen harmonischen Garten vor, der folgendermaßen aussieht: Im Mittelpunkt stehen die Glanzpunkte der jeweiligen Jahreszeit, und sie sind umgeben von unkomplizierten Pflanzen, die das Bild perfekt machen. Ein Kriterium für die Auswahl aller Pflanzen war, daß sie mit den vorhandenen Boden- und Wachstumsbedingungen zufrieden sind. Als I-Tüpfelchen wurden einige seltene und besondere Pflanzen einbezogen, die etwas mehr Aufmerksamkeit benötigen, damit sie gut gedeihen.

Wie auch anderswo herrscht im Garten ein »Klassensystem«. Manche Pflanzen gedeihen nur an erstklassigen Positionen gut – etwa im besten Boden und am sonnigsten Platz. Bei ihnen muß man auf jede Eigenheit eingehen, ob es sich um Dünger- oder Mistgaben, oder regelmäßige, vorbeugende Spritzungen gegen potentielle Schädlinge handelt. (Darüber hinaus müssen möglicherweise immer Stützen, Schnur und Gartenschere griffbereit liegen.) Andere Pflanzen, die nicht weniger schön, aber keineswegs so ausgefallen sind, tragen es mit Würde, wenn man sie in irgendeine ungemütliche Ecke setzt, wie etwa Labradorveilchen *(Viola labradorica purpurea)*, Mandelwolfsmilch (*Euphorbia amygdaloides* ssp. *robbiae*), Spanisches Gänseblümchen *(Erigeron karvinskianus)* oder Storchschnabel *(Geranium endressii)*, oder sie kurz vor der Blüte verpflanzt und obendrein gelegentlich noch darauftritt, wie Römische Kamille *(Chamaemelum nobile)* oder Thymian. Wenn Sie daher irgendwo eine verlockende neue Pflanze sehen, sollten Sie zunächst feststellen, ob sie ihr den Standort bieten können, den sie verdient.

Ausgewogenheit ist bei der Bepflanzung eines Blumenbeetes von grundlegender Bedeutung. So kraftvoll seine Farben auch sein mögen, wenn es nur aus einer Masse von Blüten besteht und eine Hintergrundbepflanzung sowie einige beruhigende Flecken aus einfachem grünem Laub fehlen, wird das Beet eine unruhige Wirkung haben. Eine schöne gemischte Rabatte besteht aus ein oder zwei charakteristischen Bäumen, einem Hintergrund aus immergrünen Sträuchern, die für Struktur sorgen, einigen blühenden Sträuchern sowie Stauden, Zwiebelblumen und bodendeckenden Pflanzen. Ein paar einjährige Blumen oder frostempfindliche Pflanzen, die aus Stecklingen gezogen wurden, vervollständigen das Bild. Auch wenn die großartigen traditionellen Staudenrabatten unvergleichlich sind, brauchen sie eine passende Kulisse – Ziegelmauern in weichen Farben oder Hecken aus alten Eiben. Außerdem benötigen sie, um wirklich schön zu sein, eine ausreichende Breite, im Idealfall von 3 m und mehr.

Die niedrigen, weißen Kissen aus Perlpfötchen *(Anaphalis triplinervis)* am Rand der beiden Rabatten verleihen der Pflanzung Zusammenhalt. Der gelbe *Solidaster luteus* und die violette Flammenblume (*Phlox paniculata* ›Harlequin‹) setzen in dieser Komposition farbliche Akzente.

In einem kleinen Garten kann ein Blumenbeet im ungünstigen Fall wie eine öde Fläche wirken. Zu den, wenn auch erfreulichen, Problemen der Gartenarbeit gehört, daß man – so perfekt die Harmonie in einem Jahr vielleicht auch sein mag – sicher sein kann, daß im folgenden alles ganz anders aussieht. Der Garten ist kein Raum, in dem sich die Einrichtung nie verändert. Manchmal mißlingen die schönsten Pläne, und es ist pausenlose Wachsamkeit erforderlich, um den ständigen Wandel von Farben und Größen wieder ins Gleichgewicht zu bringen und zu verhindern, daß sich eine Pflanze auf Kosten einer anderen entwickelt.

Wiederholung

Die meisten von uns möchten am liebsten ein bißchen von diesem und jenen und von wieder etwas anderem eine ganze Menge pflanzen, und ständig begegnen uns unwiderstehliche neue Pflanzen. Am Anfang hat man vermutlich von allen Pflanzen nur ein oder zwei Exemplare, und man verteilt sie planlos in einem kahlen Beet, das dadurch ein unruhiges, unharmonisches Aussehen erhält. Um aber einen klaren, ruhigen Eindruck entstehen zu lassen, gibt es einen einfachen Trick: Man verwendet auf der gesamten Länge des Beetes in Abständen immer wieder die gleiche Pflanze. Für den Rand eines sonnigen Beetes sind violetter Salbei (*Salvia officinalis* ›Purpurascens‹), blaue Weinraute (*Ruta graveolens* ›Jackman's Blue‹), Beifuß *(Artemisia)* und eine Zwergform der Blutberberitze (*Berberis thunbergii* ›Atropurpurea Nana‹) eine gute Wahl. Um in einem schattigen Beet Kontinuität entstehen zu lassen, kann man es mit Funkien *(Hosta)* versuchen (nur eine Sorte verwenden) oder – bei formalen Beeten – mit kugelförmig geschnittenem Buchsbaum. Sobald die neuen Stauden üppig werden, teilt man alle, die sich zur Teilung eignen, und pflanzt die Teilstücke in Gruppen zusammen. Auf diese Weise wird die Rabatte bald einen reiferen Eindruck machen.

Wer eine Doppelrabatte plant und ein sich wiederholendes Muster entstehen lassen will, sollte die Pflanzen nicht genau einander gegenüber pflanzen, sondern in Längsrichtung jedes Beetes versetzt anordnen. Und mit Ausnahme streng formaler Gestaltungen, für die man etwa runde Buchsbäume *(Buxus sempervirens)* verwendet, sollten die Pflanzen auch nicht in gleichen Abständen stehen.

Ganzjährig interessante Bepflanzung

Akelei *(Aquilegia)* eignet sich ausgezeichnet, um zwischen Frühjahr und Sommer Lücken im Blumenbeet zu schließen. Werden welke Blüten entfernt, blüht sie noch länger, ein oder zwei Pflanzen sollten sich jedoch aussamen können. Die grünen Blütenstände des unverwüstlichen Wolfsmilchgewächses *(Euphorbia robbiae)* sehen im Frühjahr viele Wochen dekorativ aus.

In einer idealen Welt, in der kein Mangel an Platz, Zeit oder Geld herrscht, könnte man Gärten anlegen, in denen nur Bartiris, Päonien, Astern oder beliebige andere Blumen wachsen, die nur wenige wunderbare Wochen auf dem Höhepunkt ihrer Pracht stehen, aber das übrige Jahr am besten vergessen werden. Hinter hohen Mauern versteckt, würde man diese Gärten nur in der Zeit aufsuchen, wenn die Pflanzen ihre Blüten vollkommen entwickelt haben.

Stellen Sie sich beispielsweise einen winterlichen Garten vor, der von Arkaden vor der Außenwelt geschützt und mit zartfarbenem Sandstein gepflastert ist. In diesem Garten zieht man nur Mimosen, ganz frühe Kamelien, duftenden Jasmin *(Jasminum polyanthum)* und die hübsche blaßgelbe Kronwicke (*Coronilla valentina* ssp. *glauca*). In der Mitte des Vierecks stände ein klassisches Exemplar der Winterblüte (*Chimonanthus praecox* ›Luteus‹), und aus jeder Ecke käme der berauschende Duft von Seidelbast *(Daphne bholua)*. Zu Füßen der Winterblüte würde eine große Anzahl des seltenen *Narcissus minimus* ›Cedric Morris‹ leuchten – eine kleine zitronengelbe Narzisse, die am kürzesten Tag des Jahres blüht. Und an allen schattigen Stellen befänden sich Teppiche aus Alpenveilchen *(Cyclamen coum)*, dessen weiße, rosa und magentarote Blüten so zart wirken, daß man fürchten muß, sie könnten den Winter nicht überleben.

Doch genug davon. In den meisten Fällen sind unsere Gärten viel zu klein für solch einen Luxus. Es kann sogar sein, daß eine einzige Rabatte all die folgenden Elemente in sich vereinen muß: Pflanzen, die über weite Strecken des Jahres blühen; Blumen, die herrlich duften; einige Gewächse mit aromatisch riechenden Blättern; Arten mit panaschiertem Laub; und die eine oder andere erlesene Blütenpflanze, die man nur durch Zufall entdeckt.

Die reizvolle Form der Blüten des Hasenglöckchens (*Hyacinthoides non-scriptus*, syn. *Scilla non-scripta*), die bizarren Blüten und Blätter eines Aronstabs, eine wogende Masse aus schimmernden Farben, die eindrucksvolle Silhouette säulenförmiger Eiben *(Taxus)* – all diese Merkmale können gleichermaßen verzaubern, und wir hätten sie am liebsten zusammen auf kleinstem Raum. Es gibt mehrere Möglichkeiten, die gewählten Pflanzen zu bewerten, um sicherzugehen, daß die Blumenbeete das ganze Jahr interessant wirken.

Blühdauer

Bedenken Sie stets, wie lange eine Pflanze einen positiven Beitrag zum Gesamteindruck leistet. Ist sie nur eine kurze Weile schön wie der Türkische Mohn (*Papaver-Orientale*-Cultivare) und Schwertlilien, oder ziert sie das ganze Jahr hindurch den Garten mit ihrer aufregenden Form, wie eine Palmlilie *(Yucca)*, die im Sommer darüber hinaus noch dekorative Rispen mit großen, weißen Glockenblüten trägt?

Einige Pflanzen haben tatsächlich so schöne Blüten, daß sie einen exponierten Platz verdienen, obwohl sie nur einen Tag blühen, wie die Pfingstrose *(Paeonia obovata* var. *alba)* oder die Riesenlilie *(Cardiocrinum giganteum)* mit ihren wundervoll duftenden cremefarbenen, innen purpurn gezeichneten Blüten. Um die Blühperiode der Blumenbeete zu verlängern, sollten aber auch Pflanzen mit einer scheinbar endlosen Blütezeit verwendet werden (siehe Seite 55).

Selbstaussaat

Pflanzen, die sich durch Selbstaussaat vermehren, haben einen besonderen Reiz. Da sie sich selbst ausstreuen, wachsen sie an Orten, die Sie nie in Erwägung gezogen hätten, und lassen eine neue Rabatte rasch weicher erscheinen.

Von den hübschen kleinen Stiefmütterchen *(Viola tricolor)* sowie dem weißen oder eisblauen Gedenkemein *(Omphalodes linifolia)* etwa kann man nie genug haben. Wenn ein Beet ein unordentliches, uneinheitliches Bild bietet, sollte man dafür sorgen, daß sich dort Glockenblumen *(Campanula persicifolia)*, weiße Moschusmalven (*Malva moschata* ›Alba‹) und Mutterkraut *(Chrysanthemum parthenium)* aussähen, die oft harmonisierend wirken.

Im Frühherbst suchen Sie sich im Gartencenter einige Fingerhutpflanzen aus (*Digitalis grandiflora* und *D.* x. *mertonensis* werden bis zu 90 cm hoch) und setzen sie in Gruppen zusammen, um Lücken zu schließen. Ob die kleinen Fingerhüte rot oder weiß blühen werden, erkennt man an den Blattbasen - bei rotblühenden sind sie leicht rosa gefärbt. Und vergessen Sie die Akelei *(Aquilegia vulgaris)* nicht, die sich in Sonne und Schatten gleichermaßen wohl fühlt. Im Frühsommer ist sie eine der wichtigsten Pflanzen im Garten. Wenn sie verblüht, öffnet das hübsche Leinkraut *(Linaria purpurea)* für die restliche Wachstumsperiode seine winzigen Blüten. Mit seinen einen Meter hohen violetten Blütentrauben ergänzt es darüber hinaus das Beet um hochwachsende Pflanzen.

Pflanzenarrangements mit unterschiedlichen Höhen

Um jeden Quadratmeter Erde optimal zu nutzen, sollten Pflanzungen stets »geschichtet« werden. Die welkenden Blätter der Zwiebelblumen werden durch kleine, bodendeckende Sträucher und Stauden verdeckt, die ihrerseits durch benachbarte Sträucher Ergänzung finden, während hier und dort ein kleiner Baum für Höhe sorgt. Kletterpflanzen suchen sich durch die Schichten hindurch ihren Weg, und mit ein- oder zweijährigen Blumen kann man, wie bei der Komposition eines Gemäldes, Farbtupfer setzen.

Bei einem Gang durch den Garten sollten Sie Ihr Auge nicht in Selbstzufriedenheit von Blüte zu Blüte schweifen lassen, sondern kritisch nach Bereichen suchen, die farblos und unattraktiv wirken. Vielleicht wurden die dort wachsenden Pflanzen erst kürzlich gesetzt (wenn dies so ist, warum haben Sie nicht rechtzeitig Zwiebelblumen dazwischengepflanzt?), oder ihre Saison ist - wie etwa bei Türkischem Mohn - bereits vorüber. Hier kann man das welke Laub entfernen (wie später im Sommer auch bei den Inkalilien) und einige spät ausgesäte Einjahresblumen dazusetzen.

Bei der Begrünung eines Fleckchens nackter Erde befinden Sie sich in einem Wettlauf mit der Natur. Da es eine große Zahl kleinwüchsiger Pflanzen gibt - Immergrün *(Vinca)*, Frauenmantel *(Alchemilla)*, Steinbrech (*Saxifraga* x *urbium*), Labradorveilchen *(Viola labradorica)* oder Alpenveilchen *(Cyclamen hederifolium)*, um nur einige zu nennen -, die sich unter sommergrünen Bäumen und Sträuchern sehr wohl fühlen, sollte man diese Plätze keinesfalls dem Unkraut überlassen. Und nehmen Sie Ihre Bäume und Sträucher in Augenschein - vielleicht sind sie geeignete Stützen für dekorative Kletterpflanzen.

Gartenarbeit erfordert mehr geistige Beschäftigung, als Sie vielleicht glauben, und Sie sollten stets Notizbuch und Bleistift bei sich haben (ein Bleistift schreibt auch bei Regen noch - im Gegensatz zu einem Kugelschreiber oder Filzstift). Notieren Sie, wo sich Lücken in den Rabatten befinden und welche Pflanzen in den verschiedenen Jahreszeiten fehlen. Wälzen Sie Bücher, schauen Sie sich in anderen Gärten um, und tauschen Sie sich mit Gärtnerkollegen aus. Sie können sogar, falls notwendig, der nächsten Gärtnerei einen Besuch abstatten und bereits erblühte Pflanzen kaufen. Auch wenn sie am Anfang vielleicht noch nicht ihre ganze Schönheit entfalten, bietet sich so wenigstens eine gute Chance, die richtige Pflanze sofort an den richtigen Platz setzen zu können.

PFLANZEN, DIE SICH SELBST AUSSÄEN

Anomatheca laxa
Aquilegia vulgaris
Hieracium maculatum
Hieracium villosum
Linaria purpurea
Malva moschata ›Alba‹
Omphalodes linifolia
Onopordum acanthium
Papaver somniferum
Pseudofumaria lutea
Tanacetum parthenium
Verbena bonariensis
Viola tricolor

Blumen für jede Jahreszeit

BLUMEN FÜR SPÄTFRÜHJAHR UND FRÜHSOMMER

Aconitum ›Ivorine‹
Aquilegia
Asphodelus albus
Brunnera
Camassia
Convallaria
Dicentra (zahlreiche Arten)
Dodecatheon
Euphorbia griffithii ›Dixter‹
Glaucidium palmatum
Hemerocallis lilioasphodelus
Hesperis matronalis
Iris (Zwergformen der Bartiris)
Lunaria rediviva
Mertensia pulmonarioides (syn. *M. virginica*)
Paeonia (zahlreiche Arten)
Podophyllum
Polygonatum
Ranunculus aconitifolius ›Flore Pleno‹
Ranunculus bulbosus ›F. M. Burton‹
Smilacina racemosa
Trollius (verschiedene Sorten)
Tulipa sprengeri
Uvularia
Veronica gentianoides

LINKS Damit eine Rabatte noch im Herbst schön aussieht, müssen einige spätblühende Pflanzen wachsen, wie etwa Fetthenne (*Sedum* ›Herbstfreude‹) mit ihren großen rosa Blütenständen, und Sommerblumen, die auch in dieser Jahreszeit noch reizvoll wirken, wie grüner Ziertabak oder Fenchel. Letzterer bildet jetzt Samen aus, sieht aber dennoch dekorativ aus. Die blaue Katzenminze *(Nepeta)* vorn blüht ein zweites Mal. Nach der ersten Blüte im Sommer wurde sie hart zurückgeschnitten.

RECHTS In diesem Frühlingsarrangement wachsen grüne *Euphorbia characias* ssp. *wulfenii* und *E. polychroma* (oben links), im Vordergrund sind die glänzenden Blätter von *Bergenia* zu sehen.

BLUMEN FÜR DEN HERBST

Aconitum carmichaelii ›Arendsii‹
Amaryllis belladonna
Anemone hupehensis
Anemone-Japonica-Hybriden
Aster
Boltonia
Cimicifuga simplex
Clematis heracleifolia
Colchicum
Cyclamen hederifolium
Dahlia
Dendranthema

Bei der Gartenarbeit ist es sehr hilfreich, wenn man um Ecken denken und vorausschauend planen kann. Gärtner müssen immer an die nächste Woche, das nächste Jahr und sogar die nächsten zehn Jahre denken. Sie müssen sich in der Phantasie ausmalen können, wie und zu welchem Zeitpunkt eine Pflanze sich entwickeln wird: welche Höhe sie erreicht und welche Wuchsform für sie charakteristisch ist, ob sie eventuell gestützt werden sollte.

Darüber hinaus muß man natürlich auch das Verhalten ihrer Nachbarn berücksichtigen. Wenn man einen Film über ein Blumenbeet im Jahreslauf machen, ihn im Kopf aufbewahren und bei Bedarf vorwärts und rückwärts abspulen könnte, würde man all die Streiche erkennen, die einem das Gedächtnis in bezug auf Farbe, Höhe und Breite von Pflanzen spielt, von der Blütezeit ganz zu schweigen.

Die Jahreszeiten

Es gibt Jahreszeiten, in denen man sich nahezu um nichts zu kümmern braucht. Wenn die Sonne im Frühjahr die Erde erwärmt, kann man den Pflanzen beinahe beim Wachsen zusehen. Überall zeigen sich Teppiche von Primeln, Narzissengruppen, blaue Massen von Blaustern *(Scilla)*, Schneestolz *(Chionodoxa)* und Traubenhyazinthen *(Muscari)*, kleine Büschel karierter Schachbrettblumen *(Fritillaria meleagris)* und Hundszahn *(Erythronium)*, Tulpen in leuchtendem Scharlachrot oder vornehmem Weiß - die Erde scheint vor Leben und Farbe zu beben. Frühblühende Stauden wachsen jetzt rasant - leuchtendgelbe Gemswurz *(Doronicum)*, Steinkraut *(Alyssum)* und Wolfsmilch *(Euphorbia polychroma)*, Lungenkraut *(Pulmonaria)*, Frühlingsplatterbse *(Lathyrus vernus)* und viele mehr, während die winter-

blühenden Stiefmütterchen einen letzten Höhepunkt erleben und Vergißmeinnicht blaue Kissen entstehen lassen. Flecken aus Windröschen *(Anemone nemorosa)* und Feigwurz *(Ranunculus ficaria)* sprenkeln den Boden unter den Kirschbäumen, die in Blütenschwaden eingehüllt sind, während an Stellen für besondere Pflanzen Dreiblatt *(Trillium)* und Blutwurz *(Sanguinaria canadensis)* locken.

Wenn dann der Frühling in den Frühsommer übergeht, sind für eine kurze Zeit alle erdenklichen Schattierungen frischen Grüns zu finden, während die Blumen des Sommers Kräfte sammeln und ihre Knospen anschwellen lassen. Wer nicht eine kalkfreie Erde sein eigen nennt, in der *Rhododendron*, *Menziesia*, Blauheide *(Phyllodoce)* und andere herrliche Vertreter der Heidekrautgewächse gedeihen können, oder in einer so milden Gegend lebt, daß dort Schönheiten wie *Embothrium coccineum* gedeihen, ist jetzt emsig damit beschäftigt, Pflanzen auszuwählen, die auf kalkhaltigem Boden gedeihen.

Drei Pflanzen aus der Liste auf Seite 54 verdienen in bezug auf junge Gärten besondere Erwähnung – Akelei *(Aquilegia)*, die farbenprächtige Beetpflanze mit ihren farnähnlichen Blättern, das hübsche Silberblatt *(Lunaria rediviva)*, mit seinen silbrigen scheibchenförmigen Samenkapseln und die gefülltblühende weiße Nachtviole *(Hesperis matronalis)*. Sie lassen sich leicht aus Samen ziehen (und samen sich in späteren Jahren selbst aus). Von der Nachtviole gibt es heute glücklicherweise virusfreies Saatgut, wenn es auch schwer zu bekommen ist. Es lohnt sich, danach zu suchen; denn sie öffnet über Monate hinweg ihre gefüllten Blüten, die am Abend zu duften beginnen.

Es gibt einen Moment, da scheint die Zeit stillzustehen und der Garten auf die üppigen Blumen des Hochsommers zu warten: Rosen, Bartiris, Rittersporn, Päonien und Türkischer Mohn. Zugegeben, diese Pflanzen benötigen etwas Pflege, damit sie gut gedeihen, doch wer wollte auf sie verzichten? Mohn erfordert nicht viel Aufmerksamkeit, und das bißchen Phantasie, das man braucht, um nach dem Abblühen die Lücke zu schließen, sind seine seidigen Blütenblätter unbedingt wert. Die einjährigen Sommerblumen beginnen nun ihre Aufführung, die sie ohne Unterbrechung bis zu den ersten Herbstfrösten fortsetzen, und bei den Stauden hat gerade die Hochsaison begonnen. Der Gärtner darf sich nun für wenige kurze Wochen ein bißchen ausruhen.

Wenn der Spätsommer kommt, wirkt der Garten müde und staubig. Sommerwinde und Sonne haben von der Frische des Frühlings ihren Tribut gefordert. Jetzt müssen Sie sich mit geschärftem Geist und Bleistift wieder von Ihrem Stuhl erheben und auf zweierlei Weise tätig werden. Zum einen sollten Sie versuchen, die blühenden Pflanzen durch Entfernen welker Blüten (siehe Seite 86), Ausputzen und Gießen (siehe Seite 83) in optimalem Zustand zu halten. Zum anderen sollten Sie den bereits vorhandenen Bestand durch eine Auswahl passender Pflanzen mit einer langen Blütezeit ergänzen.

Zu den hochgeschätzten Pflanzen des Jahres gehören diejenigen, die den ganzen Sommer abwarten und erst spät ihre Blüten öffnen, wenn die meisten anderen Pflanzen sich bereits auf den Winter vorbereiten. In dem sanfteren Licht leuchten silberblättrige Pflanzen am schönsten, und viele blühende Gräser erreichen im Herbst den Höhepunkt ihrer Pracht. Es macht so viel Freude, wenn man durch den Garten geht, um Ordnung zu schaffen und dabei immer wieder neue Blüten entdeckt.

Eupatorium maculatum ›Atropurpureum‹
Galanthus reginae-olgae
Lespezeda thunbergii
Leucojum autumnale
Liriope muscari
Nerine
Schizostylis
Sedum
Tricyrtis

PFLANZEN MIT LANGER BLÜHPERIODE

Allium tuberosum
Aster frikartii ›Mönch‹
Aster thompsonii ›Nanus‹
Calamintha nepeta
Erigeron karvinskianus
Erysimum ›Bowles Mauve‹
Gaura lindheimeri
Geranium ›Ann Folkard‹
Geranium x *riversleaianum* ›Mavis Simpson‹ und ›Russell Prichard‹
Geranium x *wallichianum* ›Buxton's Variety‹
Knautia macedonia
Lavandula angustifolia ›Hidcote‹
Lavatera ›Barnsley‹
Ononis rotundifolia
Osteospermum
Potentilla alba
Salvia ›Indigo Spires‹
Viola (welke Blüten müssen entfernt werden)

Blickfänge

Eine Rabatte in Silber und Weiß; vor der Eibenhecke im Hintergrund kommt die eindrucksvolle Silhouette der Eselsdistel *(Onopordum acanthium)* großartig zur Geltung. Rechts wächst ein Exemplar von *Rosa* ›Iceberg‹, vorn die weiße Glokkenblume *(Campanula persicifolia)* und links die silberne Ölweide *(Elaeagnus angustifolia).*

Selbst der kleinste Garten braucht da und dort eine Pflanze mit einer auffälligen Struktur, und sei es nur, um den Kontrast zu all den anderen Pflanzen deutlich zu machen. Diese »Stars« in Ihrem Garten wirken noch überzeugender, wenn sie nicht von anderen Pflanzen bedrängt werden, die ihnen die Schau stehlen möchten. Um eine Kulisse für Architekturpflanzen zu schaffen, bietet sich eine große Zahl schlichter Pflanzen an, die mit dem Hintergrund verschmelzen und in aller Stille wachsen, blühen und Samen entwickeln. Einige der aufregendsten Pflanzen für Blickfänge sind im folgenden beschrieben.

Onopordum acanthium (Eselsdistel) ist eine äußerst dekorative, riesige, silberne Distel mit ungemein vielen spitzen Dornen, und wer in ihrer Umgebung Unkraut jätet, sollte unbedingt Handschuhe anziehen. In einer sonnigen Rabatte kommt ihre silberne Silhouette großartig zur Geltung. Die Pflanze ist zweijährig und entwickelt im ersten Jahr eine dornige platinfarbene Blattrosette. Im zweiten Jahr erscheint im Spätsommer oder Frühherbst ein gewaltiger, verzweigter Blütenstand von bis zu 1,80 Meter Höhe, an dem oben dunkelviolettrosa Blütenköpfe stehen, die später bereitwillig ihre Samen verstreuen.

***Symphytum* x *uplandicum* ›Variegatum‹** (Beinwell, Comfrey) ist eine wirkliche Schönheit mit besonders hübschen behaarten Blättern, die großartig cremefarben umrandet sind.

Im Spätsommer öffnen sich an fast einen Meter hohen Stengeln die rosa oder blauen Knospen zu blauen oder blauvioletten Blüten. Wenn die Blütenstände beginnen, allmählich müde zu wirken, schneidet man sie einfach zusammen mit allen unordentlichen Blättern heraus. Nach wenigen Wochen sieht die Pflanze dann wieder schön aus.

Es ist ratsam, Beinwell sofort an den richtigen Platz zu setzen, denn wenn man ihn verpflanzt, entwickeln sich aus allen Wurzelstücken, die im Boden geblieben sind, neue Pflanzen, denen aber die äußerst reizvolle Blattzeichnung fehlt. Beinwell mag nährstoffreichen, nicht zu trockenen Boden und verträgt Sonne oder Halbschatten.

Ferula communis (Steckenkraut, Riesenfenchel) ist das edelste unter den Doldengewächsen und bietet einen großartigen Anblick, wenn es seine Kräfte gesammelt und aus einem Büschel zart gefiederter Blätter einen Blütenstand von zwei Metern Höhe und mehr geschoben hat. Dann ragen seine gelblich-grünen Blütendolden, die an riesigen Wiesenkerbel *(Anthriscus sylvestris)* erinnern, hoch über die Nachbarpflanzen hinaus. Die Pflanze ist im Mittelmeerraum heimisch und mag viel Sonne.

Für kleinere Gärten eignet sich die zweijährige Engelwurz *(Angelica archangelica)* besser. Engelwurz ist wie der Riesenfenchel ebenfalls ein hübsches Doldengewächs mit ähnlichen Blütenständen. Sie setzt architektonische Akzente und mag nährstoffreichen Boden. Ihre Blütendolden, Stengel und Blätter bilden in einer schattigen Ecke eine Symphonie von Grüntönen.

Gunnera manicata (Mammutblatt) ist ein großartiger Blickfang, aber man braucht fast einen See, um die Pflanze zu ziehen. Sie hat gewaltige stachelig gerandete Blätter, die einen Durchmesser von 1,50 m erreichen können, und mit Stacheln besetzte Stiele. Im Frühsommer zeigen sich winzige grünliche Blüten, die in dichten Ähren stehen. Sie benötigt nährstoffreichen, sumpfigen Boden und ist eine der wenigen Pflanzen, die mit einem eigenen Winterschutz ausgerüstet sind – im Herbst kann man die alten Blätter um das Herz der Pflanze legen, um sie vor Frost zu schützen.

***Rheum palmatum* ›Atrosanguineum‹** (Zierrhabarber) hat wie alle großen Rhabarberarten gewaltige, stark geteilte Blätter, die besonders in kleineren Gärten eine dramatische Wirkung haben können. Während sich im Frühjahr die tiefrotvioletten jungen Blätter entfalten, sieht die Pflanze schon aufregend aus, doch wenn der

Blütenstand erscheint, wirkt sie noch großartiger. Im Frühsommer öffnen sich an dem fast zwei Meter langen Schaft zartkarminrote Blütenrispen, und auch nach dem Abblühen bleiben die hübschen Fruchtstände bis in den Herbst hinein dekorativ. Der Zierrhabarber ist winterhart und bevorzugt Sonne oder Halbschatten; besonders wohl fühlt er sich am Wasser oder am Fuß von Steingärten.

Cynara cardunculus (Kardy) ist die Königin der silberblättrigen Pflanzen; sie hat große, stark gefiederte, glänzende Blätter, die wie das Gefieder eines riesigen Silbervogels wirken. An grauen, fast zwei Meter hohen Stengeln öffnen sich im Sommer wunderschöne große blaue Distelblüten.

Ähnlich, aber nicht ganz so silbrig ist die Gemüseartischocke *(Cynara scolymus)*, bei der man regelmäßig die welken Blätter entfernen muß, damit sie schön bleibt. Beide Pflanzen brauchen Sonne und durchlässigen Boden, damit sie gut gedeihen.

Außerdem gibt es die kleine, aber sehr exklusive *Cynara histrix* aus Marokko. Sie wird nur 60 cm hoch und hat graue Blätter. Ihre jungen Blütenknospen sind leuchtendrosa eingefärbt. Sie verlangt den wärmsten Platz im Garten und muß im Winter mit einer Glasscheibe vor Niederschlägen geschützt werden.

Beschorneria yuccoides aus Mexiko sorgt in jedem Garten für exotische Effekte. Sie hat wunderschöne, lange, blaugraue Blätter und einen aufsehenerregenden lachsrosa Blütenstengel von über zwei Meter Länge, an dem im Sommer trichterförmige leuchtendrote Blüten hängen. Die Blütenstengel behalten auch nach dem Abblühen ihre hübsche rosa Farbe und bleiben bis zum Ende der Saison dekorativ. Diese wunderschöne Sukkulente ist allerdings nicht winterhart.

Veratrum (Germer) ist winterhart und trägt eindrucksvolle Blüten und Blätter, die allerdings sehr giftig sind. Germer-Arten wachsen nur sehr langsam an, und es dauert zwar recht lange, bis sie schöne Büschel bilden, aber das Warten lohnt sich. Wenn im Frühjahr ihre wunderschönen, frischgrünen Blätter erscheinen, sind sie wie Fächer gefältelt. Dann beginnt auch der Kampf gegen Schnecken, den man bis Ende der Wachstumsperiode fortsetzen muß.

Schwarzer Germer *(Veratrum nigrum)* hat winzige dunkelrote bis schokoladefarbene Blüten, die an langen Ähren eng zusammenstehen, *V. viride* leuchtendgrüne Blütenrispen und Weißer Germer *(V. album)* weiße Blüten mit einem blaßgrünen Hauch. Germer muß nur selten geteilt werden, aber da er nährstoffreiche Erde mag, sollte man gelegentlich großzügige Gaben Knochenmehl und Kompost oder gut verrotteten Mist um die Pflanzen verteilen.

Euphorbia characias ssp. *wulfenii* (Mitte) ist eine prachtvolle, unkomplizierte Pflanze mit großer Wirkung, die jedem Blumenbeet Charakter verleiht. Sie scheint sich in jedes Arrangement einzufügen und wirkt zwischen Sträuchern und Stauden ebenso passend wie in natürlicheren Bereichen des Gartens. Links sieht man die leuchtendrosa Blüten der Spornblume *(Centranthus ruber)*.

Blickfänge für kleine Beete

Auch in einer kleinen Blumenrabatte kann man mit besonders effektvollen Pflanzen für reizvolle Kontraste sorgen. Hier kann man es mit einer kleinen leuchtendgoldgelben Funkie *(Hosta)* wie *H.* ›Golden Tiara‹ oder einer Gruppe aus *Celmisia* mit ihren platinfarbenen Blättern versuchen. Wo an feuchten Stellen kein Platz für eine Mammutpflanze *(Gunnera)* ist, pflanzt man das hübsche rundblättrige Schildblatt *(Darmera peltata)*. Auch der gewöhnliche Küchenfenchel *(Foeniculum vulgare)*, wird in einem kleinen Rahmen zum »Star«, wenn er an prominenter Stelle steht und von niederliegenden teppichbildenden Pflanzen umgeben ist. Wenn nach einem Regenschauer die Sonne magisches Licht verbreitet, hängen die Regentropfen wie Perlen in dem seidigen Fenchellaub.

Zwei auffällige kleinere Pflanzen mit langen, schmalen Blättern sind *Iris pallida* ›Argentea Variegata‹, die im Frühsommer blau blüht, und die Binsenlilie (*Phalophleps nigricans* ›Aunt May‹; früher: *Sisyrinchium*). Letztere hat blaß cremefarben gestreifte Blätter und cremegelbe Blüten, und selbst die Fruchtstände bilden noch ein hübsches vertikales Element im Garten. Damit die Pflanze schön bleibt, muß man regelmäßig welkende Blätter entfernen.

Mit Farben gestalten

Das violette Laub der Purpurglöckchen (*Heuchera micrantha* ›Palace Purple‹) und der Berberitze (*Berberis thunbergii* ›Atropurpurea‹) ist eine schöne Ergänzung für *Rosa* ›Marlena‹ und *Verbena* ›Lawrence Johnston‹.

Farbe gehört zu den wichtigsten und belebendsten Gestaltungselementen im Garten. Aber dies ist nicht zuletzt deshalb ein komplexes Thema, weil verschiedene Menschen die gleiche Farbe oft unterschiedlich definieren. Der eine kann mit »Rosa« Blaßrosa meinen, der andere knalliges Pink. Darüber hinaus verändern sich Farben ununterbrochen mit dem Licht. Während die Sonne am frühen Morgen Pastellfarben weich und gedämpft wirken läßt, bleicht sie sie am Mittag aus, und selbst die leuchtendsten Farben verlieren an Kraft. Am Abend kommen jedoch alle hellen Farben – Weiß und zartestes Gelb, Rosa und Blau – besonders zur Geltung und beginnen im Schatten zu leuchten. Wenn an wolkigen Tagen das Licht diesig ist, scheinen unsere Gärten nach Farbkompositionen aus silbernem Laub, Blüten in weichen, schillernden Tönen und weißbunten Blättern zu verlangen.

Leuchtendes Scharlachrot, Karminrot, Orange und lebendige Gelbtöne, die in schwachem Licht blenden würden, schimmern in der Sonne heißerer Gegenden herrlich und haben hier genau die richtige Intensität. Wer auf diese Farben verzichtet, würde sich selbst die Chance für Experimente mit den aufregendsten Farbtönen nehmen.

Wie bei schwierigen Gästen, die zu einem Abendessen kommen, muß man sich lediglich einige Gedanken über ihren Platz machen. Es wäre kleinmütig, wenn man Pflanzen wie die Brennende Liebe *(Lychnis chalcedonica)* nur deshalb nicht einlädt, weil sie in alarmierendem Rot daherkommt und gern ihren Nachbarn Schwierigkeiten macht. Man könnte sie beispielsweise neben *Dahlia* ›Bishop of Llandaff‹ setzen, die ebenfalls intensiv scharlachrote Blüten und tiefbronzefarbene Blätter hat, und davor Purpurglöckchen (*Heuchera micrantha* ›Palace Purple‹) und einen Teppich aus Verbenen (*Verbena* ›Lawrence Johnston‹) pflanzen. Einen weiteren Stimulus für diese Gruppe würde Montbretie (*Crocosmia* ›Lucifer‹) mit ihren tiefroten trichterförmigen Blüten in dichten Ähren bilden.

Einem Anfänger mag es schwierig genug erscheinen, alle Namen und Wuchsformen der einzelnen Pflanzen kennenzulernen, von ihren Farben ganz zu schweigen. Doch wenn man erst nach mehreren Jahren beginnt, sich mit dem Arrangieren von Farben zu beschäftigen, muß man etliche Pflanzen versetzen, und dabei riskiert man unweigerlich, daß sie Schaden nehmen. Am Anfang ist es am einfachsten, wenn man ein Beet zarten Tönen vorbehält und ein anderes allen kräftigen, leuch-

tenden Farben. Beim Kauf von Pflanzen sollten sie diese in imaginäre Ordner mit der Aufschrift »zart« und »leuchtend« einordnen und dementsprechend ihren Standort auswählen; dabei sollten Sie sorgsam die Bodenansprüche der Pflanzen beachten. Vielleicht haben Sie noch viel speziellere Vorstellungen und möchten alle Gelb- und Orangetöne in ein eigenes Beet setzen, die Sie dann mit blauen Blumen - etwa *Aster frikartii*, Schwalbenwurzenzian *(Gentiana asclepiadea)*, Katzenminze *(Nepeta)*, Glockenblume *(Campanula)*, Eisenhut *(Aconitum napellus)* und Veilchen *(Viola)* - und blaugrünem Laub - etwa *Berberis wilsonia*, Weinraute (*Ruta graveolens* ›Jackman's Blue‹), Meerkohl *(Crambe maritima)*, Strandhafer (*Leymus arenarius*, syn. *Elymus arenarius*) und Funkie (*Hosta* wie *H.* ›Buckshaw Blue‹ oder *H.* ›Blue Moon‹) - dämpfen.

Bei Blumengärten, für die nur eine Blütenfarbe verwendet wird, wie etwa Weiß, ist es nicht damit getan, Kataloge zu studieren und von jeder angebotenen weißen Blume zehn Exemplare zu bestellen. Je begrenzter die Farbpalette, um so wichtiger ist es, zwischen die Blumen harmonierende Blattpflanzen zu setzen, und dabei müssen unbedingt auch deren Form und Struktur Berücksichtigung finden. Pflanzen mit silbergrauem Laub, wie Wollziest *(Stachys byzantina)*, Eselsdiestel *(Onopordum acanthium)*, Silberblattsalbei *(Salvia argentea)* und Beifuß *(Artemisia)* machen zusammen mit blaugrünem Laub, cremefarbenen panaschierten Gewächsen und natürlich vielen verschiedenen Grüntönen eine Kollektion aus weißen Blüten zu einem wirklich schönen »weißen Garten«.

Naturlich handelt es sich bei den soeben beschriebenen Vorschlägen nicht um starre Regeln, sondern lediglich um Anregungen, die in keiner Weise verbindlich sind. Wer sich mit der farblichen Gestaltung seines Gartens beschäftigt, dem werden sich bald verwegene Zusammenstellungen aufdrängen. Um sie auszuprobieren, sollte man einen Blumenstrauß in der fraglichen Farbe pflücken und an der Stelle in den Boden stecken, wo die Farbe verwendet werden soll. Dann tritt man zurück und begutachtet die Wirkung.

Denken Sie daran, daß die unterschiedlichen Farben auch eine räumliche Wirkung haben: Warmes Rot, Orange und Gelb drängen nach vorn, während kaltes Blau und Grün in den Hintergrund treten. Deshalb plaziert man vor allem in kleinen Gärten warme Farben am besten nahe beim Haus und kalte Farben weiter entfernt, um den Eindruck von Distanz zu verstärken.

Arrangements mit sehr wenigen Farben sind häufig die wirkungsvollsten. Diese Rabatte wurde in verschiedenen Creme- und Gelbtönen gehalten. Im Vordergrund sieht man die Blütenquirle des Brandkrauts *(Phlomis russelliana)*, darüber hinaus wachsen hier cremefarbene Färberkamille *(Anthemis tinctoria)*, *Rosa* ›Golden Wings‹, weißer Fingerhut *(Digitalis)* und Binsenlilie *(Sisyrinchium)*.

Eine Rabatte in warmen Farben

In diese in warmen Farben gehaltene Rabatte wurden Federmohn (*Macleaya cordata*; syn. *Bocconia cordata*) und Frauenmantel *(Alchemilla mollis)* einbezogen, die etwas kühler wirken und die tief bronzefarbenen Blätter vieler Pflanzen zusätzlich betonen – das helle Grün des Frauenmantels paßt zu diesen dunklen Tönen besonders gut.

Der einjährige Schlafmohn *(Papaver somniferum)* mit seinen blaß meergrünen Blättern und Samenkapseln sollte sich hier und da selbst aussamen können, damit das Beet nicht zu gekünstelt wirkt. Solange die anderen Pflanzen noch klein sind, sollten die Lücken mit reichlich scharlachrotem oder auch lindgrünem Ziertabak *(Nicotiana)* geschlossen werden.

Weitere Pflanzen, die farblich harmonieren, sind Mandelwolfsmilch (*Euphorbia amygdaloides* ›Rubra‹), Silberkerze (*Cimifuga racemosa* ›Atropurpurea‹), Blumenrohr (*Canna indica* ›Purpurea‹), Tigerlilie *(Lilium lancifolium)* und *L.* ›Enchantment‹, Brennende Liebe *(Lychnis chalcedonica)*, Tafelblatt (*Rodgersia pinnata* ›Superba‹) sowie *Rosa* ›Alexander‹, *R.* ›Frensham‹ und *R.* ›Marlena‹.

Die Rabatte im Spätsommer – jetzt befinden sich die leuchtendroten Blumen (*Dahlia, Penstemon, Verbena, Nicotiana* und *Fuchsia*) auf dem Höhepunkt ihrer Pracht.

1 *Alchemilla mollis*
2 *Ajuga reptans* ›Atropurpurea‹
3 *Berberis thunbergii* ›Atropurpurea Nana‹
4 *Beta vulgaris* ›Ruby Chard‹
5 *Cordyline australis* Atropurpurea‹ oder bronzeblättrige Zwergform von *Phormium*
6 *Cotinus coggygria* ›Royal Purple‹ (falls die Pflanze zu groß wird, im Frühjahr zurückschneiden)
7 *Crocosmia* ›Carmin Brillant‹ oder ›Lucifer‹
8 *Dahlia* ›Bishop of Llandaff‹
9 *Euphorbia dulcis* ›Chameleon‹
10 *Foeniculum vulgare* ›Purpureum‹
11 *Fuchsia* ›Thalia‹
12 *Heuchera micrantha* ›Palace Purple‹
13 *Lobelia* ›Queen Victoria‹
14 *Lobelia* ›Brightness‹
15 *Lobelia* ›Dark Crusader‹
16 *Macleaya cordata*
17 *Meconopsis cambrica* ›Flore pleno‹
18 *Nicotiana* (karminrot)
19 *Penstemon* ›Chester Scarlet‹
20 *Ricinus communis* ›Impala‹ (giftig)
21 *Rosa glauca* (syn. *R. rubrifolia*)
22 *Verbena* ›Lawrence Johnston‹

Blühende Pflanzen

Einer der schönsten Sträucher für die Blumenrabatte ist der Pfeifenstrauch (*Philadelphus* ›Belle Etoile‹), der im Frühsommer schon früher als die meisten Stauden blüht. Vorn sieht man Purpurglöckchen *(Heuchera)* und Storchschnabel *(Geranium)*.

Die verschiedenen Pflanzen, die heute auf dem Markt sind - Bäume und Sträucher, Kletterpflanzen, Rosen, winterharte und frostempfindliche Stauden, einjährige und zweijährige Pflanzen sowie Zwiebelpflanzen - müssen jeweils für sich behandelt werden. Blühende Bäume und Sträucher könnte man darüber hinaus in zwei Unterkategorien einteilen, von denen eine mit »VIP, bitte nicht stören« und die andere mit »gegebenenfalls entbehrbar« betitelt werden könnte. Kletterpflanzen, die man an Spalieren und Bäumen emporranken lassen kann, (siehe Seite 64) üben auf Leute einen besonderen Reiz aus, die sehr üppige Gärten haben, denn für eine weitere Clematis scheint sich immer noch Platz zu finden. Rosen (siehe Seite 70) eignen sich für jeden Garten, und es ist immer wieder verblüffend, wie sie sich an unterschiedliche Klimalagen anpassen können.

Den winterharten Stauden ist nahezu das gesamte sechste Kapitel gewidmet, denn wenn man sie noch durch ein oder zwei strukturgebende immergrüne Pflanzen ergänzt, könnte man mit ihnen allein einen herrlichen Blumengarten anlegen. Für Leichtigkeit sorgen Einjahresblumen und frostempfindliche Stauden (siehe Seite 73 und 74). Sie sind kurzlebig, und man kann mit ihnen experimentieren, indem man sie für gewagte Zusammenstellungen verwendet. Selbst wenn die Experimente nicht immer gelingen, wird man dennoch seinen Spaß an ihnen haben.

Viele der zweijährigen Pflanzen (siehe Seite 74) wie Fingerhut *(Digitalis)*, Silberling *(Lunaria)* und die Elfenbeindiestel *(Eryngium giganteum)* sind auch deshalb eine Bereicherung für jeden Garten, weil sie sich an den ausgefallensten Plätzen aussäen, und Zwiebelblumen (siehe Seite 75) spielen eine wichtige Rolle, weil sie den Frühling einläuten und mit Zeitlosen *(Colchicum)*, Nerine, Alpenveilchen und *Cyclamen linearifolium* das Gartenjahr beenden.

Bäume und Sträucher

Um einen Hintergrund für die Sommerblumen zu schaffen und dem Garten im Winter Gestalt und Reiz zu verleihen, muß man zunächst strukturgebende immergrüne Laub- und Nadelbäume sowie Sträucher auswählen. Das klare Dunkelgrün von Buchsbaum *(Buxus sempervirens)*, Eibe *(Taxus baccata)*, *Sarcococca*, Schneeball (*Viburnum tinus* und *V. davidii*) wie auch Duftblüte *(Osmanthus delavayi)* wird nie langweilig aussehen, während das helle, frühlingshafte Grün einiger Immergrüne, wie beispielsweise *Griselinia littoralis*, im Sommer recht angenehm, im Winter jedoch seltsam störend wirkt - vielleicht, weil wir unbewußt ein so frisches Grün nur im Frühjahr erwarten.

Laubabwerfende Bäume haben ihre besonderen Vorzüge: Im Sommer spendet ihr dichtes Blattwerk Schatten, und im Winter bieten ihre kahlen Äste einen Anblick von bizarrer Schönheit. Bei der Auswahl von Laubbäumen spielen viele Merkmale, wie Wuchsform, Stammfarbe, Form und Farbe von Blättern und Blüten sowie die Herbstfärbung, eine wichtige Rolle, und sie sollten daher sorgfältig bedacht werden. Auch der Standort muß mit vorausschauender Überlegung gewählt werden, denn Bäume nehmen für Jahrzehnte und länger einen festen Standort ein und prägen den Garten durch ihre Erscheinung.

Wer vor einem noch unbepflanzten Garten steht, neigt unwillkürlich dazu, sofort eine Menge Bäume und Sträucher zu kaufen. Doch wenn man dann im Gartencenter die Pflanzenreihen abgeht, sollte man sorgfältig überlegen, welche Gewächse für den Garten geeignet sind, bevor man seine Geldbörse zückt. Nach Möglichkeit sollte man eine Pflanze nicht später wieder ausgraben müssen, weil sie alles in Sichtweite erdrückt und auch keineswegs so hübsch aussieht, wie man es sich vorgestellt hatte. Es ist sinnvoller, von vornherein festzulegen, welche Bäume und Sträucher wichtig sind. Diese werden dann mit einigen unkomplizierten vorübergehenden Füllelementen umgeben - raschwachsenden Sträuchern (siehe Seite 32) und leicht versetzbaren Stauden oder Einjahresblumen, die man nach einigen Jahren auch leichten Herzens opfern kann.

Außerdem sollte man feststellen, welche Pflanzen problemlos geschnitten werden können. Eibe, Buchsbaum und Stechpalme erfreuen ich seit Jahrhunderten bei Gartengestaltern deshalb großer Beliebtheit, weil sie den regelmäßigen Rückschnitt von Zweigen und Blättern tolerieren. Die Orangenblume *(Choisya ternata)* kann durch Schneiden auf 1,5 m Höhe begrenzt werden, und hier ist diese Arbeit äußerst angenehm, weil das Schnittmaterial einen herrlichen würzigen Duft verströmt. Fuchsien frieren in kalten Gegenden zurück, können in milden Lagen aber beliebig behandelt werden. Hier hat man die Wahl, sie vor einer Mauer zu baumartigen Dimensionen heranwachsen zu lassen oder sie im Frühjahr bis in Bodenhöhe zurückzuschneiden. Auch der immergrüne Feuerdorn *(Pyracantha)* kann große Büsche bilden, in denen nistende Amseln ein gemütliches Heim finden; oder man schneidet sie vor einer Wand stark zurück, damit ihre cremefarbenen Blüten und leuchtenden Beeren besser zur Geltung kommen. Der Schmetterlingsstrauch *(Buddleja davidii)* muß im Frühjahr unbedingt stark zurückgeschnitten werden, weil er andernfalls lang und dünn wird und man auch die Schmetterlinge, die ihre Blüten so sehr lieben, nicht mehr beobachten kann, da sie hoch über den Köpfen schweben.

Die himmlische *Rosa glauca* (syn. *R. rubrifolia*) hat rötliches Laub und violette Triebe, die niemals langweilig werden. Wenn man bereit ist, ihre ungefüllten lilarosa Blüten mit den nachfolgenden Hagebutten zu opfern und sie jedes Frühjahr sorgfältig fast bis auf Bodenhöhe zurückschneidet (zum Ausgleich wird großzügig gedüngt), kann man sie wie eine Blattpflanze ziehen - das Laub an den 1,3 - 1,5 m langen Trieben, das jetzt noch intensiver gefärbt ist, wirkt in jeder erdenklichen Farbkomposition harmonisch.

Sie müssen jedoch wissen, welche Sträucher nicht für einen Schnitt geeignet sind - Magnolie *(Magnolia)*, Seidelbast *(Daphne)*, Hartriegel (*Cornus*; ausgenommen Arten mit farbiger Rinde) oder Zaubernuß *(Hamamelis)* mit der Gartenschere zu Leibe zu rücken, wäre Frevel. Rosmarinseidelbast *(Daphne cneorum)* darf man jedoch nach der Blüte behutsam stutzen, um ihm ein gepflegtes Aussehen zu verleihen.

Ab der Sommermitte findet im Blumengarten ein Festival der Düfte und Farben statt, wenn Stauden und Einjahresblumen in den Mittelpunkt treten. Erwartungsvoll sieht man der Blüte von *Carpenteria californica* und *Romneya coulteri* entgegen, beides Aristokraten unter den Blütenpflanzen. Sie sind ganz selbstverständlich die Stars dieser Zeit, doch für die Hintergrundbepflanzung möchten Sie vielleicht winterblühende Sträucher verwenden, wie die reizende blaßgelbe Mahonia (*Mahonia* x *media* ›Underway‹), Seidelbast *(Daphne bholua)*, Schneeball (*Viburnum farreri* oder *V.* x *bodantense* ›Dawn‹), *Jasminum nudiflorum* und den kompakten *Viburnum tinus* ›Eve Price‹ mit seinen leuchtendrosa Knospen. Vor allem wenn Sie zu jenen Gärtnern gehören, die am Ende des Herbstes die Gartentür schließen und nicht im Traum daran denken, sie wieder zu öffnen, bevor sich die ersten Frühlingsboten zeigen, lassen diese wichtigen Wintersträucher den Garten dennoch dekorativ erscheinen.

Je kleiner ein Garten ist, um so sorgsamer sollte man bei der Auswahl von Sträuchern auf die Blattfarbe achten. Die richtige Laubfärbung am richtigen Platz kann ein ganz gewöhnliches Blumenbeet zu etwas Besonderem machen. Entscheiden Sie sich für eine Farbkombination, und wählen Sie dann Pflanzen, die Ihre Ideen betonen. Ein Beet mit Blumen in zarten Farben - weichen Rosatönen, Malvenfarben und Primelgelb - würde nach silbrigem Laub verlangen, während Scharlachrot, Orange und grelles Gelb noch lebendiger leuchten, wenn man einige Sträucher in Bronze- und Violettönen dazusetzt. Vielleicht entscheiden Sie sich aber auch für eine blühende Hecke als Hintergrund gemischter Beete oder als Gartenbegrenzung. Dabei müssen Sie überlegen, welche Wirkung Sie wünschen: Soll sie sich harmonisch in die Farbkomposition einfügen, oder soll sie Kontraste setzen?

Carpenteria californica, einer der reizvollsten Blütensträucher für sonnige Wände, blühte in Großbritannien zum erstenmal, nachdem ihn Gertrude Jekyll 1885 in den Garten ihres Anwesens in Godalming gepflanzt hatte. Er braucht durchlässigen Boden und mäßige Düngung.

Kletterpflanzen

Wenn Sie nur darüber nachdenken, wie viele Quadratmeter Bodenfläche Ihr Garten hat und wie viele Pflanzen Sie dort unterbringen können, dann übersehen Sie vielleicht den wundervollen ungenutzten Raum oberhalb der Erde, der sich für herrliche Blütenpflanzen mit kletterndem Wuchs anbietet. Diese Pflanzen können Wände verschönern, in Bäumen und Sträuchern wachsen, Böschungen herunterranken oder in anmutigen Girlanden von Bögen, Spalieren und Pergolen herabhängen. Man kann sie sogar in die Blumenrabatte pflanzen, wo sie sich bald einer neuen Lebensweise anpassen. Wenn man *Clematis viticella* so pflanzt, daß sie über einen niederliegenden Wacholder oder einen Flecken winterblühendes Heidekraut wächst, sorgen ihre kleinen purpurnen Glocken im Sommer für Heiterkeit. Oder man läßt *Clematis* ›Perle d'Azur‹ durch *Cotoneaster horizontalis* ›Variegatus‹ klettern, dessen cremegrüne Blätter auf diese Weise mit azurblauen Blüten geschmückt werden.

Bei der Kultur einer *Clematis* ist es wichtig, das Etikett nicht zu verlieren. Man muß unbedingt den Namen der jeweiligen Art und Sorte kennen, um feststellen zu können, ob sie geschnitten werden kann (siehe Seite 89). Einige großblumige *Clematis* vertragen Schnitt (man muß lediglich hin und wieder tote oder schwache Triebe entfernen), und großblütige Hybriden, die zweimal blühen - im Sommer und im Herbst - werden nach der ersten Blüte leicht zurückgeschnitten. Allgemein gilt die Regel, daß man *Clematis* am besten überhaupt nicht schneidet, da sie so am üppigsten blüht. Gelegentlich läßt sich das Schneiden jedoch nicht vermeiden, etwa wenn sie gar zu stark wuchern und anderen Pflanzen den Lebensraum streitig machen. Wenn eine *Clematis* durch einen grazilen Strauch wachsen soll, muß man diesen jedes Jahr wieder von der Last der *Clematis*-Triebe befreien und daher eine Sorte wählen, die stark zurückgeschnitten werden kann. Erzieht man *Clematis* an Wänden, kann man dort Drahtgeflecht befestigen, das sich gut als Stütze eignet. Es bekommt bald »Patina« und wirkt recht dezent.

Kletterpflanzen an Bäumen

Will man Kletterpflanzen, wie Rosen und *Clematis*, romantisch an Bäumen emporwachsen lassen, müssen einige Gesichtspunkte berücksichtigt werden. Wer nahe beim Stamm eines gesunden Baumes ein kleines Loch gräbt, schnell eine Jungpflanze hineinsetzt und den ganzen Sommer das Gießen vergißt, braucht sich nicht zu wundern, wenn die Pflanze dahinsiecht und schließlich eingeht. Um ihr eine echte Chance zu geben, gräbt man in mehreren Metern Abstand vom Baumstamm ein ausreichend großes Loch von 1 m Größe und 60 cm Tiefe.

OBEN LINKS Hier wächst Waldgeißblatt *(Lonicera periclymenum)* an einer Pergola, doch man kann diese duftende Kletterpflanze auch zum Kaschieren alter Baumstümpfe und unansehnlicher Schuppen verwenden oder sie an Mauern und Zäunen erziehen. Nach der Blüte schneidet man sie zurück und entfernt alte Triebe.

LINKS UNTEN *Clematis* ›Comtesse des Bouchaud‹ in einem Apfelbaum. Diese Sorte eignet sich auch für Gärten, in denen die *Clematis*-Krankheit auftritt; denn im Sommer schneidet man sie auf einen Meter zurück.

Dann arbeitet man reichlich Kompost und Mist ein und füllt mit guter Erde auf. Außerdem ist eine Stütze erforderlich, an der die junge Pflanze zum Baum klettern kann. Großzügiges Wässern im Sommer hilft, das Gleichgewicht zwischen der Kletterpflanze und ihrem kräftigeren Wirt zu bewahren (siehe Rosen an Bäumen erziehen, Seite 71).

Kletterpflanzen an Mauern

Eine der wenigen blühenden Kletterpflanzen, die auch an Nordwänden gut gedeiht, ist die Kletterhortensie (*Hydrangea anomala* ssp. *petiolaris*). Sie ist recht wuchsfreudig, wenn sie sich einmal eingewöhnt hat, was aber deprimierend lange dauern kann. Allzuleicht vergißt man jedoch, wie trocken die Erde an einem solchen Platz oft ist. Je besser man sie daher am Anfang mit Wasser (zweimal wöchentlich 10 l) und Dünger versorgt, um so rascher wird man mit ihren herrlichen, süßduftenden Blütenständen belohnt. Die Kletterhortensie kann eine stattliche Höhe von 15 Metern erreichen. Ihre jungen Blätter, die sich bereits frühzeitig in frischem Grün entfalten, und die sich abschuppende warmbraune Winterrinde sehen bereits im Frühjahr reizvoll aus. Im Sommer zeigt sie aparte Blütenschirme aus kleinen weißen Einzelblüten, die von größeren Randblüten umgeben sind.

Clematis montana schmückt große Wände, Pergolen oder Bäume mit girlandenartigen Trieben, an denen im Spätfrühjahr weiße Blüten erscheinen. Sie braucht viel Platz, denn durch einen Schnitt würde man auch die Blüten des kommenden Jahres entfernen. (Wer jedoch ein altes Exemplar übernommen hat, das nun ein Wirrwarr aus Trieben bildet, sollte es im Frühsommer stark zurückschneiden.)

Der Wilde Wein (*Parthenocissus quinquefolia;* syn. *Vitis quinquefolia*) ist eine hervorragende Kletterpflanze, die sich mit den Spitzen ihrer Ranken an Mauern, Pergolen oder Bäume heftet. Da sie auch Regenrinnen umarmt und sie durch ihren unmäßigen Wuchs leicht zu Fall bringt, sollte man sie vielleicht lieber an einem hohen Baum emporwachsen lassen. Im Herbst kann man sich dann an ihren herrlich karminroten Blättern freuen, die in der untergehenden Sonne zu glühen scheinen. *Parthenocissus* braucht Halbschatten oder Schatten und kann daher auch an nach Norden oder Osten gelegenen Wänden gezogen werden.

Nichts ist für eine große sonnige Wand schöner als eine Glyzine *(Wisteria)* mit ihren langen blauvioletten, blaßlila oder weißen Blütentrauben. Aber auch wenn man eine Mauer oder Pergola so rasch wie möglich begrünen möchte, braucht die Glyzine doch einen guten Schnitt, um schön zu blühen. Im Spätsommer schneidet man daher alle jungen Triebe (mit Ausnahme von ein oder zwei Trieben, die das Gerüst bilden) auf 15 cm über dem alten Holz zurück und im Spätwinter noch einmal auf zwei oder drei Augen. Glyzinen gedeihen am besten in fruchtbarem, durchlässigem Boden.

Die kletternde Hortensie (*Hydrangea anomala ssp. petiolaris*) muß als Jungpflanze gut gedüngt und gewässert werden. Hier dient sie der Kapuzinerkresse *(Tropaeolum speciosum)* als Stütze, die häufig nur schwer anwächst, dann aber wuchert.

Außergewöhnliche Kletterpflanzen

Obwohl man nie genug *Clematis* und Kletterrosen haben kann, sollte man auch einige ungewöhnliche Kletterpflanzen kultivieren. Natürlich kann es schwieriger sein, sie zu finden, aber vielleicht macht Ihnen ein wenig Detektivarbeit Spaß. Die Kultur der folgenden Pflanzen ist bei richtigen Boden- und Klimabedingungen unproblematisch.

Calystegia hederacea ›Flore Pleno‹ führt zweifellos jeden hinters Licht, der sie zum erstenmal sieht. Ihre Blüten wirken ein wenig wie leicht zerknitterte blaßrosa Rosen, doch ihre Blätter ähneln verdächtig der Ackerwinde, und wer die schlingenden Triebe der Pflanze ein wenig näher betrachtet hat, dem dämmert die Wahrheit. Die gefülltblühende *Calystegia* ist eine nahe, wenn auch sehr exklusive Verwandte der Ackerwinde, doch ihr unkontrollierbares Wachstum wird man ihr wahrscheinlich gern vergeben.

Dicentra scandens hat Blüten wie das besser bekannte Tränende Herz *(D. spectabilis)*. Während sie jedoch bei letzterer tiefrosa oder reinweiß sind, entwickelt dieser interessante, kletternde Vertreter der Mohngewächse im Spätsommer gelbgrüne Blüten, die in kleinen Büscheln zwischen reizvoll filigranem Laub stehen. Die Pflanze kommt aus dem Himalaya und bildet jedes Jahr zahlreiche Samen aus, die offenbar aber nur schwer keimen. (Dagegen lassen sich erstaunlicherweise ihre zarten Triebe im Herbst leicht bewurzeln.) Sie scheint sich vor sonnigen und schattigen Wänden gleichermaßen wohl zu fühlen, und da ihre Triebe jedes Jahr bis in Bodenhöhe absterben, kann man die Pflanze gegebenenfalls leicht aus dem Boden nehmen und an einen anderen Platz setzen.

Eisenhut, auch Wolfsgift *(Aconitum hemsleyanum)* genannt, mag nicht die prächtigste aller Kletterpflanzen sein, und nur wenn man seine helmförmigen, dunkelblauen Blüten betrachtet, lernt man seinen stillen Reiz schätzen. Die kletternden Verwandten des Rabatten-Eisenhuts sind wie bei allen Mitgliedern seiner Familie sehr giftig. Er benötigt nur wenig Platz und ist gut geeignet, um an einem Strauch oder den kahlen Trieben einer hochbeinigen Kletterrose emporzuwachsen. *Aconitum hemsleyanum* bevorzugt Sonne, kann sich aber auch mit Halbschatten begnügen. Der Boden sollte fruchtbar und gut durchlässig sein.

Für die Kultur von *Billardiera longiflora*, einer reizvollen Kletterpflanze aus Tasmanien, ist ein milder Garten, eine warme Wand und neutraler oder kalkfreier Boden erforderlich. Im Sommer trägt sie kleine grünlichgelbe, manchmal lilagepunktete Blütenbälle, denen im Herbst große, glänzende, blaue Früchte folgen. (Es gibt auch Formen mit weißen oder purpurfarbenen Früch-

OBEN Möglicherweise sind mehrere Versuche notwendig, um *Tropaeolum polyphyllum* – eine interessante Verwandte der Gartenkapuzinerkresse – im Garten anzusiedeln. Sie braucht unbedingt volle Sonne und durchlässigen Boden.

LINKS *Rhodochiton atrosanguineus* muß geschützt stehen. Diese warme Steinwand ist ein idealer Platz (siehe Seite 41).

ten.) Da ihre Triebe recht grazil sind, kann man sie auch in wertvolleren kleinen Sträuchern klettern lassen.

Eine großartige Kletterpflanze aus Chile ist der Korallenstrauch *(Berberidopsis corallina)*, der unter den gleichen Bedingungen gedeiht wie *Billardiera longiflora*. In ihrem Fall kann man jedoch leicht alkalischen Boden durch großzügige Gaben organischen Materials ihren Bedürfnissen anpassen. Fühlt sie sich wohl, kann sie große Wandflächen mit immergrünem, ledrigem Laub bedecken. Im Sommer bis Frühherbst bilden sich wunderschöne, karminrote kugelförmige Blüten, die in nickenden Dolden aus dem dichten Blattwerk leuchten. *Berberidopsis* verträgt keinen starken Wind.

In sehr milden Lagen ist *Bomarea caldasii* eine der aufregendsten Pflanzen, die man ziehen kann. Sie sieht aus wie eine kletternde Inkalilie *(Alstroemeria)*, mit der sie auch verwandt ist. Während des ganzen Sommers klettert sie mit ihren fleischigen Trieben an ihrer Stütze vor der sonnigsten Wand in Ihrem Garten empor. Und wenn Sie im Herbst schon meinen, daß sie wohl nicht mehr blüht, öffnet sie plötzlich ihre leuchtendorangeroten Röhrenblüten, bei denen einige Blütenkronblätter innen karminrot getupft sind. Eine Alternative wäre *B.* x *cantabrigiensis*. *Bomarea* ist bedingt winterhart bis frostempfindlich und stellt an einen durchlässigen Boden keine weiteren Ansprüche.

Die Glockenwinde *(Codonopsis tangshen)* verbirgt ihre Blüten geschickt vor dem menschlichen Auge. Wespen finden die grünlichen Glocken, die innen eine reizvolle kastanienbraune Aderung haben, jedoch ungemein attraktiv. Wenn Sie ein summender Ton veranlaßt, einmal eine Blüte hochzuheben und hineinzuschauen, wird Sie das feine Muster bezaubern, obwohl auch diese Pflanze den für ihre Gattung typischen Wildgeruch verströmt. Es ist eine langlebige, unkomplizierte, kletternde Staude, die nicht unbedingt vor einer Wand wachsen muß, sondern sich auch gern an Nachbarpflanzen festhält.

Anders ist dies jedoch bei *Codonopsis convolvulacea*. Die Triebe dieser wunderschönen Pflanze sind so dünn und zerbrechlich, daß sie einen besonderen Platz bekommen sollte, vorzugsweise in einem schattigen Hochbeet mit Torferde. Da die oberirdischen Teile im Winter absterben und die Pflanze im folgenden Sommer erst sehr spät wieder austreibt, sollte man ihren Standort sorgfältig markieren und auf Schnecken achten. Sie hat große, offene Glockenblüten in Mittelblau, daneben existiert aber auch eine herrliche weiße Form.

Es gibt einige interessante mehrjährige Verwandte der prächtigen einjährigen Kapuzinerkresse *(Tropaeolum majus)*, wie beispielsweise *T. pentaphyllum* mit zarten roten und grünen Blütchen, die blaublühende *T. azureum* und die mehrfarbige *T. tricolor*, die allerdings alle frostempfindlich sind. Erheblich härter ist *T. tuberosum* ›Ken Aslet‹, vor allem, wenn man sie vor einer sonnigen Wand tief in die Erde setzt. Sie klettert die Wand rasch empor und schmiegt sich auch an jeden Strauch in ihrer Nähe. Über ihrem hübschen Laub tanzen an langen Stielen leuchtend orangerote Blüten. In kälteren Gegenden muß man die Knollen (die merkwürdig purpurn gezeichnet und angeblich eßbar sind) im Herbst eventuell aus dem Boden nehmen und lagern.

Tropaeolum speciosum ist eine laubabwerfende Kletterpflanze mit üppigem Wuchs. Diese Pflanze stammt ursprünglich aus Chile, und sie ist bei uns nicht winterhart. Ihre gelappten Blätter wirken ebenso dekorativ wie ihre brunnenkresseartigen Blüten. Sie treibt ihre Besitzer oft zur Verzweiflung, weil sie entweder überhaupt nicht wächst oder so hemmungslos wuchert, daß sie alles in ihrer Umgebung erdrückt - ein Mittelmaß scheint es für sie nicht zu geben. Möglicherweise sind mehrere Versuche erforderlich, bis sie wirklich angewachsen ist, und obwohl sie angeblich sauren Boden bevorzugt, sind ihr kühle Bedingungen und reichlich Wasser vermutlich wichtiger. Auch wenn sie sich in einem Torfbeet mit ausgesuchten Erikagewächsen zur Plage entwickeln kann, vergibt man ihr einfach alles, wenn man sieht, wie im Spätsommer ihre zauberhaften scharlachroten Blüten etwa über eine dunkle Eibenhecke hängen und dem Gartenbereich, den sie schmückt, einen romantischen Charme verleiht.

Dicentra scandens ist eine erstaunlich unkomplizierte Kletterpflanze sowohl für sonnige als auch für schattige Standorte.

Eine Blumenrabatte in zarten Farben

Alle Pflanzen, die in dieser sonnigen, in zarten Farben gehaltenen Rabatte wachsen, sind einfach zu ziehen. Um Lücken zwischen den noch jungen Pflanzen zu schließen, verwendet man Pfirsichblättrige Glockenblume *(Campanula persicifolia)*, Goldkamille (*Chrysanthemum parthenium* ›White Bonnet‹), Edeldistel *(Eryngium giganteum)* und einjährige weiße Schmuckkörbchen *(Cosmos)*. Wenn sich die Pflanzen gut entwickelt haben und es eng wird im Beet, kann man Beifuß (*Artemisia* ›Powis Castle‹) im Frühjahr stark zurückschneiden; falls notwendig, schneidet man gleichzeitig auch *Brachyglottis*. Im Spätsommer schneidet man alte Blütentriebe von *Euphorbia* heraus und entfernt die Blüten von *Brachyglottis*, sobald sie welken. Bartfaden *(Penstemon)* und *Perovskia* werden am besten im Frühjahr geschnitten. Falls das Beet vor einer Wand liegt, würde in dieser Farbkomposition auch Marokkanischer Ginster *(Cytisus battandieri)* großartig wirken.

1 *Achillea taygetea*
2 *Allium christophii*
3 *Anaphalis triplinervis*
4 *Artemisia canescens*
5 *Artemisia* ›Powis Castle‹
6 *Aster frikartii* ›Mönch‹
7 *Aster thomsonii* ›Nanus‹
8 *Brachyglottis* ›Sunshine‹
9 *Calamintha nepeta*
10 *Dianthus* ›Doris‹, ›Constance Finnis‹, ›Gran's Favourite‹, ›Musgrave's Pink‹
11 *Euphorbia characias* ssp. *wulfenii*
12 *Fuchsia* ›Tom Thumb‹
13 *Galtonia candicans*
14 *Gladiolus* ›The Bride‹
15 *Hosta* ›Halycon‹
16 *Iris pallida*
17 *Iris pallida* ›Aurea Variegata‹
18 *Kniphofia* ›Little Maid‹
19 *Lilium regale*
20 *Limonium latifolium*
21 *Nerine bowdenii*
22 *Onopordum acanthium*
23 *Origanum laevigatum*
24 *Penstemon* ›Garnet‹ (diese großartige alte Sorte wurde mittlerweile in ›Andenken an Friedrich Hahn‹ umbenannt)
25 *Penstemon* ›Evelyn‹
26 *Perovskia* ›Blue Spire‹
27 *Rosa* ›Margaret Merril‹
28 *Rosa* ›Natalie Nypels‹
29 *Sedum* ›Vera Jameson‹
30 *Stachys byzantina*
31 *Thymus* x *citriodorus* ›Silver Queen‹
32 *Verbena rigida*‹
33 *Verbena* ›Silver Anne‹
34 *Verbena bonariensis*

Im Hochsommer kommen die zarten Pastelltöne dieses Blumenbeets am besten zur Geltung.

OBEN *Rosa* ›Felicia‹ – eine der schönsten Moschus-Sorten – blüht fast den ganzen Sommer hindurch. Man sollte regelmäßig welke Blüten entfernen, so bleibt der Busch schön und entwickelt neue Knospen.

RECHTS *Rosa* ›Graham Thomas‹ harmoniert großartig mit blauen oder violetten Blüten.

Rosen

Wer möchte schon auf Rosen verzichten? Sie sind der Inbegriff des sommerlichen Blumengartens, und oft ist man von ihrer Schönheit und ihrem himmlischen Duft gleichermaßen verzaubert. Schon die Namen der alten Rosen beschwören Erinnerungen an Prinzessinnen des 19. Jahrhunderts oder französische Herzöge, Generäle und Feldmarschalle herauf und all den vergessenen alten Adel. Französische Rosen *(Rosa gallica)*, Damaskener Rosen *(R. damascena)*, Moosrosen *(R. centifolia)*, Alba-Rosen *(R. alba)*, Chinarosen *(R. chinensis)* und Bourbonrosen (*R.* x *borboniana*), Kletter- und Schlingrosen, alte und neue Strauchrosen, Moschusrosen *(R. moschata)*, remontierende Hybriden, Teehybriden (Kreuzungen zwischen Bourbon- und Teerosen), Floribundarosen und viele mehr – wie kann man sich nur bei dieser enormen Auswahl entscheiden?

Am leichtesten fällt die Wahl bei Rosen, die in der Blüte stehen, weil man ihre Form und Farbe sehen kann. Wenn sie dann in einem Pflanzenbuch unter ihrem Namen nachschlagen, wird sich eventuell herausstellen, daß sie als »schwachwüchsig« oder »sternrußtauanfällig« gilt. Aber vielleicht gefällt sie Ihnen so gut, daß Sie gern die Mühe auf sich nehmen, sie regelmäßig zu spritzen und zu düngen. Neben ihrer Wuchsform ist ein weiteres Kriterium der Duft. Nichts ist enttäuschender, als an samtigen Blütenblättern zu schnuppern, die nicht duften.

Bei den modernen Edelrosen und Floribundarosen wird oft ihre schlechte Wuchsform bemängelt, dennoch sind sie gute Gartenpflanzen. Da sie bereitwillig über lange Perioden blühen, verdienen sie – in kleinen Gruppen gepflanzt – einen Platz in der gemischten Rabatte. Dabei sollte man eine Farbe wählen, welche zur Umgebung paßt, und einige buschige Pflanzen um die Rosen herumsetzen, die helfen, die blattlosen Bereiche der Rosenstämme zu kaschieren.

Vielleicht haben Sie aber Ihr Herz an die alten Sorten verloren (damit meine ich alle Rosen, die nicht zu den modernen Edelrosen und Floribundarosen gehören). In diesem Fall sollten Sie daran denken, daß viele von ihnen nur einige Wochen blühen und während des übrigen Sommers recht reizlose, staubig-grüne Büsche sind. Für kleine Gärten sind remontierende Formen nützlich und Sorten wie *Rosa* x *odorata* ›Mutabilis‹, die vom Spätfrühjahr bis zum Frühherbst ununterbrochen blüht, oder *R.* ›Graham Thomas‹, eine wunderschöne moderne Rose, die gelbe Blüten hat und alle Attribute einer alten Rose besitzt.

Kletterrosen bieten immer einen erfreulichen Anblick – ob sie nun in einer bestimmten Form erzogen werden oder frei wachsen. Die meisten in Gärten gezogenen Kletterrosen bringen dichte Büschel kleiner Blüten hervor, die gefüllt oder ungefüllt sein können. Sehr

REMONTIERENDE ROSEN

›Baroness Rothschild‹
›Buff Beauty‹
›Cornelia‹
›Felicia‹
›Ferdinand Pichard‹
›General Schablakine‹
›Golden Wings‹
›Hermosa‹
›Lady Hillingdon‹
›Louise Odier‹
›Mme. Caroline Testout‹ (Kletterrose)
›Mme. Ernst Calvat‹
›Mme. Isaac Pereire‹
Marquise Boccella (früher: ›Jacques Cartier‹)
›Mrs. Oakley Fisher‹
x *odorata* ›Mutabilis‹
›Penelope‹
›Phyllis Bide‹
›Pompon de Paris‹
›Reine Victoria‹
›Souvenir du Docteur Jamain‹
›Souvenir de la Malmaison‹
›Souvenir de St Anne's‹
›White Wings‹
›Wilhelm‹
›Graham Thomas‹

romantisch wirken Pergolen, Hauswände und Bäume, an denen Kletterrosen im Sommer ihre Blütenpracht entfalten. Die kräftigeren erreichen Höhen von 6 - 15 m, schwächere Arten wachsen bis zu 4,5 m hoch; letztere sind hervorragend geeignet, Zäune und niedrige Mauern zu schmücken.

Aber Achtung: Beim Kauf einer Rose sollten Sie ganz sicher sein, daß sie Ihnen für diesen Standort wirklich gefällt, denn es empfiehlt sich nicht, sie irgendwann wieder auszugraben und statt dessen eine andere Rose an ihren Platz zu setzen, die Ihnen schöner erscheint. Die Erde kann von den Wurzeln der entfernten Rose verunreinigt sein, und die neue Rose wird immer kümmerlich bleiben, obwohl andere, nicht verwandte Pflanzen an dieser Stelle gut gedeihen werden. Wenn man dennoch hartnäckig darauf besteht, die alte Rose gegen eine neue einzutauschen, kann man dieses Problem lösen, indem man die Erde bis in etwa 75 cm Tiefe auswechselt.

Rosen an Bäumen erziehen

Manchmal wird empfohlen, *Rosa filipes* ›Kiftsgate‹ an Bäumen emporwachsen zu lassen, und tatsächlich ist sie, voll erblüht mit ihrem schäumenden Meer aus unzähligen cremeweißen Blüten, ein unvergleichlicher Anblick. Diese in Büchern als »wuchsfreudig« beschriebene chinesische Art ist eine Riesenrose von enormer Schönheit, die wild und vergnügt wuchert, und neue Triebe erreichen in einer Sommerperiode beinahe vier Meter Höhe.

Dagegen verschweigen Bücher jedoch oft, daß diese Rose besondere Vorrichtungen entwickelt hat, um in dichtem Gestrüpp zu klettern - zurückgebogene, nadelartige Stacheln, die Angelhaken ähneln und sich in alles hineinbohren, vorzugsweise in menschliches Fleisch. Vielleicht glauben Sie, den wilden Wuchs der Pflanze durch Schnitt unter Kontrolle halten zu können, aber dazu müssen Sie erst einmal an sie herankommen, ohne daß sich ihre gebogenen Krallen in Ihrem Haar verhaken. Eine solche unbezähmbare Rose braucht einen großen Garten und reichlich Platz, damit sie ein wunderschönes, aber undurchdringliches Dickicht bilden kann. Vielleicht sollten Sie deshalb lieber *Rosa* ›Alberic Barbier‹ (cremefarben), ›Albertine‹ (rosa), ›Rambling Rector‹ (weiß) oder ›Cecile Brunner‹ (perlmuttrosa) ziehen, die während des ganzen Sommers und bis in den Herbst hinein blühen.

Rosa ›Fritz Nobis‹, hier mit dem Laub der Berberitze (*Berberis thunbergii* ›Rose Glow‹) ist eine recht krankheitsresistente Rose.

Einjährige Kosmeen sehen in der gemischten Rabatte sehr hübsch aus und eignen sich gut zum Schließen aller Lücken, doch muß man bei ihnen regelmäßig die welken Blüten entfernen. Den Blickfang bildet hier ein prächtiger weißblühender Schmetterlingsstrauch *(Buddleia davidii)*, der im Frühjahr hart zurückgeschnitten werden sollte.

Winterharte Stauden

Das Rückgrat eines jeden Blumengartens bilden die winterharten Stauden. Sie führen eine nahezu nicht endende brillante Schau an Blüten, Farben und Düften vor, die sich jeden Tag unmerklich wandelt, während immer neue Pflanzen in den Mittelpunkt rücken, ihre Blüten öffnen und langsam welken, um sich endlich zur Winterruhe in den Boden zurückzuziehen. Mit diesen Pflanzen ist die Gartenarbeit vielleicht am aufregendsten, denn auch bei der besten Planung kann man nie genau wissen, wie ihre Wirkung dann letztendlich sein wird.

Wenn man ein Nadelgehölz pflanzt, sieht es auch nach drei Monaten praktisch noch unverändert aus. Anders ist das bei einer Staude. Hier muß man schrecklich viele Faktoren gleichzeitig berücksichtigen: Höhe, Farbe, Blütezeit, Wuchsform, Laub und - um die Sache weiter zu komplizieren - das Licht. Während die Sonne ihre Bahn am Himmel zieht, verändern sich die Farben und reagieren unterschiedlich miteinander.

In der Natur müssen Stauden auf der Suche nach Nährstoffen, die rasch aufgebraucht sind, immer wieder den Standort wechseln. Beim Betrachten einer vernachlässigten Rabatte können Sie sehen, daß die Pflanzen dünne Mitten haben und nur noch spärlich blühen, während die äußeren Triebe dick und besser genährt sind. Deshalb muß man für sie nicht nur einen Standort wählen, an dem sie gut gedeihen und gleichzeitig ihren Nachbarn schmeicheln, sondern auch genau darauf achten, wie gut sie blühen. Wenn Sie bemerken, daß eine Pflanze nicht mehr so schön aussieht wie im vergangenen Jahr und sich ihre Wurzeln und Triebe dicht zusammendrängen, ist es Zeit, sie zu teilen und in frische Erde zu pflanzen.

Häufig kann man in Pflanzenbüchern lesen, daß nur die unterirdischen Teile der Stauden überwintern. Dies gilt nicht für alle Stauden; *Lavandula angustifolia* sei stellvertretend für viele genannt, die auch im Winter ihr Blattwerk nicht verlieren.

Übrigens: Wenn man in einer Rabatte, die schon vor längerer Zeit angelegt wurde, ein Loch für eine Jungpflanze gräbt und Kompost oder Dünger hineingibt, wird dies auch die Nachbarpflanzen (alteingesessene Bewohner mit gut entwickelten Wurzeln) entzücken. Gierig werden sie ihre Wurzeln ausstrecken und die neue Pflanze rücksichtslos beiseite drängen. Es ist daher besser, eine Fläche von etwa 2 m umzugraben und zu düngen und alle Pflanzen neu einzusetzen, damit jede die gleiche Chance hat.

Die Jungfer-im-Grünen *(Nigella damascena)* samt sich immer wieder selbst aus. Oft sind die Nachfolgegenerationen erheblich robuster als die Pflanzen des ersten Jahres.

Winterharte Einjahresblumen

In ihrer kurzen, aber glanzvollen Saison sorgen die einjährigen Blumen im Garten für Leben und Brillanz. Besondere Effekte des vergangenen Jahres, die Ihnen besonders gut gelungen waren, lassen sich möglicherweise ohne weiteres wiederholen, und Fehlschläge sind rasch vergessen. In jungen Gärten, wo es noch zahllose Lücken zwischen Stauden und Sträuchern gibt, findet man reichlich Gelegenheit, neue Pflanzen einzufügen und auch mit gewagten Gestaltungsentwürfen zu experimentieren.

Zunächst säubert man den Boden und arbeitet gut verrotteten Kompost oder Mist ein. Dann tritt man die Erde mit den Füßen fest, glättet sie mit einem Rechen und verteilt Volldünger, den man unterharkt. Man kann die Samen entweder breitwürfig in zwanglosen Gruppen aussäen oder etwa 1 cm tiefe Saatrillen ziehen und die Samen dünn hineinstreuen. Anschließend bedeckt man sie mit Erde, die behutsam angedrückt wird. (Die zweite Methode ist für alle empfehlenswert, die keimende Wildkräuter nicht von den Sämlingen der Kulturpflanzen unterscheiden können.) Um zu vermeiden, daß Sie versehentlich die Samen wieder ausgraben, wird die Saatstelle sorgsam mit Stöckchen markiert. Die Sämlinge werden später, entsprechend der Angaben auf der Samenpackung, stufenweise ausgedünnt.

Auf der Packung ist auch die Aussaatzeit angegeben, genaue Angaben über geeignete Bodenbedingungen fehlen jedoch. Letztlich ist aber alles eine Frage des Bodenzustands. Samen, die in einem kalten, nassen Boden liegen, haben keinen Anreiz zu keimen. Wählen Sie daher zur Aussaat einen schönen Frühlingstag, an dem die Sonne scheint und die Erde wärmt, während der Wind bereits die Oberfläche trocknet, so daß sie schön krümelig wird. Schwere Böden lassen sich durch das Einarbeiten von Mist, Kompost, Mittelsand oder scharfen Sand (Fluß- oder gewaschener Sand mit Korngrößen im Mittelsandbereich) verbessern, was der Bodenstruktur zugute kommt. Dadurch erhöht sich wiederum die Durchlässigkeit.

Nach der ersten Wachstumsperiode werden sich einige der winterharten Einjahresblumen (siehe rechts) an zufälligen Standorten selbst aussamen. Und die auf diese Weise entstehenden Pflanzen sind offenbar erheblich robuster und blühfreudiger. Einjährige Mohnarten lassen sich sogar ganz einfach züchten, indem man besonders schöne Pflanzen stützt und bei ihnen die Samen reifen läßt, während man die anderen ausreißt, sobald die Blüten welken.

EINJAHRESBLUMEN, DIE SICH SELBST AUSSAMEN

Calendula
Cosmos
Delphinium consolida
Limnanthes
Lobularia maritima
Nigella damascena
Omphalodes linifolia
Papaver somniferum
Tropaeolum majus

Bedingt winterharte Einjahresblumen und frostempfindliche Stauden

Viele der Pflanzen, die wir für Einjahresblumen halten, sind in Wirklichkeit frostempfindliche Stauden und Sträucher, die einjährig gezogen werden. Zwar überleben sie manchmal milde Winter, und dann findet man im Frühjahr bei Pflanzen wie *Argyranthemum* ›Jamaica Primrose‹ und Strauchmargerite *A. frutescens*, Eisenkraut (*Verbena* ›Lavender Blue‹, *V.* ›Lawrence Johnston‹ und V. ›Sissinghurst‹) und selbst bei der Strohblume *(Helichrysum petiolare)* tapfere junge Triebe, aber wenn der Garten nicht wirklich geschützt liegt, ist es empfehlenswert, jedes Jahr neue Pflanzen zu setzen, die man aus im Frühherbst genommenen Stecklingen selbst ziehen kann (siehe Seite 92).

Zu dieser Gruppe gehören Pelargonien, frostempfindliche Fuchsien, Blumenrohr *(Canna)*, einige Salbeiarten und viele mehr - und dies sind auch all die Pflanzen, mit denen man die faszinierendste Form der »Schnellgärtnerei« durchführen kann: die Kultur in Pflanzgefäßen.

Hüten Sie sich aber davor, diese Pflanzen nach draußen zu setzen, solange noch Nachtfrostgefahr besteht, denn dann erleiden sie einen Rückschlag, von dem sie sich wochenlang nicht erholen. Wer ein Gewächshaus oder einen Wintergarten besitzt, kann sie tagsüber langsam abhärten und nachts wieder hineinnehmen. Die Ausaaat bedingt winterharter Einjahresblumen ist auf Seite 96 beschrieben.

Zweijährige Pflanzen

Während Sie zweijährige Pflanzen säen (Pflanzen, die im ersten Jahr Blätter ausbilden und im zweiten Jahr blühen, Samen entwickeln, samen und eingehen), sollten Sie an all die Wonnen denken, die Sie so für das kommende Jahr auf den Weg bringen. Fingerhut, Goldlack, Levkoje, Vergißmeinnicht, Marienglockenblume, Bartnelke und Silberling werden beispielsweise vom Frühsommer an in nicht zu nährstoffreichen Boden gesät, damit sie reichlich Zeit zur Entwicklung haben, bevor der Winter kommt. Später sollten die Sämlinge mit etwa 25 cm Abstand gesetzt und zu Herbstbeginn an ihren endgültigen Standort gepflanzt werden (in kalten Gegenden erst im Frühjahr in den Garten setzen).

Die Elfenbeindistel *(Eryngium giganteum)* ist eine typische zweijährige Pflanze. Im ersten Jahr entwickelt sie lediglich eine unscheinbare Blattrosette, im folgenden Sommer erscheinen dann jedoch verzweigte bläuliche Blütenstände, die später silbriggrau werden. Da sie es oft übel nimmt, wenn sie verpflanzt wird, läßt man sie sich am besten selbst aussamen.

Zwiebelblumen

Es gibt nur wenige Stellen im Garten, wo nicht auch noch einige Blumenzwiebeln Platz haben. Unter sommergrünen Bäumen kann man Bänder aus Schneeglöckchen und Krokussen pflanzen; *Iris reticulata* und *I. histrioides* ›Major‹ und auch kleine Tulpen wie *Tulipa linifolia* wachsen gern in gut drainierten Hochbeeten, Hundszahn *(Erythronium)* und *Fritillaria pyrenaica* in Torfbeeten, *Nerine* und Belladonnalilie *(Amaryllis)* in warmen, sonnigen Beeten vor Mauern. Kaiserkronen *(Fritillaria imperialis)*, größere Zierlauch-Arten wie *Allium christophii* und *A. aflatunense*, Sommerhyazinthen *(Galtonia)* und eine möglichst große Zahl von beeindruckenden Königslilien *(Lilium regale)* pflanzt man in die gemischte Rabatte.

All die kleinen blaublühenden Zwiebelblumen des Frühjahrs – Traubenhyazinthen *(Muscari)*, Blaustern *(Scilla)*, Schneestolz *(Chionodoxa)* und *Puschkinia* – werden vorn ins Blumenbeet gesetzt, während Narzissen nach hinten kommen, wo man ihre welkenden Blätter nicht sieht. In großzügigen Gruppen gepflanzte Tulpen lassen lebendige scharlachrote und kastanienbraune Flecken entstehen, zwischen die Prachtspieren *(Astilbe)* und Pfingstrosen *(Päonia)* mit ihren karminrot überhauchten jungen Blättern gepflanzt werden, während die jungfräulich weißen Kelche von *Tulipa* ›White Triumphator‹ (von der Sie sicher jedes Jahr mehr kaufen wollen, weil sie Ihnen so gut gefällt) aus frischgrünen Blättern der Rabatte leuchten.

Die Pflanztiefe sollte bei Blumenzwiebeln etwa das Doppelte ihrer Länge betragen. Die meisten Zwiebelblumen bevorzugen nährstoffreichen, durchlässigen Boden, mit Mist sollte aber nur gedüngt werden, wenn er wirklich gut verrottet ist. Zwiebelgewächse haben einen besonderen natürlichen Rhythmus, den es zu beachten gilt, wenn man sie im Garten zieht. Die Zwiebeln überwintern mit den Blütenknospen in ihrem Innern. Die Knospen treiben aus, wenn die ersten Sonnenstrahlen den Boden erwärmen, und entwickeln sich zu Blüten. Erst nach der Blüte werden verstärkt die Blätter gebildet, und in dieser Zeit benötigen die Pflanzen die meisten Nährstoffe. Wenn die Nährstoffvorräte in den Zwiebeln gespeichert sind, vergilben die Blätter, und die vollständigen Blütenanlagen für das nächste Jahr werden bis zum Herbst gebildet. Aus diesem Grund sollen Zwiebelgewächse erst nach der Blüte gedüngt werden. In der Regel werden die Zwiebeln während der Ruheperiode gepflanzt. Wenn man sie zwischen Gras wachsen läßt, muß man mit dem Mähen warten, bis die Blätter absterben, sonst können die Zwiebeln nicht genug Kraft für das kommende Jahr speichern.

Frühlingszwiebelblumen – *Tulipa* ›White Parrot‹, weiße Narzissen und Traubenhyazinthen *(Muscari)* – mit Vergißmeinnicht und dem jungen Laub panaschierter Funkien.

Ein sonniges Hochbeet

Dieses sonnige, gut drainierte Hochbeet ist ein idealer Standort für unkomplizierte Steingartenpflanzen und kleine, exklusivere Sonnenanbeter (Anlage eines Hochbeetes siehe Seite 34). Am Fuß der niedrigen Mauern ist Platz für weitere Pflanzen. Auf der schattigen Seite verwendet man *Ramonda*, *Haberlea* und dekorative Farne.

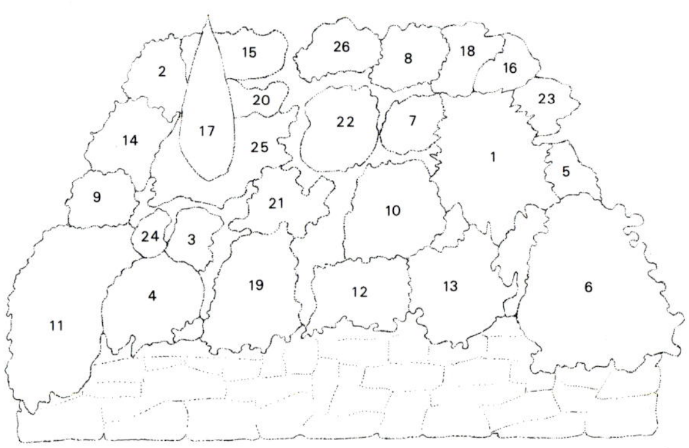

Ein Hochbeet ist ein guter Platz zum Pflanzen kleiner Zwiebelblumen, wie niedrige Narzissen *(Iris reticulata)*, Herbstknotenblume *(Leucojum autumnale)* und winterharte Cyclamen, da hier weniger Gefahr besteht, sie versehentlich auszugraben. Man sollte darauf achten, daß wuchsfreudigere Pflanzen, wie Sonnenröschen *(Helianthemum)* nicht die zarteren Arten ersticken. Hier hilft ein Schnitt nach der Blüte.

Das Beet im Spätfrühjahr/Frühsommer, wenn viele Steingartenpflanzen auf dem Höhepunkt ihrer Pracht stehen.

1 *Agapanthus* ›Lilliput‹
2 *Alyssum saxatile*
3 *Antennaria dioica*
4 *Artemisia schmidtiana* ›Nana‹
5 *Campanula cochleariifolia* ›Elizabeth Oliver‹
6 *Chrysanthemum hosmariense*
7 *Crepis incana*
8 *Daphne cneorum*
9 *Dianthus* ›Pike's Pink‹
10 *Diascia cordata*
11 *Dryas octopetala*
12 *Erodium chrysanthum*
13 *Geranium cinereum* ›Ballerina‹
14 *Geranium cinereum* var. *subcaulescens*
15 *Helianthemum* ›Wisley Pink‹
16 *Iberis sempervirens* ›Little Gem‹
17 *Juniperus communis* ›Compressa‹
18 *Linum perenne*
19 *Origanum* ›Kent Beauty‹
20 *Oxalis adenophylla*
21 *Primula marginata* ›Linda Pope‹
22 *Pulsatilla vulgaris*
23 *Saxifraga* Southside Seedling‹
24 *Sempervivum arachnoideum*
25 *Thymus serpyllum*
26 *Verbascum* ›Letitia‹

In diesem Hochbeet wachsen Steingartenpflanzen und kleine Stauden, die volle Sonne lieben. Eine Schicht Kies auf der Erde verhindert die Keimung von Unkraut, bewahrt die Bodenfeuchtigkeit und sorgt im Winter für gute Drainage, die für Steingartenpflanzen besonders wichtig ist.

Die Pflege des blühenden Gartens

Wie bei der Führung eines Geschäfts muß man auch bei der Pflege eines Gartens unterscheiden können, welche Arbeiten sofort erledigt werden müssen und welche man ruhigen Gewissens aufschieben kann. Ohne jede Rücksicht darauf, ob Sie gerade Zeit haben oder nicht, wird der Rasen wie immer weiterwachsen und das Kreuzkraut seine unzähligen Samen verbreiten. Läßt man das Gras zu lang werden, wirkt es irgendwann kränklich und verfilzt, und jätet man das Kreuzkraut nicht rechtzeitig vor der Samenbildung, wird man es jahrelang nicht mehr los. Auf der anderen Seite können manche Gartenarbeiten ruhig etwas warten, bis man wirklich Zeit hat, wie etwa der Rosenschnitt.

Die Pflanzen auf diesem Foto – Rosen, Jungfer im Grünen *(Nigella damascena)*, Binsenlilie *(Sisyrinchium)* und das kleinwüchsige Berufkraut *(Erigeron karvinskianus)* – haben unterschiedliche Bedürfnisse. Rosen benötigen eine gewisse Pflege, und *Erigeron* muß lediglich bei Trockenheit gewässert werden.

Wichtige Gartengeräte

Regelmäßig wiederkehrende Gartenarbeiten, wie Pflanzenschnitt, Entfernen welker Blüten und Unkrautjäten, können schnell und mit weniger Mühe erledigt werden, wenn man das richtige Werkzeug dafür besitzt. Ein Schubkarren hilft Ihnen, Pflanzenabschnitte zum Komposthaufen zu transportieren; Schubkarren mit einem Ballonreifen sind zwar leichter zu handhaben, aber eine einfache Ausführung wird ihren Zweck genauso erfüllen.

Das erste Werkzeug, das angeschafft werden muß, ist ein Spaten, den man bequem handhaben kann, das zweite eine passende Grabgabel. Einen Spaten aus Edelstahl werden Sie sich vielleicht erst leisten wollen, wenn Sie einige Spaten mit Holzgriffen zerbrochen haben. Ein Stahlspaten ist zwar recht teuer und auch etwas schwerer, aber er erleichtert die Arbeit und läßt sich zudem bequem sauberhalten. Darüber hinaus geht man mit ihm vertrauensvoll an schwere Arbeiten, wie etwa das Ausgraben eines kleinen Baums. Für viele Gartenarbeiten - beispielsweise die Vorbereitung von Pflanzlöchern - benötigt man Spaten und Gabel. Mit dem Spaten hebt man das Loch aus, mit der Gabel lockert man die Sohle und arbeitet Kompost oder Mist ein. Mit dem Spaten füllt man dann die Erde wieder auf, mit der Gabel glättet man die Oberfläche.

Ein Handspaten wird zum Pflanzen und zum Herausheben großen Unkrauts benötigt. Hier sollte man eine möglichst gute Qualität wählen. Handspaten minderer Qualität sind eine schlechte Investition, da sich das dünne Metallstück, das Blatt und Griff verbindet, oft in den unpassendsten Momenten verbiegt. Ein Handspaten aus Edelstahl ist zwar verhältnismäßig teuer, aber er ist seinen Preis wert. Eine kleine Handgabel ist für viele Arbeiten nützlich, etwa zum Herausziehen von Unkraut, zum Lockern der Erdoberfläche oder zum Pflanzen.

Eine gute Gartenschere hat man das ganze Jahr hindurch in Gebrauch, etwa um welke Blüten zu entfernen, im Herbst die Stauden zurückzustutzen oder um Blumen für die Vase zu schneiden. Auch hier sind schlecht verarbeitete Modelle hinausgeworfenes Geld, da sie bald stumpf werden oder auseinanderfallen. Ferner ist es vorteilhaft, wenn die Schere einen bunten Griff hat, denn Gartenscheren besitzen leider die Angewohnheit, in Büschen zu verschwinden oder sich im Komposthaufen zu verstecken. Darüber hinaus benötigt man zum Schneiden von dickeren Zweigen eventuell eine schwere Schere mit langen Griffen oder eine Astschere.

Nützlich ist auch ein Gerät, das wie eine kleine, langstielige Handgabel aussieht. Mit ihm kann man Unkraut herausheben, ohne auf das Blumenbeet treten zu müssen, und falls sich dies nicht vermeiden läßt, kann man mit ihm die Erde hinterher wieder lockern. Es ist vor allem für Leute empfehlenswert, die Probleme beim Knien oder Bücken haben.

Eine gute Gießkanne ist so konstruiert, daß sich das Gewicht gleichmäßig verteilt, wenn sie mit Wasser gefüllt ist. Normalerweise wird mit einer groben Brause gegossen, Sämlinge und Stecklinge wässert man jedoch mit einer feinen Brause. Metallbrausen sind besser geeignet als solche aus Kunststoff. Eine zusätzliche kleine Gießkanne kann praktisch sein, um im Winter unter Glas zu wässern, denn sie verleitet weniger zu übermäßigem Gießen als eine große.

Weitere nützliche Gartengeräte sind: eine Schubkarre; ein harter Besen zum Entfernen eingetrockneter Erde auf Wegen sowie ein weicher Besen für andere Kehrarbeiten; eine Unkrauthacke zum Entfernen kleiner Wildkräuter und Ziehen von Saatrillen oder ein Karst (zweizinkige Hacke) zum Lockern der Erde; eine große Schere; eine Säge; ein Spritzgerät; ein Rechen; ein Rasenmäher.

Auch wenn es zunächst lästig sein mag, man sollte es sich zur Gewohnheit machen, nach der Arbeit alle Werkzeuge zu säubern und wieder an ihren alten Platz zu stellen; sonst verschwendet man beim nächstenmal kostbare Zeit, weil man erst umständlich den Handspaten suchen oder die eingetrocknete Erde vom Spaten kratzen muß.

Ein Blumenbeet vorbereiten

Bevor man mit der Bodenbearbeitung beginnt, müssen zunächst alle unerwünschten Wildkräuter, wie Giersch, Ackerwinde oder Quecke sorgfältig entfernt werden (chemische Unkrautvernichtungsmittel sollte man vermeiden, da diese die Umwelt schädigen). Auch wenn Sie voller Ungeduld mit dem Pflanzen beginnen möchten, spart Ihnen diese Vorgehensweise auf lange Sicht sehr viel Zeit.

Graben Sie zu Beginn auch Bäume und Sträucher aus, die entfernt werden sollen. Sollten Sie mit dieser schweren Arbeit einen Gärtner beauftragen, weil sie Ihnen zu anstrengend ist, müssen Sie dennoch gut aufpassen, daß nicht nur Stumpf und oberflächliche Wurzeln entfernt werden, da sich auf Wurzeln, die im Boden verbleiben, der Hallimasch ansiedeln und sich von dort auch auf andere Bäume ausbreiten kann. Sind nur einjährige Wildkräuter vorhanden - etwa Vogelmiere, Kreuzkraut und Hirtentäschel - müssen diese rechtzeitig entfernt werden. Ausdauernde Wildkräuter, wie Nesseln, Löwenzahn, Ampfer und Hahnenfuß, gräbt man sorgfältig aus (siehe Seite 87).

Im Idealfall werden Blumenbeete im Herbst einen Spaten tief umgegraben; dadurch wird der Oberboden gewendet. Den gewendeten Boden kann man grobschollig liegen lassen, damit der Frost ihn aufbrechen kann und bis zum Frühjahr eine feine Krume entstanden ist. Achten Sie darauf, daß beim Umgraben der Oberboden nicht mit dem Unterboden vermischt wird. Der Unterboden ist leicht zu erkennen, da er meist eine dichtere Struktur hat und von stärkeren Wurzeln durchzogen ist.

Da Diptam *(Dictamnus albus)* nicht verpflanzt werden darf, muß man ihn sofort an den richtigen Platz und in gut vorbereiteten Boden setzen. Das Weiß seiner Blüten wiederholt sich in denen der *Iris* und in dem panaschierten Laub des Spindelstrauchs *(Euonymus fortunei)*.

Tiefgründiges Umgraben

Wenn das Grundstück schon als Garten genutzt wurde, ist einfaches Umgraben ausreichend. In einem neu angelegten Garten hingegen muß der Boden häufig tiefgründig bearbeitet werden. Dazu gräbt man entweder zwei Spaten tief, oder man gräbt einfach und lockert den Unterboden mit der Grabgabel auf, bevor man Mist oder Kompost darauf verteilt und untermischt. Gleichgültig, welche Variante des tiefgründigen Grabens man wählt, in beiden Fällen muß man darauf achten, daß Unter- und Oberboden nicht vermischt werden. Dazu lagert man den Oberboden der ersten Grabreihe in einer Schubkarre, bis man bei der letzten Reihe angelangt ist, die man mit der Erde aus der Schubkarre auffüllt.

Auf der Grabsohle pro m^2 etwa 5 l Mist verteilen, der in einer Schubkarre neben dem Beet steht.

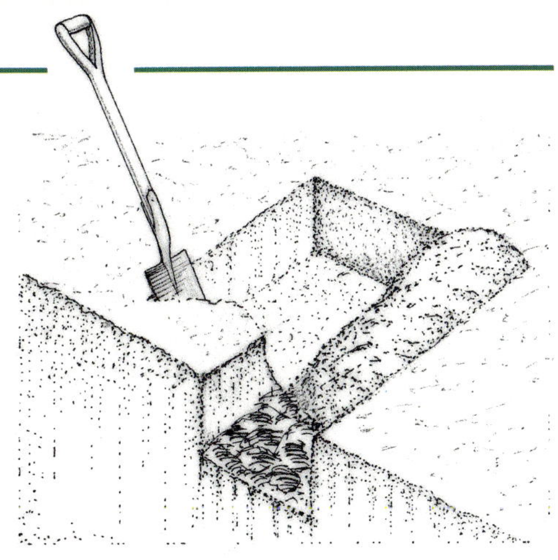

Die letzte Grabreihe mit dem Aushubmaterial der ersten Reihe auffüllen.

Das Pflanzen

Eine gute Pflanzzeit für winterharte ausdauernde Pflanzen ist der Herbst, solange der Boden noch warm ist. Bei Arten, die unter den gegebenen Klimabedingungen voraussichtlich nicht winterhart sind, sowie allen silberblättrigen Gewächsen und insbesondere Gräsern wartet man jedoch besser bis zum Frühjahr. Auch immergrüne Sträucher wachsen am besten im Frühjahr nach Beginn der Wachstumsperiode an, da sich dann ihre Wurzeln mit der Erwärmung der Erde rasch entwickeln. Doch in welcher Jahreszeit auch gepflanzt wird, Sie sollten dafür einen Tag wählen, an dem der Boden weder zu naß noch zu trocken ist.

Wer ein frisch umgegrabenes neues Beet bepflanzt, fügt nur eine kleine Menge Dünger hinzu (einen Volldünger oder knochenmehlreichen Dünger) und beginnt mit dem Eingraben der Pflanzen in der Mitte des Beetes. Pflanzt man aber in ein bereits existierendes Blumenbeet, muß man großzügiger sein und in das Pflanzloch einarbeiten, was immer der Pflanze guttut - scharfen Sand (bei schwerem Boden), reichlich gut verrotteten Kompost, Mist oder Lauberde (dadurch wird der Boden lockerer und kann besser durchwurzelt werden) oder auch Knochenmehl und etwas Volldünger.

Achten Sie darauf, daß der Wurzelballen beim Pflanzen gut durchfeuchtet ist. Sieht die Erde trocken aus, setzt man die neue Pflanze im Topf zunächst für ein bis zwei Stunden in Wasser. Pflanzen mit nackten Wurzeln kann man in einen Wassereimer oder eine Regentonne stellen. Auf keinen Fall dürfen die Wurzeln heißer Sonne oder austrocknendem Wind ausgesetzt werden. Sollten sich die Wurzeln fest aufgewickelt haben, werden sie zuerst vorsichtig auseinandergezogen.

Das Pflanzloch sollte stets um einiges größer sein als der Topf der Pflanze. Generell soll das Pflanzloch so tief und breit sein, daß es alle Wurzeln aufnehmen kann. Löcher für Pflanzen mit kleinem Wurzelballen kann man mit dem Handspaten ausheben.

Um einen Baum oder großen Strauch zu pflanzen, gräbt man mit dem Spaten ein entsprechend großes Loch. Der Oberboden wird auf einer Seite aufgehäuft; dann lockert man mit dem Spaten oder der Grabgabel die darunterliegende Erde. Falls sie sehr hart ist, benötigt man möglicherweise eine Hacke. Man arbeitet zwei oder drei Eimer organisches Material (gut verrotteten Mist oder Kompost) ein, füllt einen Teil des Oberbodens wieder in das Loch und gibt Knochenmehl und einen Volldünger dazu.

Nach dem Pflanzen wird selbst dann gewässert, wenn es regnet. Neupflanzungen muß man am Anfang sorgfältig beobachten und prüfen, ob sich die Pflanzen an ihrem neuen Stadort wohlfühlen. Jungen Bäumen und Sträuchern tut es gut, wenn man sie gleich nach dem Wässern mulcht: Man gibt jeder Pflanze zwei Kannen Wasser und bedeckt dann die feuchte Fläche mit einer etwa 10 cm dicken, lockeren Schicht aus organischem Material - altem Mist, Kompost oder Rindenschnitzeln. Die Mulchdecke verhindert Verdunstung, und wenn sie schließlich verrottet, verbessert sie die Qualität des Bodens.

Beetpflanzen sollten nicht in zu nährstoffreichen Boden gesetzt werden, weil dadurch das Wachstum der Pflanze auf Kosten der Blüte angeregt würde. Ist der Boden in gutem Zustand, braucht man nur eine kleine Menge Volldünger.

Das Pflanzloch auffüllen

Man füllt um die neue Pflanze herum Oberboden auf, dabei muß man darauf achten, daß die Pflanze nicht zu tief eingesetzt wurde. (Pfingstrosen beispielsweise, die man zu tief pflanzt, blühen nicht und faulen manchmal sogar. Werden Bäume und Sträucher zu tief gepflanzt, fault die Rinde an der Stammbasis, und schließlich gehen die Pflanzen ein.) Dann drückt man die Erde um die Wurzeln herum an.

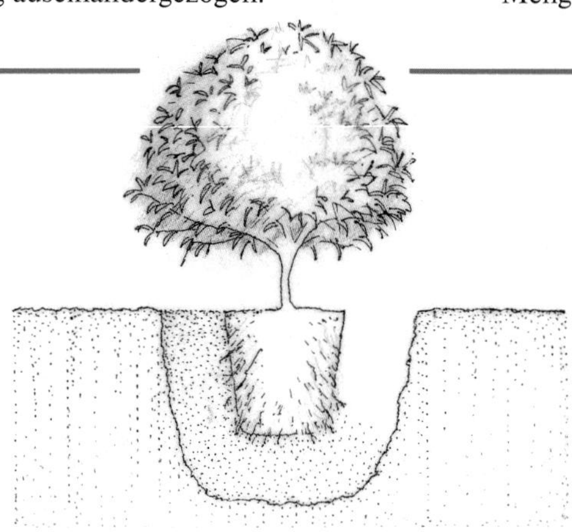

Bäume und Sträucher dürfen nicht zu tief eingesetzt werden. Anschließend füllt man das Pflanzloch wieder und tritt die Erde mit den Füßen fest.

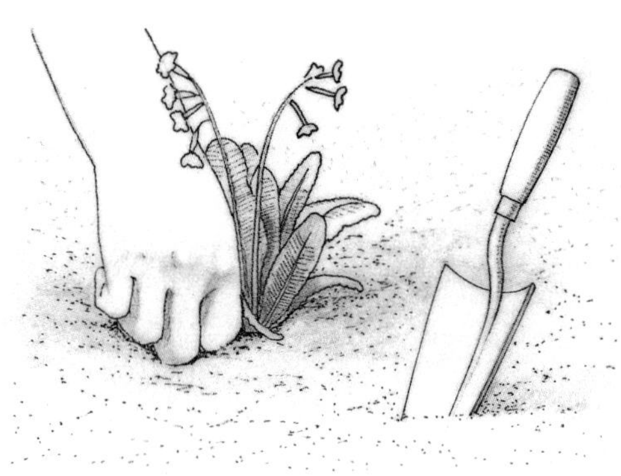

Beetpflanzen drückt man behutsam mit den Händen an. Dann zieht man leicht an der Pflanze, um festzustellen, ob sie fest in der Erde sitzt.

Wässern

Da in immer mehr Gegenden der Wasserverbrauch eingeschränkt wird, könnte es bald ratsam sein, zu testen, wieviel Trockenheit die Pflanzen vertragen. Darüber hinaus ist es möglicherweise sinnvoll, alle Pflanzen, die viel gewässert werden müssen - wie Prachtspiere *(Astilbe)*, Schaublatt *(Rodgersia)* oder Schwalbenwurzenzian *(Gentiana asclepiadea)* - in den gleichen Bereich des Gartens zu pflanzen, um sich lange Wege mit der Gießkanne zu ersparen (siehe auch Seite 16).

Am besten ist es, wenn die Pflanzen ihre Wurzeln auf der Suche nach Wasser möglichst weit ausstrecken und ein ausgedehntes Wurzelsystem entwickeln, weil sie dann Trockenzeiten besser überstehen. Gartenpflanzen sollte man reichlich Wasser geben und die Tülle der Kanne auf die Pflanzenbasis richten. Ungenügendes Wässern (ein paar wahllose Spritzer hier und da auf dem Laub) hat zur Folge, daß die Wurzeln nahe an der Oberfläche bleiben und die Pflanze schlecht versorgen, wenn starke Trockenheit herrscht. Junge Bäume müssen im Frühjahr und bei länger anhaltender Trockenheit ausreichend gewässert werden, sonst können ihre Blätter welken. Bei festverwurzelten Bäumen ist dies in der Regel nicht nötig.

Häufig wird der Ratschlag gegeben, nicht in praller Sonne zu gießen, weil Wassertröpfchen auf den Blättern wie Brenngläser wirken können, doch wer einen großen Garten versorgen muß, nimmt ein paar angesengte Blätter vielleicht lieber in Kauf als an Trockenheit leidende Pflanzen. Da allerdings das Wasser in der Sonne rasch verdunstet, ist es ohnehin besser, abends zu gießen, damit das verfügbare Wasser gut genutzt wird und die Pflanzen sich über Nacht erholen können.

Besonders behutsam muß unter Glas gewässert werden. Im Winter ist das Wachstum der Pflanzen zum Stillstand gekommen, und sie können nicht viel Wasser aufnehmen. Wer zuviel gießt, leistet darüber hinaus Grauschimmel *(Botrytis)* Vorschub, einem Pilz, der sich unter engen, feuchten Bedingungen entwickelt. Eine Pflanze, die zu reichlich gewässert wurde, wirkt traurig und müde, und die Erde ist kalt und naß. In diesem Fall kann man nur das Gießen einstellen und hoffen, daß sich die Wurzeln nach und nach selbst regenerieren. Eine gute Regel für den Winter lautet: »Im Zweifelsfall nicht wässern.«

Im Sommer sieht es dagegen ganz anders aus, denn wenn die Sonne herauskommt, können die Temperaturen unter Glas alarmierend rasch ansteigen. Sogar im Frühjahr wird man bei seiner Heimkehr möglicherweise Saatschalen mit verschrumpelten Sämlingen vorfinden, wenn man einen Tag außer Haus geht und vergißt, die Lüftungsklappen zu öffnen. Deshalb muß man die Pflanzen jeden Tag sorgfältig gießen.

Schaublatt (*Rodgersia pinnata* ›Superba‹), Knabenkraut *(Dactylorhiza braunii)* und Kaukasusvergißmeinnicht (*Brunnera macrophylla* ›Dawson's White‹) bevorzugen ständig feuchten Boden.

Pflanzen in Töpfen und Kübeln erfordern besondere Aufmerksamkeit. Im Winter übersieht man sie allzu leicht, weil man annimmt, sie würden ebenso wie die Beetpflanzen durch Niederschläge ausreichend gewässert, aber dabei vergißt man vollkommen die austrocknende Wirkung des Windes. Vor allem bei Immergrünen verhindert ein dichtes Blattwerk mitunter, daß der Regen bis zu den Wurzeln im Pflanzgefäß vordringt. Deshalb muß man solche Pflanzen im Winter ein- oder zweimal wöchentlich überprüfen und gegebenenfalls gut wässern. Einer Kamelie in einem großen Kübel beispielsweise gibt man jedesmal vier Liter Wasser. Bei Frost wird jedoch nicht gewässert. Im Sommer brauchen Topfpflanzen enorme Wassermengen - bei großer Hitze müssen sie vielleicht zweimal täglich gewässert werden. Pflanzen in kleinen Töpfen müssen sogar noch häufiger gewässert werden. Bei Topfpflanzen ist natürlich eine gute Drainage wichtig; das Gießwasser muß durch Abzugslöcher abfließen können.

Düngen

Wer prachtvolle Blumen ziehen will, muß sich zuerst um den Boden kümmern, es sei denn, er ist mit einem Garten gesegnet, in dem die Erde nach Jahren regelmäßigen Umgrabens und großzügiger Mistgaben einen perfekten Zustand erreicht hat. Doch selbst hier muß hin und wieder gedüngt werden.

Sowohl leichten Sandboden als auch schweren Tonboden kann man durch die Zugabe von humusreichem organischem Material verbessern. Organisches Material ist für völlig verschiedene Bodentypen nützlich. In sandigem Boden wirkt es wie ein Schwamm, dadurch kann die Feuchtigkeit besser gehalten werden. Schwerer Tonboden wird durch organisches Material dagegen leichter und wärmer. In beiden Fällen verbessert organischer Dünger die Bodenstruktur enorm, und die Wurzeln der Pflanzen können sich auf ihrer Suche nach Wasser und Nährstoffen leichter ausbreiten. Aber welchen Dünger Sie auch verwenden - stets sollten die jeweiligen Bedürfnisse der Pflanzen beachtet werden.

Düngervorräte

Keine Bodenbearbeitung zu einem späteren Zeitpunkt kann ein gründliches Vorbereiten und Umgraben des Bodens unter Zugabe von reichlich Kompost oder Mist (siehe Seite 81) ersetzen. Wer über Vorräte der verschiedenen Düngemittel verfügt, kann seine Blumen und Sträucher sowohl beim Pflanzen als auch bei der späteren Pflege mit allem, was sie brauchen, großzügig versorgen. So können Kompost, Mist und Lauberde - einzeln oder zusammen - ausgebracht werden. Kompost und Stallmist sollte man im Frühjahr verteilen, da bei Ausbringung im Herbst durch die Niederschläge des Winters Nährstoffverluste entstehen können und das Grundwasser mit Nitrat belastet wird.

Der Komposthaufen

Der Komposthaufen ist das »Nervenzentrum« des Gartens und ein großartiger Lieferant von humusreichem organischem Material. In einem guten Komposthaufen entsteht durch die Zersetzung der Garten- und Küchenabfälle eine dunkle, krümelige Substanz. Wenn pflanzliches Material verrottet, erhitzt es sich, und dies fördert die rasche Vermehrung aller möglichen Bakterien und mikroskopisch kleiner Pilze, die den Abfall in Kompost umwandeln. Grasschnitt und grüne, blattreiche Wildkräuter erhitzen sich rasch, die verholzten Stengel von Stauden brauchen dagegen erheblich länger. Deshalb sollte man nach Möglichkeit groberes Material, wie gehäckselte Staudenstengel, und weicheres Pflanzenmaterial abwechselnd verwenden. Wenn man Grasschnitt zu dick schichtet, wird er sich in eine schleimige Masse verwandeln, während sich eine zu dicke Schicht aus verholztem Material möglicherweise nicht richtig erhitzt. Auch Erde, die noch an den Wurzeln von herausgerissenen Wildkräutern und Kulturpflanzen hängt, oder auf Wegen zusammengekehrte Abfälle kommen auf den Komposthaufen. Man kann einen handelsüblichen Kompoststarter verwenden (im Herbst und Winter ist er wahrscheinlich eher notwendig); es hat sich jedoch gezeigt, daß durch Beimischung von Kalkstickstoff die gleiche Wirkung erzielt werden kann. Den Komposthaufen deckt man mit einer 2,5 cm dicken Schicht Erde und einem Stück Folie ab. Verzichtet werden sollte auf Herbstlaub (es verrottet nur langsam und eignet sich besser zur Herstellung von Lauberde), mit Herbiziden behandeltes Gras, unerwünschte Wildkräuter und Küchenabfälle wie Hühnerknochen (letztere könnten Ratten in Ihren Garten locken).

Kompost herstellen Im Idealfall errichtet man nebeneinander aus Latten zwei Kompostbehälter mit etwa 1,2 x 1,2 m Grundfläche. Die vorderen Latten sollten leicht entfernt oder geöffnet werden können, damit man bequem an den Kompost herankommt. Wenn der erste Silo voll ist, kann man den Kompost in den zweiten umsetzen, wodurch der Verrottungsprozeß weiter unterstützt wird. Kompostsilos können auch aus Ziegelsteinen gebaut werden, es müssen jedoch genügend Löcher zur Belüftung vorhanden sein. Die im Handel erhältlichen perforierten Kunststofftonnen eignen sich nur für kleine Gärten.

Fast alle Pflanzen sind für Kompostgaben dankbar. Zu den wenigen Ausnahmen gehören neuseeländische Pflanzen, die starke Düngung häufig übelnehmen. Man kann Kompost beim ersten Umgraben untermischen, in die Sohle von Pflanzlöchern einarbeiten, als Mulch verwenden und in kleinen Mengen in Topfpflanzensubstrate geben. Ist die Gartenerde kalkhaltig, sollte man bei Heidekrautgewächsen mit Kompost vorsichtig sein, denn er enthält möglicherweise Kalk, der durch Pflanzen mit Gartenerde an den Wurzeln in den Komposthaufen gelangt ist.

Mist Gut verrotteter Stallmist gehört zu den besten Nährstoffgaben für einen Boden. Es lohnt sich daher, eine Quelle ausfindig zu machen, aber verschmähen Sie auch frischen Mist nicht. Er muß lediglich einige Monate gelagert werden. Man sollte ihn mit Folie abdecken, damit die wertvollen Nährstoffe nicht ausgewaschen werden. Man kann ihn beim Umgraben ausbringen oder bei der Vorbereitung von Pflanzlöchern, insbesondere für Rosen, Rittersporn, Pfingstrosen, Wicken und Dahlien.

Hundszahn *(Erythronium revolutum)* ist eine der reizvollsten Zwiebelblumen der ersten Frühlingstage, und wenn man ein oder zwei Exemplare gepflanzt hat, breiten sie sich durch Selbstaussaat rasch aus. Die Pflanze stammt aus dem Westen Nordamerikas, und ihre Blüten sind hell- bis dunkelrosa. Ihre Blätter können schwach grau-grün marmoriert oder kräftig dunkelbraun gefleckt sein. Da sie selbst während der Ruheperiode nicht austrocknen sollte, pflanzt man sie am besten an einen halbschattigen Platz mit durchlässiger, feuchter, humusreicher Erde. Einmal im Jahr mulcht man mit Lauberde. Zur Vermehrung kann die Pflanze auch gleich nach der Blüte geteilt werden.

Lauberde Lauberde ist jene braune, grobkrümelige Substanz, die man im Wald direkt unter dem abgeworfenen Laub des vergangenen Herbstes findet. Man kann jedoch Lauberde auch selbst herstellen, indem man das Laub aus dem Garten einfach in einen Behälter aus Drahtgeflecht füllt. Eichen- und Buchenblätter ergeben die beste Lauberde. Hingegen sind Platanen- und Bergahornblätter, die eine extrem lange Verrottungszeit haben, oder die ledrigen Blätter von Immergrünen wie Eibe und Stechpalme ungeeignet. Auch auf Kiefernnadeln sollte man verzichten, da sie nur langsam verrotten und die Lauberde zu sauer werden lassen. Die humusreiche Lauberde eignet sich ausgezeichnet zur Verbesserung des Bodens für Waldpflanzen. Man kann sie beim Pflanzen einarbeiten oder zum Mulchen verwenden. Falls sie knapp ist, behält man sie Dreiblatt *(Trillium)* und Schneeglöckchen *(Galanthus)* vor. Lauberde wird auch in Substrate für Steingartenpflanzen gegeben (man mischt je einen Teil Lauberde, Lehm und scharfen Sand). Zur Verwendung in Pflanzsubstraten sollte man sie gut zerkrümeln, indem man sie zwischen den Händen reibt oder durch ein grobes Gartensieb drückt. Zum Mulchen nimmt man sie, wie sie ist.

Volldünger Voll- oder Mehrnährstoffdünger enthält eine ausgewogene Mischung aus Stickstoff, Phosphat und Kalium – drei Elemente, die für das Pflanzenwachstum unverzichtbar sind. Stickstoff unterstützt die Entwicklung von Blättern, Stengeln und Trieben; Kalium festigt das Gewebe und fördert das Wurzelwachstum; Phosphor dient zur Ausbildung von Blüten, Früchten und Samen. Auf Düngerpackungen werden diese Substanzen oft mit den Abkürzungen N, P und K bezeichnet.

Volldünger wird beim Pflanzen ausgebracht oder kann im Frühjahr auf den Blumenbeeten verteilt und dann mit einer Gabel untergearbeitet werden. Er kann auch um einzelne Pflanzen herum eingearbeitet werden, die schlecht gedeihen. Verwenden Sie jedoch nie eine größere Menge, als auf der Packung angegeben ist.

Knochenmehl Knochenmehl besteht aus gemahlenen Knochen; es wirkt langsam. Man bringt es im Herbst oder im Frühjahr aus, und es ist ausgezeichnet zur Einarbeitung in Pflanzlöcher für Bäume, Sträucher, Rosen, Zwiebelblumen und Stauden geeignet. Grobkörniges Knochenmehl ist besonders für Zwiebelblumen nützlich, die Mist oder voluminöses organisches Material nicht gut vertragen. Man kann es beim Pflanzen hinzufügen oder unter die umliegende Erde mischen, wenn die Blumen im Frühjahr erscheinen. Pro Quadratmeter verwendet man 220 g. Feines Knochenmehl wirkt rascher – hier gibt man auf 1 m² etwa 75 – 100 g.

Flüssigdünger und Blattdünger Flüssigdünger und Blattdünger eignen sich im Sommer gut als rasch wirkende Stärkungsmittel, insbesondere für Topfpflanzen, deren Wurzeln sich nur begrenzt ausbreiten können, und Pflanzen, die in Substraten wachsen, deren Nährstoffe rasch aufgebraucht sind. Blattdünger sind Dünger, die von den Pflanzen nicht über die Wurzeln, sondern über die Blätter aufgenommen werden. In Gärten verwendet man sie eher selten. Man kann sie einsetzen, wenn bei großer Trockenheit manche Pflanzen dringend mit Nährstoffen versorgt werden müssen. Die Anwendung der Dünger erfolgt nach Gebrauchsanweisung auf der Packung.

Sand Obwohl Sand keinerlei Pflanzennährstoffe enthält, spielt er eine wichtige Rolle, da er die Durchlässigkeit sowohl des Gartenbodens als auch der Substrate für Topfpflanzen und Stecklinge verbessert. Auf keinen Fall darf jedoch Bausand benutzt werden. Im Gartenbau verwendeter Sand ist sauber und frei von Schlammpartikeln. Wenn man ihn in der Hand reibt, sollte er sich scharf anfühlen. Man kann ihn auch um Zwiebelblumen wie Kaiserkronen *(Fritillaria imperialis)* und Lilien streuen, um Staunässe vorzubeugen und Schnecken fernzuhalten. Am besten geeignet ist sogenannter »scharfer Sand« (gewaschener oder Flußsand mit Korngrößen bis zu 0,2 mm). Er ist nützlich, um schwere Böden lokkerer und durchlässiger zu machen, und wird zur Herstellung von Substraten für Steingartenpflanzen und Zwiebelblumen verwendet wie auch zur Anlage von Hochbeeten für Steingartenpflanzen (siehe Seite 34). Zur Lockerung von sehr tonhaltigen Böden kann ein mehrmaliges Ausbringen von Sand notwendig sein.

Mulchen Verrotteter Kompost und Mist, Lauberde und Rindenschnitzel sind ideale Mulchmaterialien. Verteilt man im Frühjahr oder Herbst, wenn die Erde feucht, aber nicht kalt ist, eine etwa 10 cm dicke Schicht auf dem Boden, kann dadurch das Keimen von unerwünschten Wildkräutern verhindert und die für die Wurzeln der Pflanzen kostbare Feuchtigkeit gehalten werden. Wenn diese Materialien dann verrotten, führen sie der Erde Nährstoffe zu.

Pflanzliches Material sollte jedoch nicht wahllos als Mulchmaterial eingesetzt werden. Einige kleine Stauden und insbesondere Steingartenpflanzen und Nelken mögen es nicht; und wenn man ihnen solch einen nassen Mulchkragen um den Hals legt, gehen sie im Winter ein. Sie bevorzugen eine Schicht aus grobem Sand oder Kies, die zwar keine Pflanzennährstoffe enthält, aber die Drainage verbessert, die Keimung von Unkraut verhindert und Schnecken fernhält.

Welke Blüten entfernen

Bei Stiefmütterchen *(Viola)* sollten im Sommer am besten täglich die welken Blüten entfernt werden, damit die Pflanzen keine Samen ausbilden und möglichst lange blühen. Hier wachsen sie zusammen mit *Scabiosa caucasica* und Ziest *(Stachys byzantina)*.

Diese Arbeit erschöpft sich nicht darin, verträumt mit einem Korb und der Gartenschere durch den Garten zu schlendern. Die meisten Pflanzen haben nur ein Ziel im Leben - zu blühen und Samen auszubilden. Sobald die Samen reif sind, ziehen sich Stauden bis zum nächsten Jahr in die Erde zurück; die ein- oder zweijährigen Pflanzen haben dann ihren Lebenszyklus beendet und gehen bald ein. Der Gärtner hat jedoch andere Pläne - er möchte, daß die Pflanzen seine Gärten möglichst lange mit ihren Blüten schmücken. Und dies kann erreicht werden, indem man welke Blüten entfernt, denn dadurch werden viele Pflanzen angeregt, weitere Blüten zu entwickeln.

Sollen Rosen weiterblühen, muß man die Blüten nach dem Abblühen entfernen. (Ausnahmen bilden alte Arten, die nur einmal Blüten tragen, oder Arten mit besonders schönen Hagebutten). Mit der Gartenschere schneidet man die welken Blüten sauber oberhalb des zweiten oder dritten gesunden Blattes ab, in dessen Achsel sich bald ein neuer Trieb entwickelt. Bei Dahlien ist man leicht verführt, die welken Blüten einfach abzuschneiden, aber dann steht man irgendwann mit einer Menge häßlicher Stiele da. Hier werden deshalb welke Blüten mit den Stengeln abgeschnitten. Wenn man bei der Glockenblume *(Campanula persicifolia)* die abgeblühten Glocken entfernt, werden sich weitere öffnen, und sogar Akelei *(Aquilegia)* sollte neue Blüten entwickeln, wenn man verhindert, daß sie Samen ausbildet. Auch viele andere Pflanzen blühen nicht nur länger, sondern sehen auch hübscher aus, wenn man diese kleine Mühe auf sich nimmt. Ersparen Sie jedoch Pflanzen die Gartenschere, die schöne Fruchtstände entwickeln (siehe Seite 87).

In einigen Fällen entfernt man die welken Blüten, weil man verhindern will, daß eine Pflanze ihre Energien für die Entwicklung unerwünschter Samen verschwendet. So profitieren junge Rhododendren, Fliederbüsche und andere Blütensträucher davon, wenn man ihre grünen Fruchtstände frühzeitig entfernt, und Pflanzen mit Zwiebeln und Knollen sollten (sofern keine Selbstaussaat gewünscht ist) ihre Kraft für die Ausbildung des Speicherorgans aufheben. Aus diesem Grund pflückt man die welke Blüte oben am Blütenstiel ab.

Unkrautbekämpfung

Die beste Beziehung bekommt man zu seinen Pflanzen, wenn man von Hand Unkraut jätet - man würde diese Arbeit tatsächlich vermissen, wenn sie ein anderer erledigen würde. Denn dadurch kommt man in sehr engen Kontakt mit allen Pflanzen in seinem Garten. Sie entdecken vielleicht hier eine Pflanze, die dringend der Teilung bedarf, dort eine andere, die welkt, weil sie unter Wassermangel leidet, und wieder woanders eine dritte, über die sich gerade die Schnecken hermachen. Und nach Beendigung dieser Arbeit kommt der schönste Teil der Gärtnertätigkeit: Man kann in seinem sonnenbeschienenen Garten stehen und das von Unkraut befreite Beet bewundern.

Früher sprach man von Unkraut und meinte damit Pflanzen, die sich leicht vermehren und schnell wachsen. Heute geht man dazu über, diese Pflanzen als Wildkräuter zu bezeichnen. Viele dieser Wildkräuter haben reizvolle Blüten und sehen dekorativ aus. Man sollte sie aus dem Garten jedoch entfernen, denn sie nehmen den Kulturpflanzen Nährstoffe und Licht; zudem können sie Krankheiten übertragen und Schädlinge beherbergen.

Wie so viele andere Gartenarbeiten muß auch die Entfernung unerwünschter Wildkräuter zum richtigen

Zeitpunkt durchgeführt werden. Schiebt man sie nur um ein oder zwei Wochen auf, hat man die doppelte Arbeit. Wildkräuter sind wahre Überlebenskünstler. Disteln, Löwenzahn *(Taraxacum officinale)*, und Gemeines Kreuzkraut *(Seneco vulgaris)* schicken ihre Nachkommenschaft an Fallschirmchen los, um neuen Boden in Besitz zu nehmen. Giersch *(Aegopdium podagraria)* und Ackerwinde breiten sich unterirdisch aus. Schaumkraut *(Cardamine hirsuta)*, Hirtentäschel *(Capsella bursapastoris)* und einjährige Wiesengräser können sogar im Winter binnen weniger Tage Samen ausbilden und verbreiten. Es gibt aber auch jene wildwachsenden Blumen, die wir selbst in den Garten bringen, wie Scheinmohn *(Meconopsis cambria)* und das weiße Weidenröschen *(Epilobium angustifolium)*, die so schön wie unbe rechenbar sind.

Um diese Überlebenskünstler in Grenzen zu halten, muß man, wenn wieder einmal Zeit zum Jäten ist, systematisch vorgehen und das ganze Beet auf einmal säubern. Tiefwurzelnde Wildkräuter, wie Löwenzahn, gräbt man sorgfältig mit der gesamten Wurzel aus und achtet darauf, daß sie sich nicht aussamen können.

Zweimal im Jahr muß man unerwünschte Wildkräuter unbedingt sorgfältig entfernen: Erstens zu Frühjahrsbeginn, wenn viele junge Kräuter eifrig bemüht sind, sich unter dem Laub von Zwiebelblumen und sich entwickelnden Stauden zu verstecken. Ist man zu diesem Zeitpunkt nicht besonders wachsam, verstreuen sie unbemerkt ihre Samen; zweitens an der Schwelle vom Frühjahr zum Sommer, wenn alles sozusagen »um die Wette« wächst.

Je gründlicher die Blumenbeete jetzt gejätet werden, desto weniger Arbeit hat man später. Ist diese mühsame Arbeit vollbracht, sollten Sie dann noch einen Tag abpassen, an dem die Erde schön feucht ist, und eine etwa 10 cm dicke Mulchschicht verteilen (siehe Seite 85). Sie wird zahllose Wildkräuter unterdrücken, die gerade im Begriff sind, zu keimen.

Es gibt verschiedene Instrumente für die Unkrautbekämpfung. Eine Hacke, ein Handspaten und eine kleine Gabel (mit einem langen oder kurzen Stiel; siehe Seite 80) sind nützliche Werkzeuge. Den Boden um Pflanzen herum, die nahe unter der Erdoberfläche wurzeln, wie Heidekrautgewächse und Rhododendron, darf man nicht mit der Hacke bearbeiten, da man ihre Wurzeln ernsthaft verletzen kann. Tiefwurzelnde Wildkräuter (wie etwa Löwenzahn) müssen sorgfältig mit ihren Wurzeln ausgestochen und entfernt werden. Der Boden sollte anschließend wieder geebnet und mit einem Rechen bearbeitet werden.

Chemische Mittel sollten im Garten nur im äußersten Notfall und dann stets mit größter Sorgfalt angewendet werden. Bedenken Sie, daß im Garten spielende Kinder und Tiere, die dort nach Nahrung suchen, Schaden nehmen können, und schon ein Spritzer kann auch die Nachbarpflanze töten. Außerdem wirken sich chemische Mittel nachteilig auf das Grundwasser aus. Bewahren Sie alle Herbizide außerhalb der Reichweite von Kindern und Haustieren auf. Befolgen Sie genau die Gebrauchsanweisung, und ziehen Sie Gummihandschuhe an. Nach Gebrauch waschen Sie sich die Hände gründlich und reinigen alle verwendeten Geräte.

PFLANZEN MIT APARTEN FRUCHTSTÄNDEN

Allium
Clematis
Dierama
Dipsacus
Iris foetidissima
Lunaria
Nigella damascena
Papaver
Pennisetum
Phlomis
Physalis
Stipa gigantea

Fünf verbreitete Wildkräuter

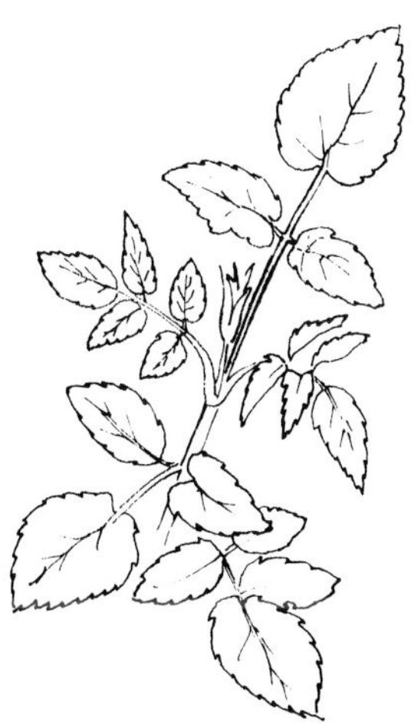

VON LINKS: Löwenzahn *(Taraxacum officinale)*, Giersch *(Aegopodium podagraria)*, Ackerwinde *(Convolvulus arvensis)*, Ackerdistel *(Cirsium arvense)*, Gemeines Kreuzkraut *(Senecio vulgaris)*

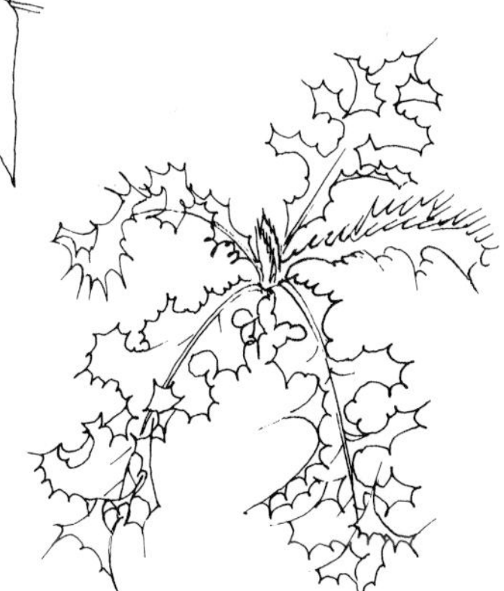
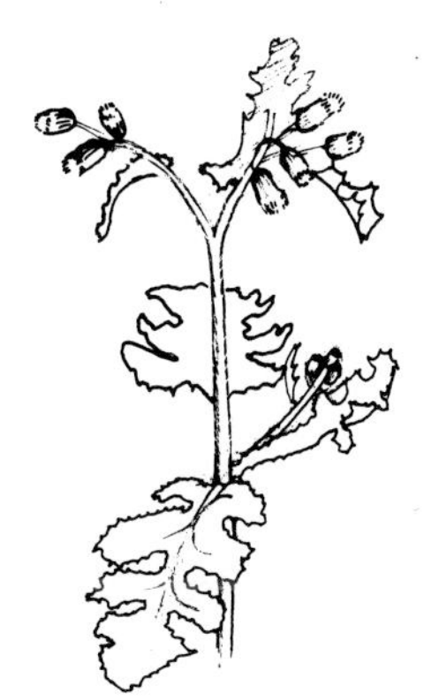

Pflanzen zurückschneiden

Unerfahrene Gärtner sind manchmal überzeugt, daß ein regelmäßiger Schnitt für die Gesundheit und das Wachstum eines Strauches ebenso wichtig ist wie Nährstoffe, genügend Licht und Wasser. Die meisten Sträucher jedoch wachsen, blühen und tragen Früchte, ohne jemals geschnitten zu werden.

Pflanzen werden in erster Linie geschnitten, damit sie kräftig, gesund und formschön bleiben und üppig blühen oder Früchte tragen. Eine sinnvolle allgemeingültige Regel ist daher, alles tote, beschädigte oder erkrankte Holz herauszunehmen, für das die Pflanze ihre Energie nur sinnlos verschwendet.

Bei Sträuchern, die an Vorjahrestrieben blühen, wie Maiblumenstrauch *(Deutzia)*, Pfeifenstrauch *(Philadelphus)*, Weigelie *(Weigela)* und *Buddleja alternifolia*, sollte man sofort nach dem Abblühen die entsprechenden Blütentriebe herausschneiden. Dadurch bekommen die neuen Triebe Platz, um sich zu entwickeln und zu reifen, damit sie im nächsten Jahr viele prächtige Blüten tragen. Auch bei Sträuchern dieser Kategorie, die ihre Blüten schon sehr früh im Jahr öffnen, wie Winterjasmin *(Jasminum nudiflorum)* und Forsythie *(Forsythia)*, sollten die abgeblühten Triebe am besten sofort herausgeschnitten werden.

Sträucher, die ab Sommermitte an diesjährigem Holz blühen, wie Schmetterlingsstrauch *(Buddleja davidii)*, Säckelblume (*Ceanothus* x *delileanus* ›Gloire de Versailles‹), Bartblume (*Caryopteris* x *clandonensis*) und Hortensie *(Hydrangea paniculata)*, müssen im Frühjahr hart zurückgeschnitten werden, damit sich Blütentriebe entwickeln.

Rosenschnitt

Rosen, die im Frühjahr gepflanzt werden, sollten ausnahmslos sofort hart zurückgeschnitten werden, damit sie an der Basis kräftige neue Triebe entwickeln. Der jährliche Schnitt erfolgt Anfang Februar bis Anfang März, wenn die Rosen noch nicht richtig zu wachsen begonnen haben. Am besten schneidet man bei Temperaturen über dem Gefrierpunkt, dann lassen sich die Schnitte durchführen, ohne das Holz unnötig zu schädigen. Mit dem Schnitt soll die Mitte des Strauches offengehalten werden, damit sie Luft und Sonne erhält. Dabei nimmt man alles tote und schwache Holz heraus und entfernt querwachsende Triebe, die sich gegenseitig beschädigen können.

Wenn man den Schnitt mit einer scharfen Rosenschere oberhalb eines außenstehenden Auges durchführt, fördert man dadurch die Entwicklung eines neuen, nach außen wachsenden Triebes und vermeidet damit, daß in der Mitte ein Wirrwarr aus Zweigen entsteht. Der Schnitt sollte etwa 5 mm oberhalb eines Auges ausgeführt werden und in einem Winkel von etwa 45° zum Auge hin ansteigen, damit Regen ablaufen kann und keine Fäule entsteht.

Teehybriden und Floribundarosen

Diese Rosen sollten im Spätherbst etwas zurückgeschnitten werden, um Windschäden vorzubeugen. Im Frühjahr nimmt man dann bei Teehybriden die vorjährigen Triebe noch einmal um etwa ein Drittel zurück.

Rosen schneiden

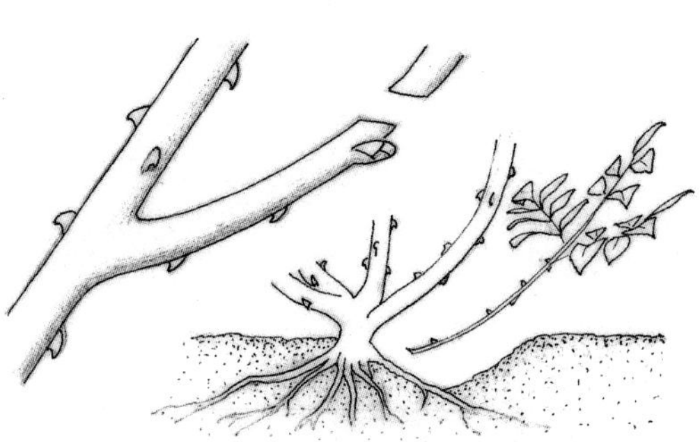

Rosen schneidet man oberhalb eines außenstehenden Auges. Wildtriebe entfernt man behutsam direkt an der Ursprungsstelle im Boden.

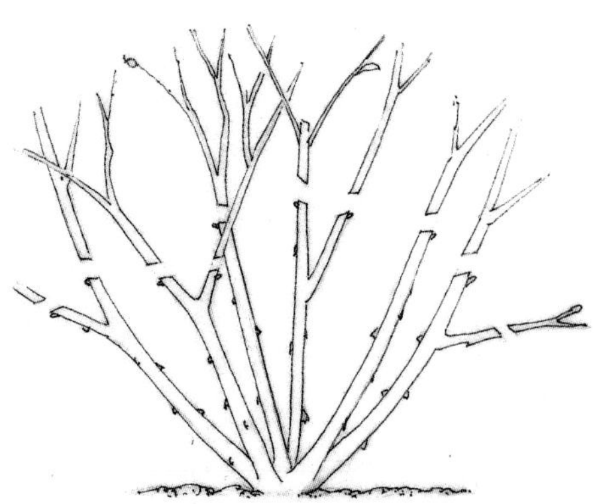

Edelrosen und Floribundarosen sollten im Herbst um ein Drittel zurückgeschnitten werden, um Windschäden zu vermeiden.

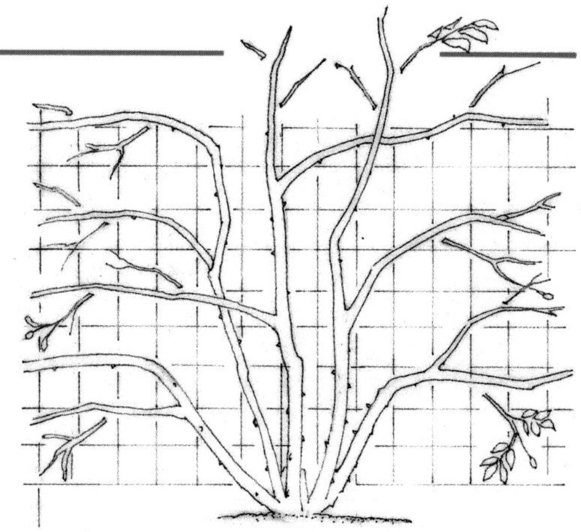

Bei Kletterrosen schneidet man im Frühjahr die Seitentriebe um zwei Drittel zurück, zu Beginn des Winters entfernt man totes Holz und schwache Triebe.

Bei Floribundarosen kürzt man sie etwas weniger, denn sie sollten mehr Blüten entwickeln als die Teehybriden. Außerdem schneidet man an der Basis totes Holz heraus und entfernt zu dicht stehende sowie schwache Triebe. Wildtriebe sollten direkt an ihrer Ursprungsstelle vorsichtig abgebrochen werden.

Kletter- und Schlingrosen

Kletter- und Schlingrosen gedeihen auch bei geringem Schnitt gut, entwickeln sich aber noch besser, wenn man sie folgendermaßen behandelt: Bei Kletterrosen nimmt man im Frühjahr die Seitentriebe um etwa zwei Drittel zurück, ohne jedoch das Grundgerüst der Pflanze zu beschneiden. Nach der Blüte sollten die Blütenzweige auf ein Auge zurückgeschnitten werden, denn die Entwicklung von Hagebutten entzieht der Rose Energie.

Totes Holz und schwache Triebe entfernt man bei Kletterrosen zu Beginn des Winters. Bei Schlingrosen schneidet man die abgeblühten Triebe an der Pflanzenbasis ab und erzieht an ihrer Stelle junge Triebe - sollten nicht genügend vorhanden sein, erhält man doch einige von den alten Trieben.

Manchmal sieht man an Mauern Kletterrosen, die nur im oberen Bereich blühen, während die unteren Triebe kaum noch Blüten und Blätter tragen, denn die Pflanzen wachsen von Natur aus senkrecht dem Licht entgegen. Man kann dies verhindern, indem man die Triebe horizontal erzieht.

Clematis schneiden

Clematis benötigt keinen Schnitt, um die Blütenbildung anzuregen. Hin und wieder muß jedoch ausgelichtet werden, damit die Pflanze eine schöne Form behält. *Clematis*-Sorten mit großen Blüten können in zwei große Gruppen unterteilt werden. Die erste umfaßt alle, die vor dem Hochsommer an Vorjahrestrieben blühen, wie ›Nelly Moser‹ und ›Lasurstern‹. Bei dieser Gruppe sollten lediglich im Spätwinter abgestorbene oder schwache Triebe auf ein gesundes Augenpaar zurückgenommen werden. Da sie sehr früh zu wachsen beginnen, sollte man diese Arbeit nicht zu lange hinausschieben, sonst läßt sich nur noch schwer feststellen, wo ein Trieb beginnt und wo er endet. In diese Gruppe gehören auch gefülltblühende Sorten wie ›Duchess of Edinburgh‹ und ›Vyvyan Pennell‹. Die gefüllten Blüten tragen sie an letztjährigem Holz, doch im Spätsommer erscheinen an neuen Trieben auch einige einfache Blüten. Im ersten Jahr entwickeln diese Sorten gewöhnlich nur einfache Blüten.

Sorten der zweiten Gruppe, die im Spätsommer blühen, wie die großblumigen *C.* x *jackmanii*, ›Comtesse de Bouchaud‹ und ›Perle d'Azur‹, können im Spätwinter oder zu Frühjahrsbeginn auf 15 - 30 cm Höhe zurückgeschnitten werden. (In besonders milden Klimalagen kann man den Schnitt auch im Spätherbst durchführen.) Ebenso verfährt man mit der blaßpurpurlila blühenden Sorte *C. viticella* und der kräftig magentafarbenen, großblumigen *C.* ›Ernest Markham‹.

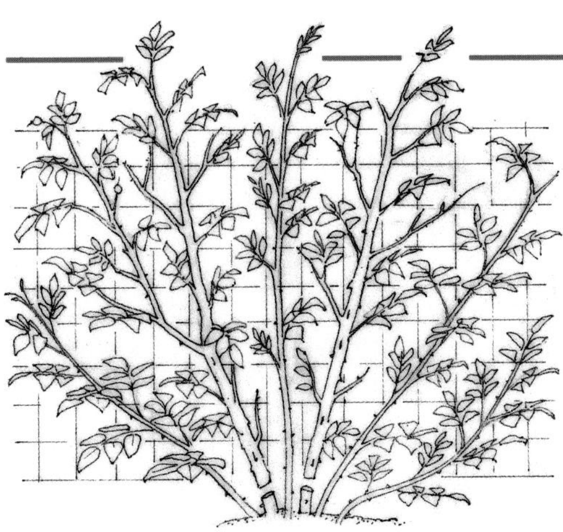

Nach der Blüte werden bei Schlingrosen die alten abgeblühten Triebe dicht an der Basis herausgeschnitten und die neuen Triebe aufgebunden.

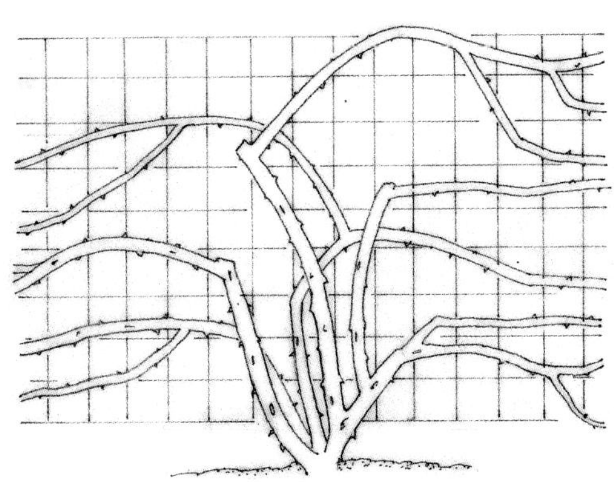

Bei Kletter- und Schlingrosen erzieht man die Stämme waagrecht und einige Seitentriebe nach unten; auch Jungpflanzen sollte man aufbinden.

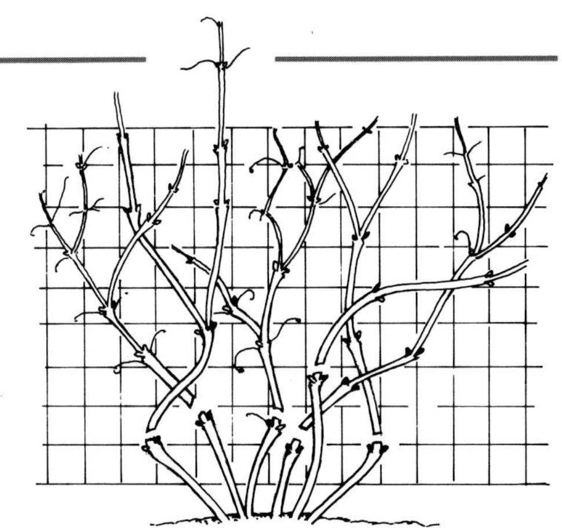

Clematis: Die Triebe spätblühender Sorten können zu Frühjahrsbeginn auf einen Meter zurückgenommen und schwache Triebe herausgeschnitten werden.

Vermehrung

Von einer Pflanze, die Ihnen besonders gut gefällt, besitzen Sie vielleicht nur ein Exemplar und hätten gern mehr; oder Sie haben verschiedene frostempfindliche Pflanzen und wüßten zu gern, wie man Stecklinge nimmt, denn der Winter könnte hart werden. Möglicherweise hätten Sie gern eine seltene Pflanze, aber die einzige Möglichkeit ist, sie aus Samen zu ziehen. Und da ist noch dieser wunderhübsche Bartfaden *(Penstemon)*, den Sie bei Freunden im Garten gesehen haben. Niemand kann sich an seinen Namen erinnern - wie also sollen Sie ihn in einer Gärtnerei finden?

Wenn Sie natürlich wüßten, wie man einen Steckling nimmt, dann könnten Sie den *Penstemon* selbst ziehen. Durch die Aussaat und Teilung von Stauden könnten Sie alle Lücken im Garten schließen, ohne Ihren Geldbeutel übermäßig zu strapazieren. Doch das Schönste an der Anzucht eigener Pflanzen ist das Gefühl großer Zufriedenheit, das man verspürt, wenn aus einem Samen, der kaum größer als ein Staubkorn ist, eine blühende Pflanze wird.

Teilung

Stauden werden aus zwei Gründen geteilt: erstens, um statt einer einsamen Pflanze eine üppige, wirkungsvolle Gruppe zu bekommen; zweitens, um die Pflanzen gesund zu erhalten. Viele Stauden brauchen rasch die Nährstoffe an ihrem Standort auf und bilden dichte Wurzelgeflechte, bis sie schließlich in der Mitte kahl werden.

Immer noch gibt es Streit darüber, ob besser im Herbst oder im Frühjahr geteilt wird. In den meisten Klimalagen ist der Frühherbst eine ausgezeichnete Zeit, da der Boden anschließend noch einige Wochen warm ist und die Pflanzen wieder anwachsen können, bevor der Winter beginnt. Wenn man Pflanzen zu diesem Zeitpunkt umsetzt, ist es auch erheblich leichter, Farbe, Höhe, Blattform und Gesamtgröße zu beurteilen. Vor allem letzteres ist im Frühjahr zu Beginn der Wachstumsperiode weitaus schwieriger. Auf jeden Fall sollten Sie Ihre Pflanzen nur bei frostfreiem Wetter teilen. Wenn Sie von einer Pflanze den Eindruck haben, daß sie empfindlich ist, warten Sie besser bis zum Frühjahr. Insbesondere Gräser nehmen es häufig übel, wenn man sie im Herbst versetzt. Denken Sie daran, daß im Frühjahr geteilte Pflanzen regelmäßig gewässert werden müssen.

Viele Stauden wie Flammenblumen *(Phlox)*, Glattblattastern *(Aster novibelgii)* und Glockenblumen *(Campanula)* mit Faserwurzeln lassen sich als junge Pflanzen recht einfach teilen. Alle abgestorbenen Wurzeln und Blätter werden entfernt. Die Teilpflanzen setzt man sofort wieder in die Erde. Falls sie für ihren vorgesehenen Standort noch zu klein sind, pflanzt man sie an eine andere Stelle und setzt sie dann im Herbst an den vorgesehenen Standort. Bei zu groß gewordenen Pflanzen muß man die Faserwurzeln mit Hilfe zweier Grabgabeln (siehe unten) teilen; Pflanzen mit holzigen, harten Stengeln werden mit einem scharfen Spaten oder Messer geteilt.

Beim Teilen mancher Pflanzen, wie etwa Bergenie *(Bergenia)*, wird man Rhizome finden, von denen man

Eine Pflanze teilen

Die Pflanze wird mit einer Grabgabel ausgegraben und mit den Händen in Stücke geteilt. Falls die Wurzeln ein sehr dichtes Geflecht bilden, sticht man zwei Grabgabeln Rücken an Rücken in die Mitte des Ballens und drückt die Stiele mehrmals auseinander und wieder zusammen, bis der Ballen geteilt ist. Nun wird jede Hälfte nochmals geteilt. Stark verholzte Wurzeln müssen eventuell mit einem Spaten in Stücke gehackt werden. Große, fleischige Wurzeln, wie die von Pfingstrosen, sollte man behutsam behandeln. Falls sie zerschnitten werden müssen, benutzt man ein scharfes Messer. Kleinere Pflanzen, wie Primeln, lassen sich leicht mit den Händen in einzelne Rosetten teilen.

Kleine Stauden kann man einfach mit den Händen auseinanderziehen.

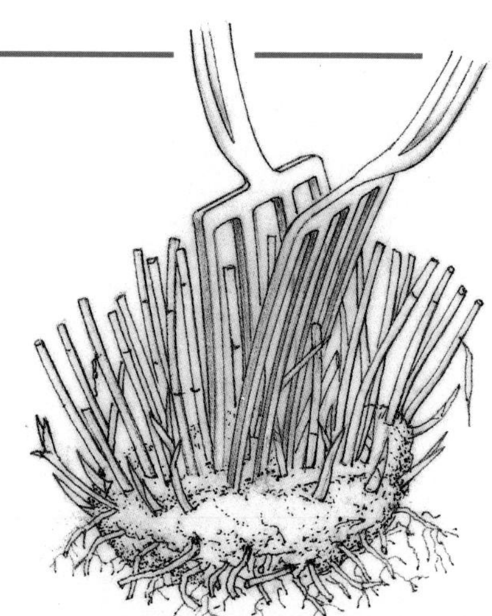

Bei größeren Pflanzen das Wurzelgeflecht mit zwei Grabgabeln auseinanderdrücken.

Triebe mit Wachstumsknospen oder kräftigen Jungtrieben auswählt. Diese pflanzt man vertikal mit den Wurzeln nach unten ein. Sie sollten etwa so tief in der Erde liegen, wie vorher die Mutterpflanze. Beim Einsetzen geteilter Pflanzen mischt man, falls nötig, etwas gut verrotteten Mist oder Kompost in den Boden und verteilt Knochenmehl und/oder Volldünger, die mit der Gabel eingearbeitet werden.

Der richtige Zeitpunkt

In der Zeit, als Staudenrabatten in Gärten überaus beliebt waren und es noch bezahlbare Arbeitskräfte gab, nahm man etwa alle drei Jahre sämtliche Pflanzen aus dem Boden. Dann grub man die Rabatte um, düngte sie (siehe Seite 84) und setzte die geteilten Pflanzen wieder ein. Aber selbst bei einer kleineren Rabatte ist dies eine mühsame und zeitaufwendige Arbeit. Deshalb kontrolliert man die Pflanzen besser jedes Jahr, entscheidet dann, welche geteilt werden müssen, und führt diese Arbeiten nach und nach durch.

Eine Teilung ist notwendig, wenn eine Pflanze in der Mitte verholzt ist, kraftlos wirkt und nur noch wenige, kleine Blüten entwickelt. In nährstoffreichen, feuchtigkeitsspeichernden Böden bleiben Pflanzen länger schön als in mageren, durchlässigen Böden. Bei schlechter Bodenqualität müssen Glattblattastern *(Aster novi-belgii)*, Flammenblume *(Phlox)*, Sonnenkraut *(Helenium)*, Prachtspiere *(Astilbe)*, Sonnenhut *(Rudbeckia)* und die meisten anderen Stauden im Abstand von drei Jahren geteilt werden, auf besserem Boden kann man vielleicht ein Jahr länger warten. Statt das ganze Beet auf einmal zu erneuern, nimmt man sich lieber kleinere Flächen von beispielsweise 2 – 3 Quadratmetern vor. Dort hebt man dann die Pflanzen heraus, gräbt um, bringt etwas organischen Dünger aus und setzt die geteilten Pflanzen wieder ein. Auf diese Weise wird die Fruchtbarkeit des Bodens erhöht, und die jungen Pflanzen bekommen eine gute Chance, sich gegen die etablierten Nachbarpflanzen durchzusetzen.

Einige Pflanzen – beispielsweise Funkien *(Hosta)*, Germer *(Veratrum)*, Taglilien *(Hemerocallis)*, Pfingstrosen *(Paeonia)*, *Kirengeshoma*, Türkischer Mohn *(Papaver orientale)* und Nieswurz *(Helleborus)* – können problemlos viele Jahre am gleichen Platz wachsen. Falls Sie von einer dieser Pflanzen gern ein weiteres Exemplar haben möchten, stechen Sie einfach ein Stück ab, ohne die Mutterpflanze weiter zu stören. Dennoch werden *Helleborus* und *Hosta* irgendwann nicht mehr ihre volle Pracht entwickeln können. In diesem Fall gräbt man sie am besten zu Frühjahrsbeginn aus – *Helleborus* nach der Blüte, *Hosta*, wenn sie austreibt – und wäscht die gesamte Erde von den Wurzeln ab. Dann schneidet man die Wurzeln mit einem scharfen Messer in Stücke, wobei man darauf achtet, daß jeder Teil einen Trieb hat. Die verholzte Mitte und altes Wurzelgeflecht wirft man weg. Bei *Helleborus* entwickeln sich kleine Teilstücke gut.

Einige Stauden – wie Färberhülse *(Baptisia)*, Gelber Enzian *(Gentiana lutea)*, Diptam *(Dictamus albus)* und Schwalbenwurzenzian *(Gentiana asclepiadea)* – sollten nicht gestört werden.

Cypripedium reginae ist die Königin der Frauenschuhorchideen. In England wurde sie erstmals in der zweiten Hälfte des 18. Jahrhunderts kultiviert. Diese sommergrüne Erdorchidee ist in den USA heimisch und blüht zu Sommerbeginn. Die äußeren Blütenblätter sind weiß, der »Schuh« ist dagegen in herrlichem Dunkelrosa überlaufen.

Teilstücke neu pflanzen

Die alte, verholzte Pflanzenmitte wird weggeworfen, die geteilten Stücke legt man im Abstand von etwa 30 cm auf die Erde. (Bei warmem Wetter bewahrt man die Teile bis zur letzten Minute in einem Eimer mit Wasser oder unter einem nassen Tuch auf.)

Mit einem Handspaten pflanzt man die Stücke in der alten Höhe wieder ein. Dann gießt man sie – auch wenn es regnet – gut an. Anschließend geht man mit einer Gabel leicht über die Erdoberfläche. Sollte der Boden beim Pflanzen sehr trokken sein, füllt man die Pflanzlöcher zunächst mit Wasser. Sobald es versickert ist, setzt man die Pflanzen hinein, verteilt rundum feuchte Erde und drückt sie an.

Die geteilten Pflanzen gruppenweise wieder einpflanzen und gut wässern.

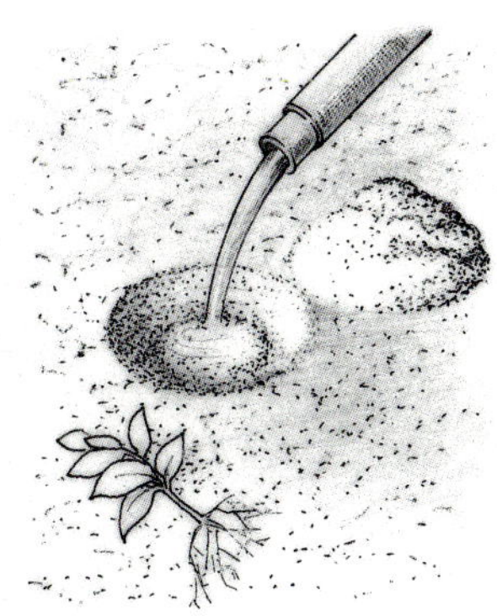

Bei sehr trockenem Boden werden die Pflanzlöcher zunächst mit Wasser gefüllt.

Triebstecklinge, Basalstecklinge und Wurzelschnittlinge

Neue Pflanzen können aus wurzellosen Triebspitzen, Wurzelabschnitten und jungen Trieben, die an der Pflanzenbasis erscheinen, gezogen werden. Bei einer großen Anzahl von Pflanzen - insbesondere Sträuchern und frostempfindlichen Stauden - lassen sich im Spätsommer und Frühherbst leicht Stecklinge bewurzeln. Zu dieser Jahreszeit hat die Sonne noch genügend Wärme, um sie zur Ausbildung von Wurzeln anzuregen, aber sie ist nicht so heiß, daß sie welken und schließlich eingehen. Zwar können sich diese Stecklinge Mitte des Herbstes und sogar später auch bewurzeln, doch geht die Wurzelentwicklung mit Näherrücken des Winters immer langsamer vonstatten.

Stecklingserde

Über Jahrzehnte hinweg wurden im Gartenbau große Mengen Torf verwendet, doch aus Gründen des Naturschutzes nimmt man davon heute immer mehr Abstand. Zweifellos eignet sich aber eine Mischung aus Sand und Torf gut zum Bewurzeln von Stecklingen, und in Gegenden, wo heute noch - in vertretbarem Maß - Torf abgebaut wird, kann man aus zwei Teilen feuchtem Torf und einem Teil Sand Stecklingserde selbst herstellen. Mittlerweile werden verschiedene Ersatzstoffe für Torf getestet, und es sind diverse Einheitserden auf dem Markt, die auch für Stecklinge empfohlen werden. Im folgenden Abschnitt ist mit »Stecklingserde« ein handelsübliches Stecklingssubstrat oder eine selbst hergestellte Torf-Sand-Mischung gemeint.

Stecklinge bewurzeln

Die Behandlung von Stecklingen hängt von den vorhandenen Möglichkeiten ab. Man kann sie in einem beheizbaren Vermehrungskasten, in einem schattierten kalten Kasten oder unter einer altmodischen Glasglocke in der Ecke eines Gewächshauses ziehen. Alle diese Vorrichtungen dienen der gleichmäßigen Zufuhr von Feuchtigkeit, während die Stecklinge Wurzeln bilden. Sie sollten an einem warmen Platz stehen, der jedoch keine direkte Sonne erhält. Außerdem hält man einen Zerstäuber griffbereit, mit dem man an warmen Tagen das Laub benetzt.

Man kann aber auch eine Art Minigewächshaus improvisieren, indem man einen kleinen Stab in die Mitte des Blumentopfes steckt und den Topf in einen Folienbeutel stellt, der oben am Stab möglichst fest zusammengebunden wird.

Sobald es Anzeichen gibt, daß sich die Stecklinge bewurzelt haben (man spürt Widerstand, wenn man vorsichtig daran zieht), dürfen sie nach und nach mehr Luft bekommen. Dann kann man sie einzeln in kleine Töpfe pflanzen und in einem frostfreien Glashaus überwintern lassen.

Einige der aufgelisteten Pflanzen können nur in milden Klimalagen im Freien überleben. Nimmt man jedoch Stecklinge und läßt sie unter Glas überwintern, hat man im nächsten Frühjahr schöne neue Pflanzen. Silberblättrige Pflanzen, alle mediterranen Gewächse und Pelargonien gehören zu den Pflanzen, deren Stecklinge die feuchten Bedingungen in einem Vermehrungskasten oder Folienbeutel nicht mögen. Hier ist ein Platz im Gewächshaus oder auf der Küchenfensterbank besser geeignet, der hell, aber nicht sonnig ist.

Einen Basalsteckling nehmen

Man wählt einen gesunden, etwa 8 - 10 cm langen Trieb an der Pflanzenbasis aus. Am besten nimmt man einen jungen Trieb, den man mit einem Stück älterem Holz vom Haupttrieb abnimmt - ideal sind kräftige, kleine Seitentriebe ohne Blüten. Man entfernt vom unteren Ende ein oder zwei Blattpaare und setzt die Stecklinge am Rand des vorbereiteten Topfes ein; dort ist die Drainage besser als in der Mitte.

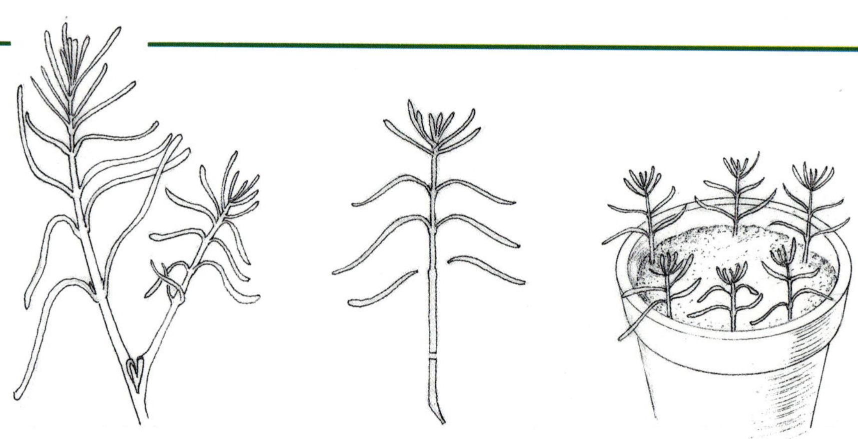

Einen kräftigen, blütenlosen Trieb mit einem Stück Holz abreißen.

Die unteren Blätter entfernen und das ausgefranste Ende geradeschneiden.

Die Stecklinge am Rand eines Topfes etwa 4 cm tief einsetzen.

Triebstecklinge

Im Spätsommer oder Frühherbst wählt man, wie unten bei den verschiedenen Methoden beschrieben, einen gesunden Trieb aus. Bei einigen Pflanzen, die in der Liste (rechts) aufgeführt sind, sollte es möglich sein, einen Achselsteckling zu finden, wenn nicht, schneidet man den gewählten Trieb direkt unterhalb von mindestens drei Blattpaaren ab. Am besten ist ein blütenloser Trieb geeignet; sind jedoch Blüten vorhanden, muß man sie abschneiden, denn sie zehren die Kraft des Stecklings auf und machen ihn anfälliger für Schimmel.

Ein Steckling beginnt schnell zu welken, wenn er von der Mutterpflanze abgetrennt ist, daher legt man ihn sofort in einen Folienbeutel. Falls nach Abreißen eines Stecklings ausgefranstes Gewebe an der Achsel hängt, schneidet man dieses mit einem scharfen Messer oder einer Rasierklinge sauber ab. Das unterste Blattpaar wird vorsichtig entfernt, damit der Steckling nicht beschädigt wird. Dann füllt man Stecklingserde in einen Topf mit 9 cm Durchmesser. Es ist nicht sinnvoll, einen größeren Topf zu benutzen, da die Stecklinge darin leichter faulen. Man setzt etwa sechs Stück an den Rand des Topfes, wässert sie mit einer feinen Brause und drückt die Erde vorsichtig noch einmal an.

Wurzelschnittlinge

Die folgende Methode wird bei vielen Stauden angewendet, wie Ochsenzunge *(Anchusa)*, Edeldistel *(Eryngium)*, Kugeldistel *(Echinops)*, *Romneya*, Königskerze *(Verbascum)*, Flammenblume *(Phlox)*, Türkischer Mohn *(Papaver orientale)*, Strandflieder *(Limonium)*, Kugelprimel *(Primula denticulata)* und Meerkohl *(Crambe)*. Gewöhnlich werden Wurzelschnittlinge am besten während der Ruhezeit entnommen. Man entfernt zunächst die Erde um den Wurzelballen und schneidet dann bei dicken, fleischigen Wurzeln 5 - 7 cm lange Stücke ab. Oben sollten die Schnitte gerade und unten schräg sein, damit man die Stücke nicht verkehrt herum einpflanzt. Dann setzt man die Stecklinge senkrecht (mit dem geraden Ende oben) in Stecklingserde und bringt sie anschließend in den kalten Kasten oder das Gewächshaus. Dünnere Wurzeln, wie die der Königskerze, werden waagrecht auf die Erde gelegt und anschließend mit Erde bedeckt.

Wurzelschnittlinge überwintern in einem kalten Frühbeetkasten. Im Frühjahr sollten sie bewurzelt und ein paar Blätter zu sehen sein; dann pflanzt man sie einzeln in Blumentöpfe. Erst im Herbst werden die jungen Pflanzen ins Freiland gesetzt.

Blatt-Knospen-Stecklinge

Dieses Verfahren dient im Blumengarten lediglich zur Vermehrung von Felsenteller *(Ramonda)*, Clematis oder Haberlee *(Haberlea)*. Hier nimmt man im Hochsommer aus der Mitte der Pflanze ein gesundes, unbeschädigtes Blatt. Am Ende des Blattstieles, in der Blattachsel, muß eine Knospe sichtbar sein, aus der sich später eine neue Pflanze entwickeln wird. Blatt-Knospen-Stecklinge sollten so gepflanzt werden, daß sie etwa zu einem Viertel in der Erde sitzen. Verwendet wird Stecklingserde (siehe Seite 92). Dann wässert man die Blattstecklinge und setzt sie in einen schattierten kalten Kasten; dort läßt man sie ungestört überwintern. Im Frühjahr sollte sich an der Basis jedes Blattes eine hübsche kleine Pflanze entwickeln.

PFLANZEN, VON DENEN SICH IM SPÄTSOMMER LEICHT STECKLINGE BEWURZELN LASSEN

Sträucher

Abutilon
Artemisia ›Powis Castle‹
Cistus
Fuchsia
Hebe
Hedera
Hydrangea
Lavatera
Lavandula
Penstemon
Phygelius
Rosmarinus
Salvia officinalis

Stauden

Anthemis
Malva ›Primley Blue‹

Frostempfindliche Beetpflanzen

Argyranthemum
Felicia
Helichrysum petiolare
Osteospermum
Pelargonium
Salvia (empfindliche Arten)
Verbena

Andere Stecklinge

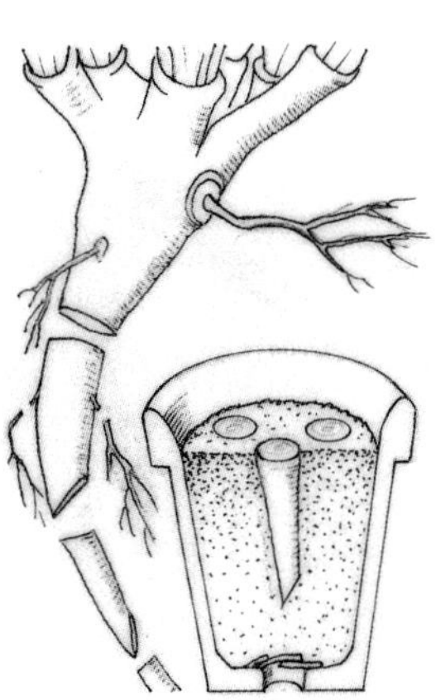

Wurzelstecklinge
Während der Ruheperiode große, fleischige Wurzeln geeigneter Stauden ausgraben und in 8 - 10 cm lange Stücke schneiden. Das untere Ende sollte schräg sein. Die Stecklinge mit dem schrägen Ende nach unten in einen Topf setzen.

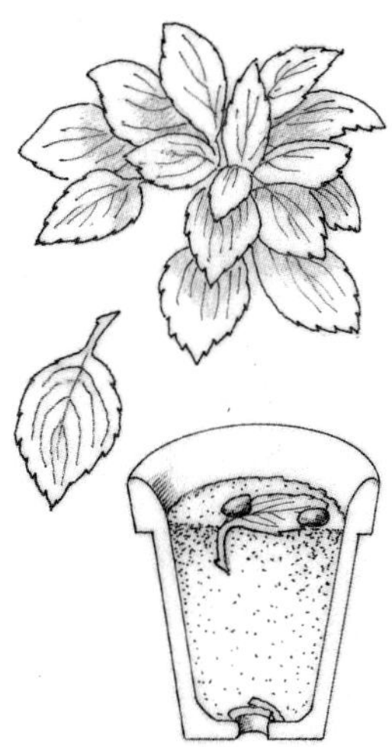

***Blattstecklinge** (links)*
Ein gutentwickeltes Blatt mit Stiel abschneiden und flach auf die Erde legen. Den Stiel in der Erde einbetten. Das Blatt mit kleinen Steinen beschweren.

***Krautige Stecklinge** (rechts)*
Im Frühjahr weiche, junge Kopfstecklinge nehmen und die unteren Blätter abstreifen; am Rand eines Topfes mit Stecklingserde einsetzen.

Krautige Stecklinge

Von den jungen Trieben vieler Stauden, wie etwa Rittersporn *(Delphinium)*, Schwalbenwurzenzian *(Gentiana asclepiadea)*, Weiderich *(Lythrum)*, Katzenminze *(Nepeta)* oder Fetthenne *(Sedum)* kann man im Frühjahr kurze grundständige Stecklinge oder Kopfstecklinge nehmen. Auf diese Weise vermehrt man gewöhnlich auch einige *Chrysanthemum*-Arten, winterharte Sorten können aber auch geteilt werden. Man pflanzt die Triebe an den Rand eines mit Stecklingserde gefüllten Topfes mit 8 cm Durchmesser (siehe Seite 92), wässert sie und stellt sie in einen kalten Kasten oder ein kühles Gewächshaus. Junge Triebe von Fuchsien bewurzeln sich gut im Frühjahr im Warmen.

Steckhölzer

Diese Methode ist im Blumengarten zur Vermehrung von Rosen nützlich. Um die Herbstmitte nimmt man von festem, gesundem Holz 25 - 30 cm lange Achselstecklinge. Man entfernt die Blätter und setzt die Stecklinge in einem geschützten Bereich des Gartens in einen kleinen Graben, auf dessen Sohle etwas Sand verteilt wurde. Dann drückt man die Erde um sie herum fest an und stört sie etwa ein Jahr lang nicht mehr. Von Rosen können auch während des Sommers Stecklinge bewurzelt werden; hierfür verwendet man etwa 10 cm lange junge Triebe.

Die Bewurzelung eines Stecklings ist oft die einzige Möglichkeit, eine schöne, aber namenlose Rose zu bekommen, und da auf diese Weise vermehrte Rosen eigene Wurzeln entwickeln, wird es auch nie Probleme mit Wildtrieben geben. Die meisten Rosen gedeihen zwar bei dieser Vermehrungsmethode recht gut, von Edelrosen und Floribundarosen kauft man jedoch besser veredelte Pflanzen.

Stecklingskultur im Freien

Einige Pflanzen können direkt im Freiland bewurzelt werden. Veilchen, wie etwa das Hornveilchen *(Viola cornuta)*, kann man teilen, doch einige Sorten, wie *Viola* ›Irish Molly‹ und *V.* ›Jackanapes‹, muß man durch Stecklinge vermehren. Man wählt einen Platz, der nach Möglichkeit hell, aber nicht sonnig ist, hebt mit dem Handspaten einen kleinen, etwa 15 cm tiefen Graben aus und gibt Stecklingserde hinein (siehe Seite 92), die gut angedrückt wird.

Als Stecklinge verwendet man 5 cm lange, blütenlose, junge Triebe aus der Mitte der Pflanze (die langen, dünnen Blütentriebe bewurzeln sich nicht). Sie werden jedoch nicht abgeschnitten, sondern mit einem energischen Ruck abgerissen. Falls die Stecklinge zu lang sind, kürzt man sie auf die gewünschte Länge ein. Dann entfernt man die unteren Blätter, so daß zwei Blattpaare stehenbleiben. Der Stengel darf dabei nicht verletzt werden. Mit den Fingern drückt man Löcher in die Stecklingserde und setzt die Stecklinge ein. Dabei muß man darauf achten, daß die Enden direkt auf dem Boden des Loches sitzen. Die Stecklinge werden in einer Reihe eingesetzt und während der folgenden ein bis zwei Wochen an warmen Tagen mehrmals mit der Gießkanne benetzt. Da Veilchen winterhart sind, können sie im Freien überwintern.

Stecklinge von Nelken *(Dianthus)* mögen während der Bewurzelung nicht zu viel Wärme und stehen ohnehin lieber im Garten. Hier nimmt man im Sommer etwa 8 cm lange blütenlose Seitentriebe, die man wie oben beschrieben behandelt.

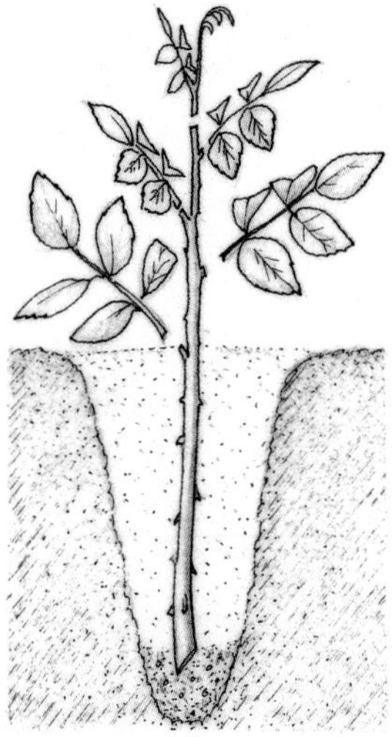

Steckhölzer
Um Rosen zu vermehren, nimmt man am Ende der Wachstumsperiode von ausgereiftem Holz 20 - 30 cm lange Achselstecklinge, die bleistiftdick sein sollten. Das obere Ende abschneiden und alle Blätter abstreifen; in einen V-förmigen Graben einsetzen. Die Erde gut andrücken.

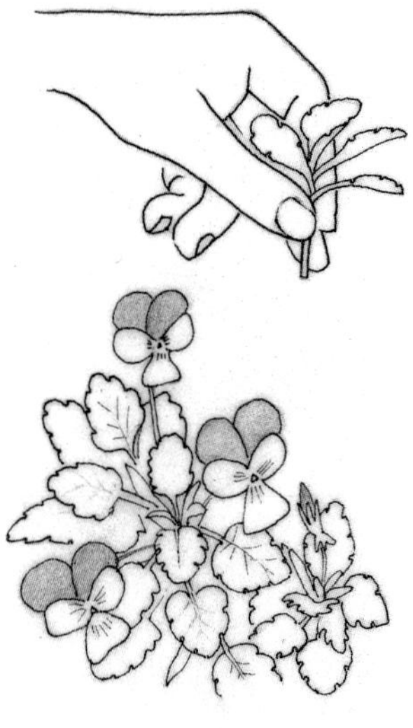

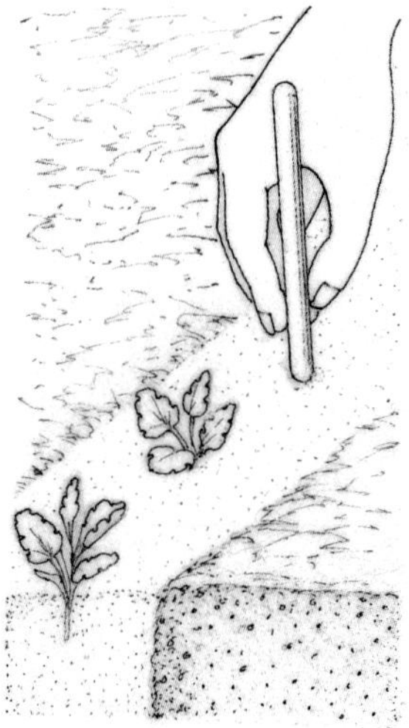

Stecklinge im Freien bewurzeln
Im Frühherbst kurze, gesunde, blütenlose Triebe aus der Mitte der Pflanze nehmen und die unteren Blätter entfernen. Einen flachen Graben mit Stecklingssubstrat füllen, mit einem Stift oder Pflanzholz Löcher stechen und die Stecklinge einsetzen; gründlich wässern.

Vermehrung durch Absenken

Experimente mit dieser Vermehrungsmethode sind wirklich lohnenswert, vor allem, wenn Pflanzen teuer oder schwer zu bekommen sind, oder ihre Stecklinge sich nur schwer bewurzeln lassen. Manche Pflanzen vermehren sich auf diese Weise von selbst, wie Hortensie (*Hydrangea anomala* ssp. *petiolaris*) und Winterjasmin *(Jasminum nudiflorum)*, deren Triebe bei Kontakt mit dem Boden Wurzeln ausbilden, auch wenn sie noch mit der Mutterpflanze verbunden sind.

Gartennelken kann man auf diese Weise leicht vermehren. Sobald sie im Hochsommer abgeblüht sind, wählt man einen gesunden, blütenlosen Trieb aus und streift die unteren Blätter ab, ohne den Trieb von der Mutterpflanze zu trennen; am Triebende läßt man etwa fünf Blattpaare stehen. Dann macht man mit einem scharfen Messer an der Ansatzstelle des obersten Blattpaares, das entfernt wurde, zur Mutterpflanze hin einen gut 1 cm langen, flachen Einschnitt, so daß eine »Zunge« entsteht. Unterhalb des Triebs bereitet man ein kleines Pflanzloch vor, in das man etwas Sand gibt. Dann zieht man den Absenker herunter (der Einschnitt soll nach unten weisen, und das Triebende mit den Blättern biegt man senkrecht in die Höhe, damit sich der Schnitt öffnet), drückt ihn vorsichtig in das vorbereitete Pflanzloch, damit er nicht abbricht, und steckt ihn mit einem U-förmig gebogenen Stück Draht so auf dem Boden fest, daß die Blätter auf der Erde sitzen. Dann bedeckt man den Absenker mit Substrat, drückt die Erde leicht an, glättet sie und wässert. Der Absenker wird sechs Wochen lang feucht gehalten. Dann testet man, ob er schon bewurzelt ist, indem man den Draht etwas lockert und leicht an dem Absenker zieht. Wenn er keinen Widerstand zeigt, läßt man ihn weitere 14 Tage in Ruhe. Absenker, die sich dann noch nicht bewurzelt haben, kann man wegwerfen.

Nach dieser Methode können auch Magnolie *(Magnolia)*, *Carpenteria californica*, *Rhododendron* und einige Heidekrautgewächse wie Lorbeerrose *(Kalmia)* und *Menziesia* vermehrt werden. Man wählt einen kräftigen Trieb in Bodennähe aus und zieht ihn behutsam herunter. Dann entfernt man an der Stelle, an der der Trieb eingegraben werden soll, in der Mitte mit einem scharfen Messer ein 2–3 cm langes dünnes Stück Rinde. Man gräbt ein kleines Loch von etwa 10 cm Tiefe und mischt am Grund des Loches etwas Sand unter die Erde. Anschließend steckt man den Trieb mit einem U-förmig gebogenen Draht in der Erde fest, füllt das Loch mit einer Mischung aus Sand und Erde auf und wässert. Möglicherweise muß der Trieb gestützt werden, damit er aufrecht steht (beim Absenken dieser Pflanzen sollten Sie keine Einheitserde verwenden, da sie möglicherweise Kalk enthält).

Auch Heidekraut *(Calluna)* läßt sich gut durch Absenken vermehren. Hier zieht man im Frühjahr einige der äußeren Triebe der Pflanze herunter und bedeckt sie mit Erde, so daß nur die Triebspitzen zu sehen sind. Mit einem Stein oder einem gebogenen Draht, den man über dem Absenker in den Boden steckt, hält man sie an ihrem Platz. Im folgenden Frühjahr können die Jungpflanzen von der Mutterpflanze abgetrennt und umgesetzt werden. Eine weitere ideale Pflanze zum Absenken ist Rosmarinseidelbast *(Daphne cneorum)*, eine hübsche, niederliegende Seidelbast-Art mit duftenden zartrosa Blüten. Hier häuft man im Frühjahr einfach um die Triebe der Pflanze herum Sand an, den man zwischen die Zweige schiebt. Im Frühherbst haben sich dann einige Triebe bewurzelt und können eingetopft oder umgesetzt werden.

Beetnelken absenken

Kurz nach der Blüte von einem gesunden jungen Trieb die unteren Blätter entfernen. An der Spitze ein Blattbüschel stehenlassen.

Mit einem scharfen Messer direkt unterhalb eines Knotens einen etwa 2,5 cm langen Einschnitt machen.

Den Trieb herunterziehen und mit einem gebogenen Draht in vorbereitetem Substrat feststecken; gut wässern.

Vermehrung durch Aussaat

Die Aussaat von Sommerblumen hat unter anderem den Vorteil, daß man nicht auf das übliche Angebot an Jungpflanzen im Gartencenter angewiesen ist, sondern die Sorten und Farben auswählen kann, die einem persönlich am besten gefallen. Wenn man neue Pflanzen aus Samen ziehen möchte, kann man zudem wählen zwischen gekauften und selbst gesammelten Samen. Allerdings gilt es zu beachten, daß sich Pflanzen, die man aus selbst gesammelten Samen von Kulturpflanzen zieht, häufig erheblich von der Mutterpflanze unterscheiden; denn die meisten Kulturpflanzen, die in unseren Gärten wachsen, wurden gekreuzt und weitergezüchtet, um prächtigere Sorten zu erzielen. Will man eine im Garten bereits vorhandene Sorte vermehren, ohne Überraschungen zu erleben, sollte man am besten die Vermehrung durch Teilung oder Stecklinge wählen. Die daraus hervorgehenden neuen Pflanzen sind immer erbgleich.

Die Aussaat bedingt winterharter Einjahresblumen

Die Samen werden wie unten beschrieben in einen Topf oder eine Saatschale gesät und unter Glas an einen warmen Platz gestellt. Dann beobachtet man sie aufmerksam und wischt immer wieder das an der Scheibe niedergeschlagene Wasser ab. Sobald die Samen keimen, wird die Glasscheibe entfernt, denn die jungen Pflänzchen brauchen nun sehr viel Licht und Wärme.

Wenn die Sämlinge das erste Blätterpaar entwickelt haben und so groß sind, daß man sie anfassen kann, werden sie mit etwa 5 cm Abstand in Schalen mit feuchter Erde pikiert oder - bei größeren Pflanzen, etwa Glockenrebe *(Cobaea)* - in einzelne Töpfe. Vor dem Pikieren bohrt man mit einem Stäbchen oder Bleistift in entsprechendem Abstand die Pflanzlöcher. Dabei hält man sie an den Keimblättern fest. Falls diese dabei gequetscht werden, erholt sich die Pflanze wieder, wird dagegen der Stengel beschädigt, geht sie ein.

Wichtig ist, daß die Sämlinge nun behutsam abgehärtet, also langsam den warmen, zugfreien Bedingungen während der Keimung entwöhnt werden, bis sie kräftig genug sind für die härteren Witterungsbedingungen im Freien. Ist diese Phase zu kurz, kann die Entwicklung der Sämlinge erheblich gebremst werden, im schlechtesten Fall gehen sie sogar ein. Das Abhärten kann beispielsweise so erfolgen: Zuerst bringt man die Sämlinge aus dem beheizten Vermehrungskasten in das Gewächshaus. Wenn sie hier eine Woche lang Kräfte gesammelt haben, kann man sie in den Teil des Glashauses stellen, der am besten gelüftet ist, vielleicht an die Tür. Nach einer weiteren Woche können die Sämlinge dann in einen kalten Kasten umziehen. Bei Kälte benötigen sie hier aber noch einen zusätzlichen Schutz. Nach und nach öffnet man den Kasten weiter, bis die Sämlinge nur noch nachts geschützt werden. Das Auspflanzen ist erst möglich, wenn keine Frostgefahr mehr besteht. Wenn die Jungpflanzen verkümmern oder sich verfärben, deutet dies auf eine zu rasche Abhärtung hin.

Viele bedingt winterharte Einjahresblumen brauchen zum Keimen Wärme und anschließend mehrere Wochen warme, helle, geschützte Bedingungen. Auch während des nachfolgenden Abhärtens der Jungpflanzen ist bei Nacht immer noch Wärme erforderlich. Wer weder ein beheiztes Glashaus noch einen Wintergarten besitzt, sollte daher diese Pflanzen besser kaufen (siehe Seite 99).

Aussaat

Wenn man keine größeren Mengen an Pflanzen benötigt, reicht für die Aussaat eine halbe Saatschale oder ein Blumentopf mit 8 cm Durchmesser aus. Frische Aussaaterde einfüllen und so andrücken, daß ein 1 cm breiter Gießrand bleibt. Die Samen dünn auf die Oberfläche streuen und mit einem feinmaschigen Sieb noch etwas Substrat darübersieben. Je nach der auf dem Samentütchen empfohlenen Temperatur Schale oder Topf entweder auf das Küchenfensterbrett, in einen Vermehrungskasten oder in das Gewächshaus stellen.

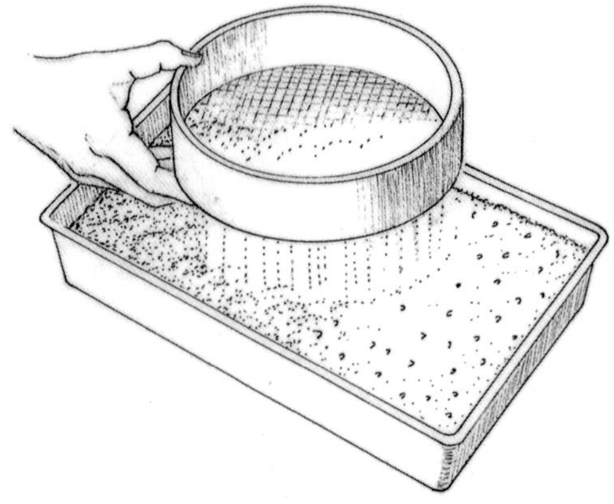

Die Samen dünn in die Schale säen, dann noch etwas Substrat darübersieben.

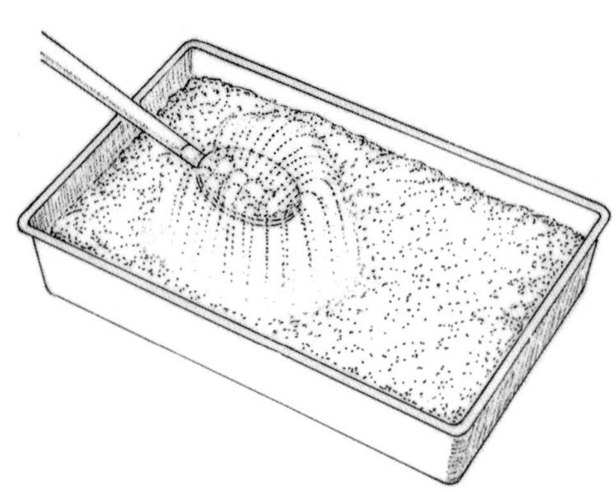

Mit einer feinen Brause wässern, bis die Erdoberfläche gut durchfeuchtet ist.

Stauden

Die Anzucht aus Samen ist bei vielen Stauden möglich. Die meisten Sorten lassen sich (mit selbstgesammelten Samen) nicht sortengerecht vermehren, aber möglicherweise kommt man dennoch zu interessanten Resultaten. Man wendet das gleiche Verfahren wie bei bedingt winterharten Einjahresblumen an, doch statt sie in Schalen zu pikieren, sollte man sie einzeln in 8 cm große Töpfe setzen, und vielleicht müssen sie sogar noch einmal umgetopft werden, bevor sie so groß sind, daß man sie in das Beet pflanzen kann. Das Abhärten erfolgt wie oben beschrieben (winterharte Einjahresblumen siehe Seite 73).

Seltenere Pflanzen aussäen

Wie ärgerlich es ist, wenn man auf einem Foto eine herrliche Pflanze sieht, und man bekommt sie nirgendwo! Die Gründe dafür können vielfältig sein. Möglicherweise läßt sich die Pflanze schwer vermehren oder ist für Töpfe nicht geeignet, das heißt, im Gartencenter sieht sie in ihrem Topf völlig reizlos aus - und wenn eine Pflanze sich nicht verkauft, wird sie irgendwann aus dem Angebot genommen. Möglicherweise leben Sie aber auch an einem abgelegenen Ort, wo nur eine sehr begrenzte Auswahl an Pflanzen erhältlich ist. Wer jedoch Pflanzen aus Samen zieht, dem steht plötzlich ein riesiges Spektrum an Bäumen, Sträuchern, Stauden und Steingartenpflanzen zur Auswahl. Am besten lassen Sie sich auch Kataloge von Spezialfirmen und Züchtern zusenden, um die ganze Bandbreite an Samen kennenzulernen.

Was die Aussaatzeit betrifft, so erfolgt sie in das Freiland am besten von März bis Mai. Wenn die Samen nicht im ersten Frühjahr nach der Aussaat keimen, tun sie es wahrscheinlich im zweiten. Versuchen Sie herauszufinden, wie das Klima in der Heimat der Pflanze ist. Bei Samen von Pflanzen, über die Sie wenig wissen, säen Sie eine Hälfte im Haus und die andere im Freien. Samen von Pflanzen, die in gemäßigten Zonen heimisch sind, brauchen oft eine Frostperiode (wie in der Natur), bevor sie keimen. Einige, wie etwa die von Päonien, benötigen manchmal sogar ein Jahr und länger. Da sich ein Substrat ohne Erde in diesem langen Zeitraum verdichten würde, mischt man in solchen Fällen zwei Teile Aussaaterde mit einem Teil grobem Sand, der die Drainage verbessert.

Man füllt einen Topf mit 8 cm Durchmesser bis 1 cm unter den Rand mit Erde und drückt sie mit dem Boden eines zweiten Topfes behutsam an. Die Samen werden so dünn wie möglich gesät, denn wenn die Sämlinge etwas Abstand zueinander haben, werden sie beim Umpflanzen nicht so leicht beschädigt. Dann siebt man eine sehr dünne Schicht Erde - etwa in Dicke der Samen - darüber. Zum Schluß verteilt man (außer bei sehr kleinen Samen) eine etwa 1 cm dicke Schicht Sand; dies verhindert die Entwicklung von Moosen und bewahrt die Feuchtigkeit. Dann wässert man mit einer feinen Brause und klebt ein Etikett mit Aussaatdatum und dem Namen der Pflanze auf den Topf. Der Topf wird an einen schattigen Platz gestellt und bei warmem Wetter gelegentlich gewässert. Eine Erfolgsgarantie gibt es nicht, doch ist die Freude unbeschreiblich, wenn man nach zwei Jahren geduldigen Wartens einen Päoniensämling entdeckt. Falls Samen zu Frühjahrsbeginn bei kaltem, nassem Wetter keimen, bringt man den Topf in ein ungeheiztes Gewächshaus oder einen Anzuchtkasten. Sobald die Sämlinge die ersten Blätter haben, können sie einzeln in Töpfe gesetzt werden.

Eine Glasscheibe darauflegen und mit Zeitungspapier abdecken; an einen warmen Platz stellen

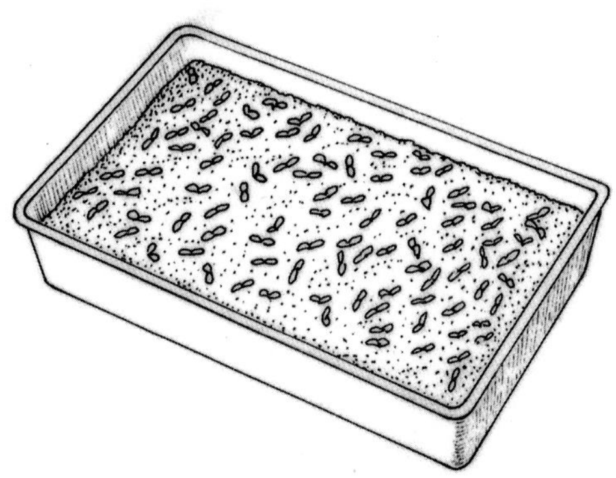

Glas und Papier entfernen, sobald die Sämlinge erscheinen. Sie brauchen viel Licht.

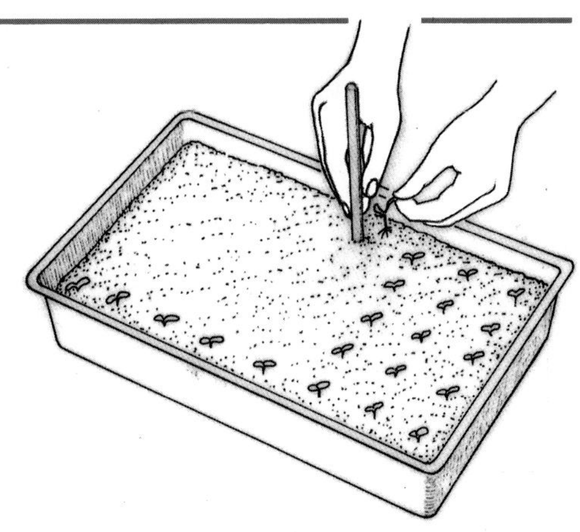

Nachdem sich das erste Paar echter Blätter entwickelt hat, die Sämlinge in Schalen pikieren.

Pflanzen abstützen

Pfingstrosen (*Paeonia-lactiflora*-Hybriden) lassen sich am leichtesten mit Metallreifen stützen. Auch Rittersporn *(Delphinium)* und Lilien brauchen Stützen, damit sie nicht umknicken. Gute Stützen fallen in der Rabatte kaum auf.

So farbenfroh ihr Blumenbeet auch sein mag, durch ein wahlloses Sammelsurium an Stützen wird seine optische Wirkung nur zu leicht verunstaltet. Beim Stützen von Pflanzen sind daher Sorgfalt, ästhetisches Geschick und ein wenig Phantasie erforderlich. Im Handel werden verschiedene Stützvorrichtungen angeboten, aber man kann auch ebensogut seine Stützvorrichtungen selbst erfinden. Wichtig ist, daß die Stützen so hoch sind, daß sie später bis unter die Blüten reichen. Man sollte also wissen, welche Höhe die Pflanze ungefähr erreichen wird. In einem dicht bepflanzten Blumenbeet stützen sich jedoch viele Pflanzen gegenseitig, und es ist geradezu verblüffend, wie viele hohe Stauden gar keine Stützen benötigen, wie etwa Federmohn *(Macleaya)*, Riesenschilf *(Arundo donax)*, Eisenhut (*Aconitum carmichaelii* var. x *arendsii*), hohe Flammenblumen *(Phlox)* oder Wasserdost (*Eupatorium maculatum* ›Atropurpureum‹).

Der Zeitpunkt des Anbringens von Stützen sollte sorgfältig und für jede Pflanze individuell gewählt werden. Hat beispielsweise der Rittersporn eine Höhe von etwa 50 cm erreicht, kann man die Stengel mit einem Metallreifen oder handelsüblichen Draht- oder Plastikgeflechten stützen, die relativ unauffällig sind. Wenn einige Wochen später die Blütenstengel rasch wachsen und das Laub sich üppig entwickelt hat, können Sie beginnen, höhere Stützen einzusetzen.

Bei Rittersporn, wie man ihn auf Blumenschauen sieht, sollte jeder Blütenstand einzeln gestützt werden. Gewöhnlich ist für Rittersporn und andere große Stauden jedoch folgende Methode gut geeignet: Man steckt rund um die Pflanze mehrere Bambusstäbe in den Boden (dabei muß man darauf achten, daß die Wurzeln nicht verletzt werden) und befestigt grüne Gartenschnur an den Stäben, die man zwischen den Blütentrieben hin und her führt. Auf diese Weise gestützte Pflanzen wirken natürlicher. Wenn man spröde, saftreiche Stengel zu fest an einen Stab bindet, brechen sie bei Wind an der Bindestelle ab. Deshalb sollte man sie nur locker festbinden und die Schnur in Form einer Acht um Stab und Blütenstengel winden, damit der Stengel etwas Spielraum hat. Für die üppig belaubten Dahlien sind Bambusstäbe meist nicht stabil genug. Hier eignen sich Kanthölzer mit etwa 2,5 cm Seitenlänge gut, die man am besten dunkelgrün streicht.

Vielen Pflanzen schadet es nicht, wenn sie ein wenig unordentlich wachsen; falls sie sich aber zu stark neigen, kann man sie ausgezeichnet mit metallenen Halbkreisen stützen, die man in die Erde steckt. Diese mattschwarzen oder dunkelgrünen Vorrichtungen lassen sich rasch und problemlos so einsetzen, daß man sie kaum sieht. Für hohe Stauden eignen sich Halbkreise mit etwa 90 cm langen Stelzen; ausladende Pflanzen am Beetrand kann man mit 35 cm hohen Reifen unauffällig unter Kontrolle bringen. Selbst Strauchrosen brauchen manchmal Stützen, und hier kann man zwei dieser Metallreifen zu einem Kreis zusammensetzen.

Reiser, wie sie oft zum Abstützen von Erbsen verwendet werden, können, in die Erde gesteckt, laubreichen Stauden mit schwachen Stengeln Halt geben. Sie gehören zu den unauffälligsten Stützen, da die wachsende Pflanze sie rasch verbirgt. Außerdem erfüllen sie ihren Zweck ausgezeichnet und sind kostenlos, wenn sie beim Rückschnitt kleiner Bäume im eigenen Garten anfallen.

Auch beim Stützen spielt die eigene Arbeitsmoral eine wichtige Rolle, und wer sich dabei ertappt, daß er Ausreden erfindet, um diese Arbeit nicht ausführen zu müssen, sollte überlegen, ob er nicht besser kleinere Gewächse pflanzt, die keine Stützen benötigen (siehe Seite 24).

Pflanzen kaufen

Um den Pflanzen die bestmögliche Chance zu geben, sich im Garten einzugewöhnen, sollte man beim Kauf sehr wählerisch sein und keine Exemplare nehmen, die in zu großen oder zu kleinen Töpfen wachsen. Außerdem sollten sie gesundes Laub haben und schädlings- und krankheitsfrei sein. Hier sieht man Pfingstrosen (*Paeonia-lactiflora*-Hybriden), Strohblumen *(Helichrysum)* und Hornveilchen *(Viola cornuta).*

Der Kauf von Pflanzen ist eine Kunst und erfordert einigen Sachverstand. Auch wenn die im Handel angebotenen Pflanzen unter optimalen Bedingungen gezogen werden, damit eine schnelle, gesunde Entwicklung begünstigt wird, hängt doch viel davon ab, was mit ihnen in der Zeit zwischen Verlassen des Gewächshauses und Verkauf an den Endverbraucher geschieht. Deshalb sollten Sie die Pflanzen im Gartencenter kritisch begutachten, um sicherzugehen, daß Sie gesunde Exemplare erwerben.

Damit das Geschäft mit den Beetpflanzen möglichst zeitig beginnt, müssen Petunien, Begonien und Fleißiges Lieschen *(Impatiens)* oft viel zu früh im Jahr vor den Läden frieren und brauchen dann einige Zeit, bis sie sich wieder erholt haben. Auf der anderen Seite sieht man am Ende der Saison Pflanzen, die viel zu lange in ihren Schalen gestanden haben, was leicht an ihren dünnen Trieben und gelblichen Blättern zu erkennen ist. Bedingt winterharte Einjahresblumen sollten einen guten Start in ihr Sommerleben bekommen, und deshalb wartet der kluge Kunde mit dem Kauf, bis sich das Wetter erwärmt hat, und wählt buschige Pflanzen mit gesunden, grünen Blättern.

Angesichts des großen Angebots an Pflanzen in Töpfen muß man sich fragen, wie lange eine Pflanze wohl schon in ihrem Topf wächst. Heben Sie den Topf hoch, um festzustellen, ob bereits Wurzeln aus dem Abzugsloch wachsen; einige wenige sind ein Zeichen dafür, daß die Pflanze in ihrem Topf gut gedeiht. Ein dichtes Wurzelgeflecht verrät, daß sie schon viel zu lange in dem Topf steht. In diesem Fall werden Mangelerscheinungen sichtbar sein, wie gestauchter Wuchs und vergilbte Blätter. Wenn ein Baum oder Strauch dieses Stadium erreicht hat, gedeiht er möglicherweise nie mehr richtig. Vielleicht wächst auch Unkraut, wie einjähriges Gras oder Sternmiere, im Topf.

Das Gegenteil ist bei einer kleinen Pflanze in einem viel zu großen Topf der Fall - sie wurde vielleicht erst vor einer Woche eingetopft. Die Idee von Containerpflanzen ist jedoch, daß sich die jungen Pflanzen in ihren Töpfen bereits so gut entwickelt haben, daß es ihnen nahezu nichts ausmacht, wenn man sie in den Garten setzt. Nimmt man aber solch eine kleine Pflanze aus ihrem Topf, fällt der Erdballen auseinander, und man hat eine Jungpflanze, die an ihrem neuen Platz nur langsam anwächst.

Bei jungen Bäumen und Sträuchern muß man darauf achten, daß sie eine ausgewogene Wuchsform besitzen. Außerdem müssen die Pflanzen viele gesunde Triebe haben, und man darf weder totes Holz noch Rindenverletzungen sehen. Immergrüne sollten glänzendes, gesundes Laub haben. Braune Ränder an den Blättern können ein Hinweis darauf sein, daß die Pflanze einem eisigen Frühlingswind ausgesetzt war. Ferner darf es keine Anzeichen für Schädlingsbefall geben.

Von einigen Stauden, wie beispielsweise Nelken und Veilchen, kauft man am besten blütenlose Jungpflanzen in kleinen Töpfen. Wenn eine Pflanze in einem großen Topf wächst, bereits über die Ränder hängt und zweifellos schon seit einiger Zeit blüht, ja sogar Samen ausbildet, hat sie ihre besten Tage bereits hinter sich.

Beim Kauf einer *Clematis* oder anderer Kletterpflanzen mit weichen Trieben muß man darauf achten, daß der Stützstab nicht irgendwann entfernt wurde, denn in diesem Fall könnten die Triebe an der Pflanzenbasis geschädigt sein. Wenn Sie die Sträucher, Stauden oder Jungbäume ausgewählt haben, sollten Sie sich beim Händler erkundigen, welchen Standort die Pflanzen bevorzugen, welche Nährstoffe sie brauchen und wie ihr Wasserbedarf ist. Eventuell lassen Sie sich auch bei der Auswahl von Düngemitteln beraten.

DAS GARTENJAHR

Der natürliche Ablauf des Gartenjahres gliedert sich meiner Meinung nach nicht in vier, sondern in acht Jahreszeiten, und dementsprechend ist das folgende Kapitel unterteilt. Unerfahrene Gärtner verlassen sich möglicherweise auf Richtlinien bezüglich der Pflanztermine, die in Gartenbüchern angegeben werden, doch weitaus verläßlicher sind Aussaat- und Pflanztermine durch die genaue Beobachtung des Gartens, des Allgemeinzustands der Pflanzen wie auch der regionalen Witterungsbedingungen bestimmbar. Von einem Jahr zum anderen kann sich der Beginn der Wachstumsperiode um mehrere Wochen verschieben, und schon wenige Kilometer Entfernung können große Unterschiede bei Luft- und Bodentemperatur ausmachen. Saisonale Glanzpunkte, die in diesem Kapitel erwähnt werden, mögen Sie anregen, diese oder jene neue und besondere Pflanze in Ihrem Garten anzupflanzen und mit ihr zu experimentieren.

Glockenblume (*Campanula lactiflora* ›Hidcote Amethyst‹) und Fingerhut *(Digitalis)*, die hier unter alten Rosen wachsen, sind der Inbegriff des Sommers. Viele Blumengärten sind im Sommer am schönsten, doch jede Jahreszeit hat ihre besonderen Reize.

Frühlingsbeginn

Schneeglöckchen und Krokusse, die ihre Blüten der Sonne entgegenrecken, werden Sie zu dieser Jahreszeit in den Garten locken. Frühe Narzissen, wie *Narcissus* ›Tête-à-Tête‹, ›February Silver‹ und ›February Gold‹, stehen vielleicht schon in voller Blüte, und auf dem kahlen Boden entsteht allmählich ein Teppich aus kleinen Zwiebelblumen – zartblauen *Puschkinia scilloides*, leuchtendgelben Winterlingen *(Eranthis hyemalis)* und hellblauen Sternhyazinthen *(Scilla bifolia)*. Goldlack und frühe Stiefmütterchen, die vielleicht schon mit Blüten getupft sind, strecken sich in die allmählich wärmer werdende Luft. Der Schneeballstrauch *(Viburnum farreri)* ist schon in zartes Grün gekleidet, und kleine Rosetten aus glänzenden jungen Blättern schmücken die Zweige der kletternden Hortensie (*Hydrangea anomala* ssp. *petiolaris*).

Nieswurz hat jetzt Hochsaison. Von den *Helleborus-orientalis*-Hybriden findet man Formen mit einfarbigen, getupften, zart gefleckten oder kräftig gescheckten Blüten. Alle sind schön, doch manche sind besonders reizvoll. Ihre Blütenfarben reichen von Leuchtendweiß über Primelgelb und Blaßrosa bis zu Kastanienbraun und Violett. Vielleicht am reizvollsten sind solche in ganz dunklen Tönen, wie der fast blauschwarze *H.* ›Philip Ballard‹. Nieswurz liebt nährstoffreiche, kalkhaltige Erde und kühle Plätze und kann jetzt oder kurz nach der Blüte geteilt werden. *H. argutifolius*, *H. foetidus* und *H. viridis* ergänzen das Farbspektrum durch hellgrüne bis smaragdgrüne Blüten.

Eine kleine Gruppe Kissenprimeln *Primula vulgaris* ssp. *sibthorpii* lockert eine Gruppe von dunkelvioletten Nieswurzen auf. Aber auch das Lungenkraut *(Pulmonaria)*, eine altmodische Staude, die seit langem in unseren Gärten wächst, sieht zusammen mit Nieswurz sehr hübsch aus. Neben *Pulmonaria officinalis*, die gefleckte Blätter und rosa-blaue Blüten hat, gibt es noch viele schöne Sorten wie *P. angustifolia* mit blauen Blüten oder die ziegelrote *P. rubra* ›David Ward‹, deren Blätter eine hübsche cremegrüne Zeichnung haben.

In besonders milden Klimalagen lassen tollkühne Pfingstrosen ihre Knospen anschwellen, ohne sich darum zu kümmern, wie

Schneeglöckchen, Krokusse und junge Nieswurz kündigen den Beginn des Frühjahrs an.

launenhaft das Wetter um diese Jahreszeit noch sein kann. Auch wir werden leicht verführt, zu früh mit dem Säen und Pflanzen zu beginnen, doch wenn man Witterung und Bodentemperatur im Auge behält, kann man nun schon das Beet für spätere Aussaaten vorbereiten (siehe Seite 81). Unter Glas topft man frostempfindliche Stauden um, die im letzten Herbst bewurzelt wurden (siehe Seite 91), und sät bedingt winterharte einjährige Blumen aus (siehe Seite 96). Wohlriechende Wicken *(Lathyrus odoratus)* können in einen Frühbeetkasten oder auch schon direkt ins Freiland gesät werden.

Die Beete sollten von Unkraut befreit und leicht mit dem Rechen bearbeitet werden. Abdeckungen, die empfindliche Pflanzen im Winter geschützt haben, werden entfernt. Wenn das Wetter mild und der Boden nicht zu naß ist, kann man alle winterharten Bäume, Sträucher, Stauden und Rosen pflanzen. Ab Februar schneidet man die Rosen (siehe Seite 88), und ab April gibt man Humusdünger auf das Rosenbeet.

Zwischen den Blättern von Gartennelken *(Dianthus)* verstecken sich häufig Blattläuse, die gegebenenfalls mit Brennesselwasser bekämpft werden sollten. Und wenn Sie die Matten aus Nelkenlaub hochheben, finden Sie wahrscheinlich auch Kolonien überwinternder Schnecken darunter; sie werden entfernt. Schnecken versammeln sich auch bei den Funkien, die demnächst neue Blätter treiben. Sie können mit Adlerfarnjauche bekämpft werden.

Schneeglöckchen *(Galanthus)* werden gleich nach dem Abblühen geteilt. Wurden die Zwiebeln im Herbst in den Boden gesteckt, brauchen sie etwas Zeit, um sich einzugewöhnen, und sollten versetzt werden, wenn sie gut wachsen. Da sie waldartige Bedingungen mögen, kann man sie unter sommergrüne Bäume und Sträucher pflanzen oder um Stauden herum gruppieren, die selten gestört werden, wie Schattenblume *(Smilacina)* und *Kirengeshoma*. Etwa im Abstand von drei Jahren werden die Büschel ausgegraben und geteilt. Man arbeitet etwas Lauberde und Knochenmehl in den Boden ein und pflanzt dann kleine Gruppen aus je zwei oder drei Brutzwiebeln.

Pflanzen Sie Sommer-Zwiebelblumen wie Gladiole *(Gladiolus)* und Sommerhyazinthe *(Galtonia)* an einen sonnigen Platz und Lilien in Sonne oder Halbschatten. Füllen Sie einen Topf mit *Gladiolus callianthus*, den Sie in der Nähe Ihres sonnig gelegenen Sitzbereichs aufstellen. Ihre anmutigen weißen Blüten mit den kastanienbraunen Mitten und ihr berauschender, süßer Duft werden Sie im Spätsommer erquicken. Außer in sehr milden Klimalagen sollte man die Zwiebeln im Herbst wieder herausnehmen, trocknen lassen und frostfrei lagern.

Auf mageren Böden muß man die Riesenhyazinthe *(Galtonia candicans)* aus Südafrika möglicherweise immer wieder aus neuen Zwiebeln ziehen, doch ihre fast 1 m hohen Blütenschäfte, an denen duftende, weiße Glockenblüten hängen, wirken im Spätsommer herrlich erfrischend. Zwei verlockende Blumen in Lindgrün, die sich beide leicht aus Samen ziehen lassen, sind *G. princeps* und *G. viridiflora*. Sie können gut zwischen frühblühende Stauden gesetzt werden und brauchen nährstoffreiche, durchlässige Erde und volle Sonne.

Lilien sind vielleicht die schönsten Zwiebelblumen für den Sommer. Bei ihrem Kauf muß man jedoch sehr sorgfältig sein. Die Zwiebeln sollten sich frisch und prall anfühlen und ihre Wurzeln voller Leben sein. Da Lilien lockeren, krümeligen Boden mögen, arbeitet man vor dem Pflanzen Kompost, gut verrotteten Mist oder Lauberde und reichlich Knochenmehl ein. Einige Lilien, wie etwa die Königslilie *(Lilium regale)*, lassen sich leicht aus Samen ziehen. Auf diese Weise kann man sich einen schönen Bestand an gesunden Zwiebelblumen zulegen. Ältere Lilien sollten jetzt gemulcht werden, und zwar mit einer dünnen Decke aus Lauberde oder gut verrottetem Kompost, die die jungen Triebe vor Frost schützt.

Die Goldbandlilie aus Japan *(Lilium auratum)* und die Prachtlilie *(Lilium speciosum)* mögen kalkhaltige Erde nicht, beide gedeihen aber sehr gut in Töpfen. Falls sie vielleicht auch nach ein oder zwei Jahren eingehen, sind sie doch ein so schöner Terrassenschmuck, daß es sich lohnt, sie immer wieder zu ersetzen. Für Topfpflanzen verwendet man eine durchlässige Mischung aus etwa drei Teilen guter Gartenerde, einem Teil Lauberde und einem halben Teil scharfem Sand. Gewässert wird sparsam, da sie nicht gern naß stehen.

Wer ein Gewächshaus oder einen Wintergarten besitzt, kann jetzt gelagerte Dahlienknollen vermehren. Wenn man die alten Knollen mit Wasser bespritzt, beginnen sie neu auszutreiben. Wenn die Triebe etwa 8 bis 10 cm lang sind, schneidet man sie sauber mit einem Messer ab und bewurzelt sie in Stecklingserde (siehe Seite 92). Dann setzt man einen Folientunnel oder eine Glasglocke darüber, um die Bewurzelung zu fördern.

Perovskia, Bleiwurz *(Ceratostigma willmottianum)* und winterharte Fuchsien schneidet man auf wenige Zentimeter über dem Boden zurück, Bartblume (*Caryopteris* x *clandonensis*), Schmetterlingsstrauch *(Buddleja davidii)* und Hortensie (*Hydrangea paniculata* ›Grandiflora‹) auf ein oder zwei Knospen an vorjährigen Trieben. Heiligenkraut *(Santolina)*, Beifuß *(Artemisia)*, Buschmalve *(Lavatera)* und Bartfaden *(Penstemon)* werden in Ordnung gebracht, *Romneya coulteri* nimmt man auf 30 cm Höhe zurück. In kalten Gegenden wartet man hiermit noch einige Wochen.

Wenn Tulpen und Hasenglöckchen erscheinen, hat sich der Boden bereits erwärmt, und die Tage sind länger.

Frühling

Wenn das Frühjahr mit einer warmen Brise und einem gelegentlichen sanften Regen ankommt, steigt die Sonne am Himmel höher, haucht dem Boden neues Leben ein und erwärmt und trocknet die Erdoberfläche. Angesichts des Jahreszeitenwechsels scheint alles plötzlich eilig zu wachsen, das Unkraut natürlich auch.

Kommen Sie nun rasch mit dem Pflanzen der winterharten Gewächse zu Ende, und nutzen Sie das dem Wachstum zuträgliche Wetter. Falls der Boden zu trocken ist, füllt man die Pflanzlöcher zuerst mit Wasser und läßt es versickern. Dann setzt man die Pflanzen hinein und bedeckt die Wurzeln sofort mit Erde – durch die Feuchtigkeit können die Pflanzen schneller anwachsen. Nach dem Einsetzen werden sie angegossen. Glattblattastern (*Aster-novi-belgii*-Sorten), Indianernessel *(Monarda)*, Fackellilie *(Kniphofia)*, *Schizostylis* und Ziergräser werden im April geteilt. In milden Gegenden pflanzt man Dahlienknollen, dabei arbeitet man gut verrotteten Kompost und Knochenmehl in die Sohle des Pflanzlochs ein.

Bevor man den Boden mulcht, muß man dafür sorgen, daß er unkrautfrei ist. Das Frühjahr ist die ideale Zeit zum Mulchen, da der Boden nach dem Winter vermutlich noch feucht ist (falls nicht, wird er gründlich gewässert), aber schon begonnen hat, sich aufzuwärmen. Mulchen Sie Rosen, *Clematis*, Stauden und neugepflanzte Bäume und Sträucher mit Kompost, gut verrottetem Mist oder Torf, um die Bodenfeuchtigkeit zu bewahren.

Fahren Sie fort, im Freien winterharte Einjahresblumen zu säen, und junge wohlriechende Wicken *(Lathyrus odoratus)* können jetzt ins Freiland gesetzt werden. Im Frühbeetkasten werden weiter bedingt winterharte Einjahresblumen gesät, und man beginnt, frühere Aussaaten abzuhärten. Sind kalte Nächte angesagt, deckt man den kalten Kasten mit einer alten Decke oder Sackleinen ab, damit der Frost nicht eindringen kann. Im Gewächshaus oder Wintergarten sorgt man an warmen Tagen für eine gute Lüftung, schattiert junge Sämlinge und besprengt mit einer Gießkanne den Boden. Auf diese Weise werden die Temperatur gesenkt und die Luftfeuchtigkeit erhöht, wodurch gute Wachstumsbedingungen geschaffen werden.

Rosen spritzt man mit einem geeigneten biologischen Kombinationspräparat gegen Blattläuse, Sternrußtau und Mehltau. Dies muß den Sommer über in regelmäßigen Abständen wiederholt werden. Besonders in Stadtgärten müssen eventuell Lilien und Kletterpflanzen an Mauern in das Spritzprogramm einbezogen werden. Um Blattläusen den Garaus zu machen, richtet man die Spritzdüse sowohl auf die Unter- als auch auf die Oberseiten der Blätter. Falls Sie keine Spritzmittel verwenden wollen, ist der beste Schutz für die Pflanzen Pflege: Eine gut genährte Pflanze besitzt natürliche Widerstandskräfte gegen Schädlinge und Krankheiten.

Beginnen Sie, Pflanzgefäße für Sommerpflanzen vorzubereiten, damit Sie sie ins Freie setzen können, sobald keine Frostgefahr mehr besteht. Substrate ohne Erde sind für einen Sommer ausreichend, doch wenn man beispielsweise mit Kamelien oder Hortensien Dauerpflanzungen vornimmt, ist eine Erdmischung empfehlenswerter, da sie mehr Substanz hat. Unbedingt notwendig ist eine Drainageschicht: Legen Sie mit Geröll oder Kies gemischte Tonscherben auf den Boden der Gefäße.

Während die Blätter von Schneeglöckchen und Krokussen im Spätfrühjahr still dahinwelken, können die der größeren Narzissen sehr aufdringlich wirken. Deshalb zieht man entweder hübschere, kleinere Narzissen wie ›Hawera‹, ›Tête-à-Tête‹, ›February Gold‹, ›Peeping Tom‹, ›Dove Wings‹ und die seltene blaßgelbe alte Sorte ›Eystettensis‹ oder setzt größere Sorten hinten ins Blumenbeet, wo sie später von höheren Pflanzen versteckt werden. Versuchen Sie, Prachtspiere *(Astilbe)* dazwischenzupflanzen, deren filigranes Laub die welkenden Blätter verbirgt, oder Herbstanemonen (*Anemone-Japonica*-Hybriden). Wenn man feststellt, daß Narzissen am falschen Platz stehen oder aber zu dicht werden, so daß eine Teilung notwendig ist, kann man sie nach der Blüte gut versetzen. Man hebt mit dem Handspaten ein Loch aus, mischt etwas Knochenmehl unter die Erde, legt eine Zwiebel in das Loch, gießt Wasser hinein und füllt wieder mit Erde auf. Die Position der Zwiebeln wird mit Stöckchen markiert.

Mit Tulpen sollte man ruhig verschwenderisch umgehen. Ihre Blüten kommen erst richtig zur Geltung, wenn man sie in der Rabatte in üppigen Gruppen zusammensetzt, wo sie zwischen den unterschiedlichen Grüntönen der Stauden lebhafte Farbflecken entstehen lassen. Andere Zwiebelblumen scheinen in natürlicheren Bereichen des Gartens passender zu wirken. Auf manchen Böden leben Tulpen nur wenige Jahre (es heißt, wenn man sie tief pflanzt, werden sie älter), deshalb sollte man seinen Bestand aufbauen, indem man jeden Herbst ein paar dazukauft. Frühe Sorten wie *Tulipa* ›Heart's Delight‹, *T.* ›Shakespeare‹ und *T.* ›Red Riding Hood‹ blühen vor der Hauptblütezeit, während späte Sorten bis in den Frühsommer für Farbe sorgen.

Trotz der vielen Arbeiten, die während des Frühjahrs im Garten zu erledigen sind, muß man auch Zeit finden, sich zu entspannen und alles zu bewundern. Sonst verpaßt man in dieser Jahreszeit vielleicht einige der kurzlebigeren Blumen, wie etwa Kissenprimeln und ihre Verwandten: Schlüsselblumen, *Polyanthes* und Aurikeln.

Im Frühsommer stehen *Rosa* ›Bonica‹ und Brennende Liebe *(Lychnis chalcedonica)* in voller Blüte.

Spätfrühling und Frühsommer

In dieser Jahreszeit gibt es ständig etwas zu tun. Und wenn man endlich das Unkraut gejätet, den Rasen gemäht, die Wege gekehrt, die Blattläuse vernichtet, die Schnecken geködert, die welken Narzissenblüten entfernt, die Sämlinge pikiert und alle Jungpflanzen gewässert hat, kann man normalerweise gerade wieder von vorn anfangen.

Sofern keine Frostgefahr mehr besteht, können Sie bei warmem, ruhigem Wetter nun bedingt winterharte Einjahresblumen, empfindliche Stauden und junge Dahlien auspflanzen. Fahren Sie mit der Aussaat von winterharten Einjahresblumen im Freien und bedingt winterharten Arten im Frühbeetkasten fort, und härten Sie frühere Aussaaten ab. Wenn Sie im Beet Platz für die Sommerblumen machen wollen, heben Sie die Tulpen mit einer Gabel vorsichtig heraus und pflanzen sie an eine Stelle, wo die Blätter ungestört welken können. Rosen werden jetzt mit einem Kombinationspräparat gegen Schadinsekten und Pilze gespritzt (fragen Sie in Ihrem Gartencenter nach biologischen Mitteln). Dies setzt man bis zum Herbst fort. Bei Tulpen und Narzissen entfernt man welke Blüten, kleinere Zwiebelblumen wie Traubenhyazinthen *(Muscari)*, Blaustern *(Scilla)*, Schneestolz *(Chionodoxa)*, Hundszahn *(Erythronium)* und Schneeglöckchen *(Galanthus)* sollten sich aber aussamen können.

Mehrjährige Lobelien, wie *Lobelia cardinalis*, können in kleine Rosetten geteilt und unter Zugabe von Kompost und Volldünger wieder gepflanzt werden. Beginnen Sie mit dem Stützen hoher Stauden wie Rittersporn. Denken Sie auch darüber nach, wie Sie Ihren Frühsommergarten für das kommende Jahr verschönern können. Nehmen Sie dafür die Pflanzenliste auf Seite 55 zu Hilfe.

Um den Pflanzenbestand für das nächste Jahr zu vergrößern, werden unter Glas in Töpfen einige ein- und zweijährige Pflanzen gesät: Goldlack *(Cheiranthus cheiri)*, Bartnelken *(Dianthus barbatus)*, Fingerhut *(Digitalis purpurea)*, Levkojen *(Matthiola)*, Vergißmeinnicht *(Myosotis)*, Islandmohn *(Papaver nudicaule)* und Glockenblumen *(Campanula medium)*. Die Edeldistel *(Eryngium giganteum)* läßt sich schlecht verpflanzen und wird daher besser an Ort und Stelle gesetzt.

Gefäße werden bepflanzt, sobald keine Frostgefahr mehr besteht. Viele Sommer-Beetpflanzen haben recht uninteressantes Laub. Um schöne Arrangements in Töpfen entstehen zu lassen, braucht man daher auch etwas hübsches Laub als Hintergrund für die Blüten. Eine üppige, tropische Wirkung haben der Honigstrauch *(Melianthus major)*, ein bedingt winterharter immergrüner Strauch mit herrlichen, sehr großen, blaugrauen, gefiederten Blättern, und die violette Canna (*Canna indica* ›Purpurea‹). Drei der schönsten silberblättrigen Pflanzen sind Kreuzkraut *(Senecio vira-vira)*, Strohblume *(Helichrysum petiolare)*, die ihre silbrigen Triebe durch Nachbarpflanzen webt, und *Plecostachys serpyllifolia*, die sich – in geringerem Ausmaß – ähnlich verhält. Fuchsie (*Fuchsia magellanica* ›Versicolor‹), kleinblättriger panaschierter Efeu und Funkien, insbesondere die großblättrige, blaugrüne *Hosta sieboldiana* ›Elegans‹, gedeihen alle im Halbschatten ausgezeichnet.

Sommer

Wie Ihr Garten auch gestaltet sein mag, wenn der Hochsommer naht, scheint er verzaubert zu sein. In den langen Tagen und warmen Nächten strotzen die Pflanzen vor Gesundheit. Der Türkische Mohn öffnet seine Blüten, die an zerknitterte Seide erinnern, die prallen Knospen der Pfingstrose platzen auf, und im Garten herrscht eine erwartungsvolle Atmosphäre, während sich viele Rosen auf das große Fest des Sommers vorbereiten. Lupinen, Glockenblumen, Schwertlilien, Rittersporn, Geißblatt, Wicken, Madonnenlilien und Pflanzen, die vom herrlichen Frauenschuh *(Cypripedium reginae)* bis zum bekannten Frauenmantel *(Alchemilla mollis)* reichen - alle diese Schönheiten verlocken zur beschaulichen Betrachtung.

Während die Tage unmerklich kürzer werden, hängt das Aussehen Ihres Gartens davon ab, wie sorgfältig Sie jäten, gießen und welke Blüten entfernen. Gleichzeitig sind diese Arbeiten aber ein guter Vorwand, immer wieder durch den Garten zu schlendern, die Blumen zu bewundern und die einzigartige Persönlichkeit jeder Pflanze zu studieren. Ein Handgriff hier, ein Handgriff dort, es scheint, als bestünde die Gartenarbeit zu dieser Jahreszeit hauptsächlich darin, mit Gartenschere und einem Eimer umherzugehen. Doch wenn Sie Ihre Pflanzen dabei genau beobachten, werden Sie sofort sehen, wenn eine ihren Nachbarn bedrängt (notieren Sie diese und versetzen Sie sie später), schwächlich aussieht (sie braucht vielleicht etwas Flüssigdünger) oder von Schädlingen befallen ist.

Der Sommer ist eine Zeit zum Träumen, und leicht vergißt man dabei, an den nächsten Frühling zu denken. Aber damit Primeln gedeihen, müssen sie geteilt und an einen anderen Platz gesetzt werden. Ein Standortwechsel hat auch den Vorteil, daß Sie dem Dickmaulrüßler immer einen Schritt vorausbleiben, dessen Larven eine Vorliebe für alle Primeln haben. Wenn alte Primeln geteilt werden, arbeitet man zerkrümelten, gut verrotteten Mist, Kompost oder Lauberde in das Pflanzloch ein und gibt etwas Knochenmehl dazu.

Bartiris müssen etwa alle drei Jahre geteilt werden. Wenn man eine Pflanze sechs Wochen nach der Blüte ausgräbt und betrachtet,

Wenn Rudbeckien, Lampionblumen und Goldrute die Blüten öffnen, werden die Tage wieder kürzer.

sieht man, daß sie neue, dicke Wurzeln auszubilden beginnt. Dies ist der richtige Augenblick für die Teilung. Heben Sie die Pflanze mit einer Gabel heraus, und werfen Sie das alte Rhizom in der Mitte weg. Die jüngeren, äußeren Rhizomstücke werden wieder eingepflanzt (siehe Seite 93). Dann schneidet man mindestens die Hälfte der Blätter ab, andernfalls kann der Wind die Pflanzen entwurzeln.

Soll Rittersporn im Herbst noch einmal blühen, schneidet man die Pflanzen bis auf Bodenhöhe zurück, sobald die Blüten welken. Für jede Pflanze arbeitet man eine gute Handvoll Volldünger ein und gießt sie gut. Dann mulcht man mit Mist und trifft Vorsorge gegen Schnecken. Rosen düngt man nach der ersten Blüte mit einem Rosendünger und fährt wie üblich mit den Spritzungen fort.

Stützmaßnahmen sollte man durchführen (siehe Seite 98), bevor eine Pflanze umfällt und nicht hinterher - es ist nicht sehr angenehm, einer Masse nassen Laubs, zerschundener Blüten und abgebrochener Stengel Herr werden zu müssen. Versuchen Sie abzuschätzen, welche Pflanzen wahrscheinlich eine Stütze brauchen werden.

Spätsommer und Frühherbst

Mit dem Spätsommer kommen schwüle Wetterlagen und heiße, austrocknende Winde. Die Pflanzen stehen in vollem Wachstum und tragen eine Fülle durstiger Blätter. Das Laub wirkt trocken und staubig, und damit der Garten auch im Spätsommer lebendig aussieht, muß man sich etwas zusätzliche Zeit nehmen, um Pflanzenreste wegzuräumen, wie Blätter und abgefallene Blüten, die sich in Ekken sammeln. Da und dort muß man auch ein gelbes Blatt abzupfen oder die Triebe frühblühender Stauden zurückschneiden.

Obwohl man möglicherweise nicht mit dem Unkrautjäten beschäftigt ist (bis ein Herbstregen die nächste Generation Unkrautsamen keimen läßt), muß man doch die Pflanzen häufig wässern und welke Blüten entfernen. Und denken Sie an all die Pflanzen, die noch nicht auf dem Höhepunkt ihrer Pracht stehen und weiterhin sorgfältige Flüssigdüngergaben schätzen - Chrysanthemen, Herbstanemonen (*Anemone-Japonica*-Hybriden), *Kirengeshoma*, *Eupatorium*, Krötenlilien *(Tricyrtis)*, Aster, Montbretie *(Crocosmia)* und Belladonnalilie *(Amaryllis belladonna)*. Da Pflanzgefäße nun dicht mit hungrigen Wurzeln gefüllt sind, muß noch aufmerksamer gewässert und gedüngt werden, damit die Blumen bis zum Schluß prächtig bleiben.

Von frostempfindlichen Stauden und Sträuchern nimmt man Stecklinge (siehe Seite 92) und von Nelken Absenker (siehe Seite 95). Wer es über das Herz bringt, die Veilchen hart zurückzuschneiden (mit allen Blüten), fördert die Entwicklung zahlreicher Triebe, die sich ideal als Stecklinge eignen (siehe Seite 93). Experimentieren Sie mit Stecklingen vieler verschiedener Pflanzen, auch von Steingartengewächsen und Sträuchern.

Bei den Schlingrosen schneidet man die abgeblühten Stengel heraus und bindet junge Triebe auf. Sollten nicht genug vorhanden sein, läßt man einige alte stehen.

Nun ist die Zeit gekommen, über Zwiebelblumen und für sie geeignete Standorte nachzudenken. Narzissen beginnen sehr früh im Herbst zu wachsen und sollten nun umgepflanzt werden.

Herbst

Der Frühherbst mit seinen warmen, ruhigen Tagen ist eine der zauberhaftesten Jahreszeiten. In den kühleren Nächten erholen sich die Pflanzen, das Sonnenlicht ist nicht mehr so grell, und im Garten verbreitet sich eine sanftere Stimmung. Nach der üppigen Pracht des Sommers haben die Herbstblumen etwas Ergreifendes, und sie erscheinen besonders reizvoll, da sie das dem Ende zugehende Jahr aufheitern. In dem weicheren Licht leuchten ihre Farben, Tau erfrischt die von der Hitze geschwächten Pflanzen und hinterläßt am Morgen kleine Diamanten auf dem Rasen oder schmückt die flaumigen malvenfarbenen Blütenstände des Federborstengrases *(Pennisetum orientale)* mit kleinen Wasserperlen.

Nun muß man neue Ideen kritisch prüfen, neue Pläne durchdenken, neue Pflanzen auflisten oder neue Beete anlegen und bekommt dabei die Gelegenheit, alle Fehler wiedergutzumachen. Dies ist der Beginn des Gartenjahres, eine ungemein anregende und kreative Zeit.

Bestandsaufnahme im Herbst

Wie überall im Leben müssen auch bei der Gartenarbeit Entscheidungen getroffen werden, und Sie sollten Pflanzen wählen, die Sie problemlos kultivieren können, so daß sie gedeihen und an ihrem Platz eine Augenweide sind. Gehen Sie langsam durch den Garten, Papier und Stift in der Hand, und begutachten Sie jede Pflanze sorgfältig. Prüfen Sie genau, ob Sie Ihnen wirklich gefällt. Vielleicht war die Pflanze bereits da, als Sie den Garten übernahmen, und nun haben Sie sich so an sie gewöhnt, daß Sie sie kaum mehr bemerken und sich schon gar nicht fragen, ob sie nicht besser entfernt werden sollte. Vielleicht ist es eine Pflanze, die Sie begeistert gekauft hatten, als Sie eine grelle Panaschierung oder zweifarbige Blüten für den letzten Schrei hielten. Möglicherweise klang nur die Beschreibung die Pflanze im Katalog sehr verlockend, tatsächlich aber sieht sie eher langweilig aus.

Während Sie immer noch neben derselben Pflanze stehen, stellen Sie sich eine zweite Frage: Muß sie vermehrt werden? Vielleicht ist die Pflanze so reizvoll, daß Sie gern weitere Exemplare hätten. In diesem Fall nehmen Sie einen Steckling, sammeln Samen oder teilen sie, um eine hübsche große Gruppe entstehen zu lassen. Umgekehrt sind Sie möglicherweise etwas kritischer geworden und zu dem Schluß gekommen, daß Sie diese Pflanze nicht mögen. Doch auch in diesem Fall sollte sich die Pflanze vermehren lassen, damit Sie sie, um Ihr Gewissen zu beruhigen, als bewurzelten Steckling oder kleines Teilstück verschenken können.

Der Herbstblüher *Cyclamen hederifolium*

Der dritte und vielleicht wichtigste Fragenkomplex lautet: Steht die Pflanze am richtigen Ort? Sagen ihr Boden und Standort zu, oder würde sie vielleicht eine feuchtere oder trockenere Stelle bevorzugen? Hat sie genügend Platz? Möglicherweise wird sie von einem wuchsfreudigen Nachbarn bedrängt oder erstickt ihrerseits eine empfindliche Kostbarkeit. Und steigert sie durch ihre Größe, Farbe und Form die Wirkung benachbarter Pflanzen, oder lenkt sie von ihnen ab?

Viele Pflanzen verlieren im Lauf der Zeit ihre Ansehnlichkeit, wie etwa Lavendel *(Lavandula)*, Seidelbast *(Daphne)* oder die Zistrose *(Cistus)*. Die nächste Frage sollte deshalb dem Allgemeinzustand der Pflanze gelten. Blüht sie noch so schön wie im letzten Jahr? Vielleicht beginnt sie häßlich, alt und holzig zu werden. In diesem Fall ist man besser beraten, wenn man einen Steckling nimmt und das alte Exemplar ersetzt.

Im Herbst lassen sich all diese Dinge großartig korrigieren, denn jetzt sind Größe und Farbe der Pflanzen noch sichtbar, während im Frühjahr von vielen nicht mehr als ein niedriges Blattbüschel zu sehen ist. Das Wetter eignet sich ideal zum Verpflanzen, da der Boden noch warm ist, und es gibt kaum eine bessere Zeit, Stecklinge zu nehmen.

Pflanzen Sie Zwiebelblumen, Sträucher, Stauden, Rosen und zweijährige Pflanzen. Fahren Sie mit dem Spritzen von Rosen fort, und prüfen Sie, ob die Kletterrosen noch fest angebunden sind. Teilen Sie die alten Lilien, und pflanzen Sie neue, sobald sie angeboten werden. Setzen Sie bewurzelte Nelkenabsenker ins Freiland. Der Kasten mit den Aurikeln wird jetzt an einen sonnigen Platz gestellt. Die Stauden schneidet man weiter zurück. Verwelkte Sommerpflanzen nimmt man heraus und setzt Frühjahrspflanzen an ihre Stelle, die jetzt aber nicht zu stark gedüngt werden dürfen. Sie entwickeln sonst weiche Triebe, die durch Frost Schaden nehmen – ein wenig Knochenmehl ist alles, was sie brauchen. Von empfindlichen Stauden nimmt man Stecklinge und bringt Töpfe mit frostempfindlichen Pflanzen unter Glas.

Nehmen Sie alle Sommerpflanzen aus den Gefäßen und setzen Sie sie in den Garten, selbst wenn sie noch blühen sollten. Dadurch erhalten die Schönheiten des Frühjahrs – Goldlack, Vergißmeinnicht, Primeln, Stiefmütterchen und Levkojen (in besonders milden Gegenden) – Gelegenheit, noch vor dem Winter anzuwachsen. Wenn die Pflanzgefäße zu Beginn der Wachstumsperiode mit frischem Substrat gefüllt wurden, muß es jetzt nicht ausgewechselt werden. Man lockert es lediglich etwas und düngt mit ein wenig Knochenmehl. Wer Zwiebeln in ein Gefäß steckt, sollte darauf achten, daß es Pflanzen mit einer langen Blütezeit sind. Setzen Sie sowohl frühe als auch späte Sorten von Krokussen, Narzissen und Tulpen in den gleichen Topf. Je nach Größe stecken Sie die Zwiebeln in unterschiedliche Tiefen; die größten Narzissen werden sehr tief gesetzt und kleine Zwiebelblumen, wie Krokusse, nahe der Oberfläche.

Spätherbst

Im Spätherbst finden sich überall schmutzige, nasse Stauden, schlammige Wege und Blätter, die durch die Luft wirbeln und kleine nasse Haufen bilden. In großen Gärten, in denen hauptsächlich Bäume, Sträucher, Bodendekker und Zwiebelblumen wachsen, kann man das abgeworfene Laub liegenlassen. Es wird nach und nach von Würmern in den Boden gezogen und wirkt wie Dünger. Doch in kleinen Gärten mögen es Stauden und Steingartenpflanzen oft nicht, wenn sie nasse Halskrausen haben. Dort entfernt man das Laub besser, dabei kann man gleichzeitig die Schnecken entfernen, die sich unter den Blättern verstecken. Wenn man vor etwa einem Monat das Teilen und Umpflanzen abgeschlossen hat, kann man sich nun ganz den Aufräumarbeiten widmen.

Die Dahlien werden aus dem Boden gehoben und zurückgeschnitten. Die Knollen lagert man so im Schuppen, daß die fleischigen Stengelenden trocknen können. Anschließend bedeckt man sie in Kästen mit einer dünnen Torfschicht und stellt sie an einen frostfreien Platz. Gelegentlich muß man sie überprüfen und faulende Stellen herausschneiden. Falls sie zu stark ausgetrocknet sind, legt man sie in Wasser, damit sie sich vollsaugen können. Gladiolenzwiebeln nimmt man heraus und hängt sie zum Trocknen an einen warmen, gut gelüfteten Platz. Wicken werden in Töpfe gesät, die man in den kalten Kasten stellt.

Bei geeignetem Wetter pflanzt man weitere Sträucher, Stauden, Rosen, zweijährige Pflanzen und Zwiebelblumen, falls man früher nicht dazugekommen ist; denn je früher Zwiebeln im Herbst gesteckt werden, desto besser. Tulpen können jedoch bis zur Wintermitte gepflanzt werden. Neue Beete werden umgegraben und gedüngt (siehe Seite 81 und 84). Bei den Rosen schneidet man - falls dies noch nicht geschehen ist - die langen Triebe zurück (siehe Seite 88).

Vor Mauern schützt man empfindliche Pflanzen mit einer Decke aus Luftpolsterfolie, die man mit Drahtgeflecht stützt, oder mit Polyethylenfolie, die man mit Bambusstäben stützt. Schieben Sie einige dünne Zweige oder Bambusstäbe zwischen Pflanzen und Abdeckung, so daß die Luft zirkulieren kann.

Crocus tommasinianus zeigt seine Blüten im Schnee, bevor der Winter vorüber ist.

Wintermitte

Wenn im Winter all der sommerliche Schmuck verschwunden ist, werden Sie verstehen, warum ein Garten eine gute Struktur benötigt, die durch Immergrüne, Bäume und Sträucher mit ausgewogenen Wuchsformen und Höhen, klare Wegführungen und gefällige Formen von Rasenflächen und Blumenbeeten geschaffen wird. Jetzt weiß man den grünen Hintergrund, den Stechpalme, Eibe, Schneeball *(Viburnum tinus)* und Buchsbaum bilden, zu schätzen. Die schlichten Blüten des Winters, wie die cremefarbenen Glocken von *Clematis cirrhosa* und *C. balearica*, passen perfekt zu dem schwachen Licht.

Winterblühende Schneeheide *(Erica herbacea)* läßt rosa und weiße Schwaden entstehen, Zwiebelblumen beginnen sich aus der Erde zu schieben, und vor der wärmsten Wand stellt *Iris unguicularis* zarte, lavendelfarbene Blüten zur Schau. In geschützten Gärten beginnt Seidelbast *(Daphne bholua)* lilarosa Blütenbüschel zu entwickeln und erfüllt die Luft mit ihrem Duft. Doch das winterliche Gesicht des Blumengartens wird vor allem durch ein Muster aus Blättern in glänzendem Silber, samtigem Grau, stechendem Grün, Blaugrün oder kupfrigem Bronze bestimmt. Alle Farben und Strukturen schwächt die blasse Sonne zu der gedämpften Farbpalette des Winters ab.

Sobald es richtig kalt wird, nehmen die grünen Blätter der Bergenie *(Bergenia purpurascens)* einen dunklen weinroten Ton an, der auf den Unterseiten etwas heller ist. Die haferähnlichen Blütenköpfe an den gebleichten Halmen des Federgrases *(Stipa gigantea)* wirken in ihrer zarten Anmut immer noch wunderschön. Die sich kaskadenartig ergießenden, starren Triebe des Winterjasmins *(Jasminum nudiflorum)* sind nun mit gelben Sternblüten getupft. Vielleicht setzen Sie diesen unentbehrlichen Winterstrauch dicht neben eine Moschusrosen-Hybride, wie etwa *Rosa* ›Buff Beauty‹, so daß sie an der gleichen Stelle zweimal im Jahr Blütenpracht haben.

Der Aronstab (*Arum italicum* ›Marmoratum‹) macht im Winter mit seinen dunkelgrünen Blättern, die einen seidigen Schimmer und eine auffällige cremeweiße Marmorierung haben, stets einen fröhlichen Eindruck. Die Pflanze eignet sich wunderbar für den Schnitt, wenn sonst wenig frisches Laub vorhanden ist. Sie wächst zufrieden in magerem Boden und hat kleine, dicke Stengel, an denen im Herbst blasse, scharlachrote Beeren stehen.

Beenden Sie nun, sofern das Wetter es zuläßt, rasch alle Umgrabearbeiten (siehe Seite 81), damit der Frost die Erde aufbrechen kann und eine feine Krume entsteht. Bestellen Sie nun etwas Mist, decken ihn mit Folie ab und lassen ihn reifen, damit er zur Pflanzzeit im Frühjahr gebrauchsfertig ist. Falls die Erde nicht zu naß ist, schließen Sie auch die Pflanzung von Bäumen, Sträuchern und Rosen ab.

Räumen Sie den Gartenschuppen auf, schärfen Sie die Werkzeuge, und werfen Sie den Abfall fort, der sich über das Jahr angesammelt hat. In Glashäusern und Wintergärten wird nun sehr sparsam gegossen. Man inspiziert die Pflanzen regelmäßig und entfernt verrottende Blätter. Zu dieser Jahreszeit ist Hygiene besonders wichtig, um die Ausbreitung von Schimmel zu verhindern. Dann bestellt man Saatgutkataloge und läßt sich zur Planung des kommenden Jahres am Kaminfeuer nieder.

Die wichtigsten Pflanzen für den blühenden Garten

Gewiß ist es nicht einfach, aus den 50 000 Pflanzen, die heute kultiviert werden, 50 auszuwählen. Doch gerade in der richtigen Auswahl liegt die Kunst erfolgreicher Gartengestaltung. Bevor Sie daher eine der im folgenden beschriebenen Pflanzen kaufen, sollten zunächst einige wichtige Fragen beantwortet werden: Wo soll die Pflanze wachsen? Entsprechen die dortigen Boden- und Wachstumsbedingungen ihren Bedürfnissen? Ergänzt sie die Farbkomposition? Wenn Sie diesen Katalog als Auswahlhilfe benutzen (natürlich gibt es noch zahllose andere Pflanzen, die Ihren Garten bereichern können), werden Sie feststellen, daß jede Pflanze einen speziellen Beitrag zum blühenden Garten leistet, etwa mit ihren charakteristischen Blüten oder aber, weil sie eine sehr lange Blütezeit hat, reizvolles Laub trägt oder sich einfach für die ihr zugedachte Nebenrolle im Garten besonders gut eignet.

Winterharte Storchschnabelarten – hier *Geranium psilostemon* und *G. endressii* – sind zuverlässige Blüher mit einer langen Blütezeit. Rosen sind ebenfalls großartig, benötigen jedoch Pflege. *Rosa* ›Wilhelm‹ blüht fast den ganzen Sommer hindurch.

Die folgende Liste enthält vor allem Stauden, die sozusagen das »Rückgrat« des Blumengartens bilden. Ergänzt man sie durch eine solide Auswahl an Sträuchern, einige unentbehrliche Rosen, Einjahresblumen, die da und dort wechselnde Akzente setzen, und natürlich Zwiebelblumen, erhält der Garten nach und nach sein Gesicht. In der Mehrzahl handelt es sich um beliebte, alte Gartenblumen, die für ihre Zuverlässigkeit bekannt sind. Daneben finden sich jedoch auch einige ungewöhnliche Pflanzen, die man nur relativ schwer bekommt. Dafür kann es mehrere Gründe geben: Vielleicht ist die betreffende Pflanze recht anspruchsvoll und braucht spezielle Wachstumsbedingungen, oder sie läßt sich schlecht vermehren; vielleicht ist sie aber auch nur deshalb nicht zu Ruhm gelangt, weil sie einen komplizierten Namen hat, der obendrein immer wieder geändert wird. Verschiedene in dieser Liste enthaltenen Pflanzen sind nicht in jedem Gartencenter erhältlich, aber es lohnt sich, nach ihnen zu suchen.

Unter dem Stichwort »Vermehrung« wurde bei jeder Pflanze die geeignete Methode angegeben. Sind nur ›Stecklinge‹ oder ›Aussaat‹ angeführt, muß davon ausgegangen werden, daß die Mutterpflanze nicht durch Teilung gestört werden sollte.

Baptista australis

Alchemilla mollis
(Frauenmantel)

Die luftigen, gelbgrünen Rispen des Frauenmantels fügen sich offenbar in jede Farbkombination ein, sei es als Rabattenabschluß, als Einfassung für alte Rosen oder in einer schattigen Ecke. Diese Staude eignet sich - besonders, wenn ein Garten neu angelegt werden soll - gut als vorläufiger Lückenfüller, denn sie kann später wieder verpflanzt werden, etwa in die Ritzen von gepflasterten Wegen, auf schattige Kiesflächen oder als Bodenbedeckung zwischen Sträuchern. Oft wird diese unentbehrliche anmutige Pflanze Ihre Fehler ausgleichen, indem sie wahllos kombinierten Pflanzenarrangements Zusammenhalt verleiht. Da sie sich aber ungehemmt aussät, sollte sie sofort nach dem Abblühen mitsamt der Blätter unbarmherzig zurückgeschnitten werden. Das hübsche, seidiggrüne Laub wächst rasch nach.

Herkunft: Westasien. **Größe:** H: 30 - 45 cm; B: 45 cm. **Standort:** volle Sonne bis Halbschatten. **Frosthärte:** winterhart. **Boden:** keine besonderen Ansprüche. **Vermehrung:** durch Teilung oder Aussaat. **Pflanzpartner:** beliebig; frühe Zwiebelblumen; Pflanzen mit purpurfarbenem Laub passen besonders gut. Als **Schnittblume** geeignet.

Allium christophii
(Blumenlauch)

Diese dekorative Pflanze aus der Familie der Zwiebelgewächse hat eine hübsche Form und gewaltige, kugelige Dolden aus kleinen amethystfarbenen Sternblüten, die im Hochsommer an 60 cm langen Schäften erscheinen. Ihnen folgen großartige Fruchtstände. Die Konturen der Pflanze kommen im Kontrast zu teppichbildenden, silbrigen Gewächsen, wie Beifuß *(Artemisia stelleriana)*, und niedrig wachsenden Pflanzen, die das absterbende Laub verdecken, besonders gut zur Geltung. Blumenlauch samt sich selbst aus, und bis die Kolonie groß genug ist, sollte man der Versuchung widerstehen, die Fruchtstände zu pflücken, bevor sie ihre glänzenden schwarzen Samen verstreut haben.

Herkunft: Nordiran, Turkestan. **Größe:** H: 60 cm; B: 45 cm. **Standort:** Sonne. **Frosthärte:** bedingt winterhart. **Boden:** nährstoffreiche, durchlässige Erde. **Vermehrung:** durch Teilung oder Aussaat. **Pflanzpartner:** silberblättrige Gewächse. Als **Schnittblume** geeignet.

Alpendistel siehe *Eryngium alpinum*

Anaphalis triplinervis
(Perlpfötchen)

Das Perlpfötchen gehört zu den wenigen silberblättrigen Pflanzen, die in leichtem Schatten und auf feuchtem Boden gedeihen, denn seine Heimat ist der Himalaja, wo es auf nassen Wiesen und am Rand lichter Wälder wächst. Seine kleinen, perlweißen Blüten, die im Spätsommer und Herbst erscheinen, stehen in hübschen Doldentrauben über dem silbrigen Laub und bleiben fast das ganze Jahr dekorativ. Es ist eine gute Schnitt- und Trockenblume und sehr nützlich, wenn man in eine halbschattige Rabatte silbriges Laub einbeziehen will.

Größe: H: 30 - 45 cm; B: 60 cm. **Standort:** Sonne oder Halbschatten.

Frosthärte
winterhart: verträgt Temperaturen bis etwa - 15 °C; **bedingt winterhart:** verträgt Temperaturen bis etwa - 5 °C; **nicht winterhart:** verträgt keine Temperaturen unter dem Gefrierpunkt.

Frosthärte: winterhart. **Boden:** normale, nicht zu trockene Gartenerde. **Vermehrung:** im Abstand von einigen Jahren teilen. **Pflanzpartner:** Fetthenne (*Sedum* ›Vera Jameson‹ und *S.* ›Herbstfreude‹).

Anemone-Japonica-Hybride
›Honorine Jobert‹
(Herbstanemone)

Diese anmutige Pflanze ist sehr beliebt, da sie an vielen Standorten gedeiht, kaum unter Schädlingen oder Krankheiten leidet und weder gestützt noch regelmäßig geteilt werden muß. Aber man zieht sie auch, weil sie wunderschöne, runde, reinweiße Blüten mit gelben Mitten hat, die zu den Wonnen des Frühherbstes gehören. Anfangs entwickelt sie sich zwar nur langsam, doch wenn sie einmal angewachsen ist, kann sie sich sehr ausbreiten.
Größe: H. 0,9 - 1,2 m; B: 30 - 45 cm. **Standort:** Sonne oder Halbschatten. **Frosthärte:** winterhart. **Boden:** gut durchlässige, feuchte Erde. **Vermehrung:** durch Teilung. **Pflanzpartner:** Wasserdost (*Eupatorium maculatum* ›Atropurpureum‹), Hortensien, Fuchsien; man kann auch frühe Zwiebelblumen dazwischensetzen.

Anthemis tinctoria
›E. C. Buxton‹
(Färberkamille)

Die Färberkamille ist ein hübscher, blaßgelber Korbblütler mit stark gefiederten, farnartigen Blättern, der sich gut für zarte Farbzusammenstellungen eignet. Man sollte welke Blüten entfernen und alte Pflanzen durch Stecklinge ersetzen.
Größe: H: 60 cm; B: 45 - 60 cm. **Standort:** Sonne. **Frosthärte:** winterhart **Boden:** normale, durchlässige Erde. **Vermehrung:** durch Teilung und Stecklinge. **Pflanzpartner:** blaue Blumen; ausgezeichnet paßt der hellviolette Salbei *(Salvia x superba)*. Als **Schnittblume** geeignet.

Aster x *frikartii*
›Mönch‹

Mit ihren lavendelblauen Korbblüten, die sich in scheinbar endloser Zahl öffnen, ist diese Aster beinahe konkurrenzlos. Sie paßt wunderbar in zarte Farbkombinationen, eignet sich jedoch ebensogut, um die kräftigen Orange- und Gelbtöne von Montbretie *(Crocosmia)*, Mädchenauge *(Coreopsis)* und Sonnenhut *(Rudbeckia)* zu dämpfen. Ständiges Umsetzen mag sie aber nicht - man sollte sie daher in guten Boden pflanzen und dann nicht mehr stören. Als Schnittblume geeignet.
Größe: H: 90 cm. **Standort:** Sonne. **Frosthärte:** winterhart. **Boden:** kalkhaltige, wasserdurchlässige Gartenerde. **Vermehrung:** durch Teilung. **Pflanzpartner:** Katzenminze *(Nepeta)*, lilienförmige Tulpen (*Tulipa* ›White Triumphator‹), Königslilien *(Lilium regale)* und Herbstanemonen (*Anemone-Japonica*-Hybriden).

Astrantia major
›Shaggy‹
(Sterndolde)

Diese hübsche, immergrüne Pflanze ist eine gute Schnittblume und hat eine lange Blütezeit, wenn man regelmäßig welke Blüten entfernt. Bei der Sorte ›Shaggy‹ haben die strahlenförmigen Hüllblätter grüne Spitzen und sind sehr viel größer als bei anderen Sorten.
Größe: H: 60 - 75 cm; B: 30 - 45 cm. **Standort:** Sonne oder Halbschatten. **Frosthärte:** winterhart. **Boden:** normale, nicht zu trockene Gartenerde. **Vermehrung:** durch Teilung; samt sich auch aus, Sämlinge sind jedoch von unterschiedlicher Qualität. **Pflanzpartner:** Kaukasusvergißmeinnicht *(Brunnera)*, Prachtspiere *(Astilbe)*, Glockenblume *(Campanula)*.

Hundskamille
(*Anthemis tinctoria*
›E. C. Buxton‹)

Baptista australis
(Färberhülse)

Die Färberhülse hat Ähnlichkeit mit der Lupine, doch während Lupinen nicht sehr langlebig sind, ist die Färberhülse ein Dauergast im Garten. Umpflanzen haßt sie jedoch. Sie benötigt Zeit, bis sie richtig angewachsen ist, und blüht erst im zweiten Jahr. Ihre anmutigen Stengel erreichen 90 cm Höhe und sehen während der ganzen Saison reizvoll und frisch aus. Über den blaugrünen, dreiteiligen Blättern erscheinen im Hochsommer Trauben aus violettblauen Schmetterlingsblüten.
Herkunft: Osten der USA. **Größe:** H: 60 - 90 cm; B: 45 - 60 cm. **Standort:** volle Sonne. **Frosthärte:** winterhart. **Boden:** kalkfreie oder neutrale, nicht zu trockene Erde. **Vermehrung:** Aussaat und Teilung. **Pflanzpartner:** Taglilie *(Hemerocallis lilioasphodelus)*, Paradieslilie *(Paradisea liliastrum)*.

Glockenblume
(Campanula latifolia)

Bartfaden siehe *Penstemon*

Bartiris siehe *Iris pallida*

Baummohn siehe *Romneya coulteri*

Bibernelle siehe *Pimpinelle major*

Blauraute siehe *Perovskia atriplicifolia*

Blumenlauch siehe *Allium christophii*

Brennender Busch siehe *Dictamus albus*

Brunnera macrophylla
›Hadspen Cream‹
(Kaukasusvergißmeinnicht)

Diese unkomplizierte, niedrige Staude hat herzförmige Blätter mit hübschen cremefarbenen und grünen Tupfen, die fast ganzjährig attraktiv aussehen. Man kann sie gut an den Rand schattigerer Beete setzen, und im Frühjahr erscheinen über dem Laub lockere Büschel aus leuchtendblauen, vergißmeinnichtähnlichen Blüten, die sehr reizvoll wirken. Manchmal sieht man auch *Brunnera macrophylla* ›Dawson's White‹, deren Blätter noch schöner gezeichnet sind. Diese Pflanze ist aber erheblich empfindlicher, und ihr Laub wird häufig durch Sonne oder Wind geschädigt. Außerdem neigt sie dazu, wieder grün zu werden, was bei ›Hadspen Cream‹ selten geschieht.
Größe: H: 45 - 60 cm; B: 45 cm und mehr. **Standort:** Halbschatten oder Schatten. **Frosthärte:** winterhart. **Boden:** fruchtbare, nicht zu trockene Erde. **Vermehrung:** durch Teilung. **Pflanzpartner:** Blaustern *(Scilla sibirica)*, Elfenblume *(Epimedium)*.

Campanula latifolia
(Glockenblume)

Seit jeher ist diese Staude mit ihren aufrechten Stengeln und sternförmigen Glockenblüten, die in lockeren Rispen stehen und in zarten Blautönen, Rosa oder Weiß leuchten, eine beliebte Rabattenstaude. Obwohl sie recht hoch werden kann, braucht man sie, mit Ausnahme von windigen Gegenden, gewöhnlich nicht zu stützen.
Die violettblau blühende Sorte *C. latifolia* ›Prichard's Variety‹ samt sich selbst aus und läßt bald eine ganze Kolonie aus zarten Farben entstehen. Obwohl die Pflanze gut durchlässigen, humusreichen Boden und einen sonnigen Standort bevorzugt, gedeiht sie auch unter schlechteren Bedingungen.
Herkunft: Kaukasus, Westasien. **Größe:** H: 1 m; B: 45 cm. **Standort:** Sonne oder Halbschatten. **Frosthärte:** winterhart. **Boden:** keine besonderen Ansprüche. **Vermehrung:** durch Teilung oder Aussaat. **Pflanzpartner:** altmodische Rosen, Flammenblume *(Phlox)*, Frauenmantel *(Alchemilla mollis)*, Königslilie *(Lilium regale)*.

Clematis x *durandii*

Ein Elternteil dieser *Clematis* ist die als Staude wachsende *Clematis integrifolia. C. x durandii* sieht in der Blumenrabatte wunderschön aus, wo sie ihre Triebe über Nachbarpflanzen legt. Hier kann man ihre tiefviolettblauen Blüten besser bewundern als an irgendwelchen entfernten Mauern, an denen *Clematis* üblicherweise wächst.
Größe: 1,8 m (kriechend). **Standort:** Sonne oder Halbschatten. **Frosthärte:** winterhart. **Schnitt:** in milden Klimalagen im Spätherbst auf 75 cm zurückschneiden, in kälteren Gegenden mit dem Schnitt bis zum Frühjahr warten. **Pflanzpartner:** frühe Zwiebelblumen und Türkischer Mohn *(Papaver orientale)*, dessen absterbendes Laub von der *Clematis* versteckt wird.

Dahlia
›Bishop of Llandaff‹

Vom Spätsommer bis zu den ersten Frösten machen leuchtend scharlachrote, einfache Blüten, deren Mitten ordentlich mit tiefkarminroten Knotenstichen gestickt zu sein scheinen, diese Dahlie zu einem besonderen Schmuckstück für den Garten. Das metallisch wirkende, bronzeviolette Laub ist von dem Augenblick an eine Bereicherung für den Garten, an dem es sich aus dem Boden schiebt.
Größe: H: 90 cm; B: 60 cm. **Standort:** Sonne. **Frosthärte:** bedingt winterhart; Knollen im Herbst herausnehmen und lagern. **Boden:** gut gedüngte Erde. **Vermehrung:** im Frühjahr durch Teilung der Knollen oder Stecklinge (siehe Seite 90). **Harmonierende Pflanzpartner:** Arrangements in warmen Farben; Pflanzen mit silbrigem Laub. Als **Schnittblume** geeignet.

Dahlia merckii

Mit ihren kleinen lilarosa Blüten, die sich an schlanken Stielen über einem Meer feingeteilter Blätter wiegen, hat diese anmutige Dahlie wenig Ähnlichkeit mit großblumigen Arten. Sie blüht monatelang, und wenn man sie tief genug pflanzt, muß sie in milden Klimalagen im Herbst nicht aus dem Boden genommen werden.
Herkunft: Mexiko. **Größe:** H: 90 cm; B: 60 cm. **Standort:** Sonne. **Frosthärte:** bedingt winterhart; Knollen im Herbst aus dem Boden nehmen und lagern (siehe Seite 90). **Boden:** nährstoffreiche Erde. **Vermehrung:** durch Aussaat oder Teilung. **Pflanzpartner:** Arrangements aus zarten Farben. Als **Schnittblume** geeignet.

Dicentra spectabilis
(Tränendes Herz)

Mit ihren herzförmigen, dunkelrosa und weißen Blüten, die an grazilen, schlanken Stengeln über weichen, farnartigen, grünen Blättern hängen, sollte diese beliebte, alte Staude selbst im kleinsten Garten Platz finden. Leider lieben auch Schnecken die Pflanze sehr. Eine herrliche weißblühende Form ist *D. specatabilis alba.*
Herkunft: Korea, China. **Größe:** 45 bis 80 cm; B: 45 - 60 cm. **Standort:** Sonne oder Halbschatten. **Frosthärte:** empfindlich bei Spätfrost. **Boden:** humusreiche, nicht zu trockene Erde. **Vermehrung:** durch Teilung. **Pflanzpartner:** Farne, Schattenblume *(Smilacina)*, Blaustern *(Scilla)*.

Dictamnus albus ›Purpureus‹
(Diptam, Brennender Busch)

Diese zuverlässige alte Gartenpflanze ist wirklich eine Bereicherung für jeden Garten. Sie hat Trauben aus rosafarbenen, violett geäderten Blüten, hübsche sternförmige Fruchtstände, duftende Blätter und kräftige Stengel, die nicht gestützt werden müssen. Man sollte sie aber sofort an den richtigen Platz setzen und dann in Ruhe lassen, da sie Störungen nicht verträgt. Die Pflanze ist als »Brennender Busch« bekannt, da sie ätherische Öle enthält, die sich an schwülen Sommerabenden entzünden können. Ihre Fruchtstände duften köstlich nach Orangen.
Herkunft: Südrußland, Kaukasus. **Größe:** H: 60 - 90 cm; B: 45 - 60 cm. **Standort:** Sonne oder Halbschatten. **Frosthärte:** winterhart. **Boden:** fruchtbarer, lehmiger Boden. **Vermehrung:** durch Aussaat. **Pflanzpartner:** rosablühende Akelei *(Aquilegia)*, Berufkraut *(Erigeron philadelphicus)*.

Dierama pulcherrimum
(Trichterschwertel)

Aufgehängt an gebogenen, anmutigen Stengeln scheinen die tiefrosa, purpur- oder malvenfarbenen Trichterblüten in der Luft zu schweben, und sie werden von jedem Lufthauch bewegt. Die ungewöhnliche Wuchsform dieses wunderschönen südamerikanischen Vertreters der Irisgewächse verlangt einen prominenten Platz, um angemessen zur Geltung zu kommen. Oft wird Trichterschwertel nahe beim Wasser gepflanzt, wo er hübsch aussieht, doch er darf auf keinen Fall in staunasser Erde stehen. Auch zu starke Sonne verträgt er nicht. Der Trichterschwertel hat grasartiges, immergrünes Laub. Alte Blätter müssen im Frühjahr entfernt werden; dazu verwendet man am besten eine normale Schere.
Herkunft: Südafrika. **Größe:** H: 1,2 m; B: 60 cm. **Standort:** Sonne. **Frosthärte:** bedingt winterhart. **Boden:** durchlässige Erde. **Vermehrung:** durch Aussaat oder Teilung (darauf achten, daß die Wurzel nicht beschädigt wird). **Pflanzpartner:** Rasen; paßt auch gut zu Pflaster oder Wasser. Als **Schnittblume** geeignet.

Trichterschwertel
(Dierama pulcherrimum)

Digitalis grandiflora
(Gelber Fingerhut)

Bei dieser Digitalis-Art handelt es sich um eine mehrjährige Staude mit weichbehaarten, blaßgelben »Fingerhüten«, die innen zart gefleckt sind.
Heimat: Südeuropa, Westsibirien, Kaukasus, Kleinasien. **Größe:** H: 60 - 90 cm; B: 30 cm. **Standort:** Sonne oder Halbschatten. **Frosthärte:** winterhart. **Boden:** humusreiche Erde. **Vermehrung:** durch Aussaat; samt sich in begrenztem Umfang selbst aus. **Harmonierende Pflanzpartner:** Funkie *(Hosta* ›Halcyon‹). Als **Schnittblume** geeignet.

Diptam siehe *Dictamus albus*

Alpendistel
(Eryngium alpinum)

Eryngium alpinum
(Alpendistel)

Bei diesem Juwel unter den Disteln sind die Mitten der Blütenköpfchen von einem Kranz filigraner, metallblauer Hüllblätter umgeben, der sehr stachelig aussieht, tatsächlich aber recht weich ist. Die Stengel sind violett überlaufen, und während der Blüte schimmert die Pflanze silbrigblau. Da sie auf Bergwiesen in den europäischen Alpen heimisch ist, braucht sie einen offenen, sonnigen Standort.
Herkunft: Jura, Alpen. **Größe:** H: 75 cm; B: 60 cm. **Standort:** Sonne. **Frosthärte:** winterhart. **Boden:** durchlässige Gartenerde. **Vermehrung:** durch Teilung oder Wurzelstecklinge. **Pflanzpartner:** silberblättrige Pflanzen.

Erysimum
›Bowles' Mauve‹
(Schöterich)

Eine unentbehrliche Pflanze, die üppig blüht. In milden Klimalagen öffnet sie fast das ganze Jahr ihre lilavioletten Blüten, die durch graugrüne Blätter hübsch ergänzt werden. Am besten gedeiht sie in trokkenem, kiesigem Kalkboden und in voller Sonne. Dort lebt sie länger als in nährstoffreichem Boden, wo sie im Verhältnis zu ihrer kleinen Wurzel zu viel Laub entwickelt. Am besten ersetzt man sie häufig durch Stecklinge. Diese werden von jungen Pflanzen genommen, da sich Stecklinge von verholzten Pflanzen erheblich schlechter bewurzeln.
Größe: H: 20 - 45 cm; B: 25 - 40 cm. **Standort:** Sonne. **Frosthärte:** bedingt bis winterhart. **Boden:** magere, kalkhaltige Erde. **Vermehrung:** durch Stecklinge (siehe oben). **Harmonierende Pflanzpartner:** Hundskamille (*Anthemis punctata* ssp. *cupaniana*) und andere silberblättrige Pflanzen. Als **Schnittblume** geeignet.

Eupatorium maculatum
›Atropurpureum‹
(Wasserdost)

Diese amerikanische Staude zeigt sich erst im Frühherbst, aber dann stiehlt sie anderen Pflanzen die Schau mit ihren imposanten, über 2 m langen, violett überlaufenen Stengeln, an denen rötlich geäderte Blätter sitzen. Über ihnen stehen flache, violettrote Blütendolden in der Größe von Desserttellern.
Herkunft: Nordamerika. **Größe:** H: 2 m; B: 0,9 - 1,2 m. **Standort:** Sonne oder Halbschatten. **Frosthärte:** winterhart. **Boden:** nährstoffreiche, feuchte Erde. **Vermehrung:** durch Teilung. **Pflanzpartner:** Herbstanemonen, weiße Hortensien.

Euphorbia characias ssp. *wulfenii*
(Wolfsmilch)

Diese Pflanze scheint an jeden Platz zu passen. Man kann sie zwischen Sträucher, in Blumenrabatten, in Kies oder an warme, trockene Böschungen pflanzen, in formale Anlagen und Naturgärten - wie es scheint, wird sie jeder Rolle gerecht. Sie hat einen stark strukturellen Charakter und ist mit ihren graublauen, immergrünen Blättern, die in Quirlen an den aufrechten Stengeln sitzen, ganzjährig dekorativ. Im Frühjahr erscheinen darüber hinaus hübsche, langlebige, leuchtend gelbgrüne Blütenköpfe. Es ist eine Pflanze, die auch einer uninteressanten Rabatte Reiz verleiht. Im Hochsommer schneidet man die abgeblühten Stengel an der Basis heraus, um Platz für neue Triebe zu schaffen (Vorsicht: Manche Menschen reagieren auf Wolfsmilchsaft allergisch). Ältere Pflanzen sollten nicht umgesetzt werden.
Herkunft: Mittelmeergebiet. **Standort:** Sonne. **Frosthärte:** bedingt winterhart; in magerem Boden widerstandsfähiger. **Boden:** keine besonderen Ansprüche; gedeiht auch auf magerem, trockenem Boden. **Vermehrung:** durch Aussaat. **Harmonierende Pflanzpartner:** Beifuß (*Artemisia* ›Powis Castle‹), Zistrose *(Cistus).*

Euphorbia griffithii
›Dixter‹
(Wolfsmilch)

Im Frühjahr schiebt diese Pflanze Triebe aus dem Boden, aus denen sich dichte Büschel aus lanzettförmigen, tief mahagoniroten Blättern mit knallrosa Mittelrippen entwickeln. An geraden Stengeln bilden sich langsam Knospen, und

schließlich erscheinen blütenähnliche Hochblätter, die lebhaft orangerot sind und wochenlang dekorativ bleiben. Im Sommer haben sich die verzweigten Laubtriebe grün mit einem bronzefarbenen Hauch gefärbt, doch bilden sie immer noch einen reizvollen Hintergrund.
Herkunft: Bhutan, Südtibet. **Größe:** H: 60 cm; B: 45 cm. **Standort:** Sonne oder Halbschatten. **Frosthärte:** winterhart. **Boden:** normale, vorzugsweise feuchte Gartenerde; die sich ausbreitenden Wurzeln bleiben leichter kontrollierbar, wenn der Boden nicht allzu nährstoffhaltig ist. **Vermehrung:** durch Teilung. **Harmonierende Pflanzpartner:** sieht im Frühjahr mit Baldrian (*Valeriana phu* ›Aurea‹), *Euphorbia dulcis* ›Chameleon‹ und Narzissen *(Narcissus)* großartig aus.

Fackellilie siehe *Kniphofia*

Färberhülle siehe *Baptisia australis*

Färberkamille siehe *Anthemis tinctoria*

Federmohn siehe *Macleaya cordata*

Felberich siehe *Lysimachia ephemerum*

Fetthenne siehe *Sedum*

Frauenmantel siehe *Alchemilla mollis*

Gelber Fingerhut siehe *Digitalis grandiflora*

Gentiana asclepiadea
(Schwalbenwurzenzian)

Dieser Enzian zeigt seine reinblauen Blüten im August und September. Er verdient einen bevorzugten Standort mit gutem, feuchtem Boden, der halbschattig oder schattig liegt. Man muß die Pflanze sofort an die richtige Stelle setzen, da sie nicht gern gestört wird. Schwalbenwurzenzian gehört nach der Bundesartenschutzverordnung zu den geschützten Arten und darf daher keinesfalls im Freiland ausgegraben werden.
Herkunft: Mittel- und Südeuropa, Ukraine, Kaukasus, Vorderasien. **Größe:** H: 45 - 60 cm; B: 45 cm. **Standort:** Halbschatten oder Schatten. **Frosthärte:** winterhart. **Boden:** nährstoffreicher, feuchter Boden; gedeiht nicht auf Kalkboden. **Vermehrung:** durch Aussaat oder Teilung. **Pflanzpartner:** kleinwüchsige Funkien *(Hosta)*, Hahnenfuß (*Ranunculus aconitifolius* ›Pleniflorus‹), der bereits verwelkt ist, wenn der Enzian Platz braucht.

Geranium ›Ann Folkard‹
(Storchschnabel)

Man könnte mit den wunderbaren Arten der Storchschnabelgewächse einen ganzen Garten anlegen. Dieser Storchschnabel, eine Kreuzung zwischen *Geranium psilostemon* und *G. procurrens*, beinhaltet die besten Merkmale seiner Eltern; seine Farbe hat er von *G. psilostemon* und seine Wuchsform von *G. procurrens.* Die Sorte ›Ann Folkard‹ verhält sich manchmal wie eine Kletterpflanze und windet ihre Triebe durch Nachbarpflanzen, so daß man dem Irrtum erliegen kann, auch diese würden magentarote Blüten mit schwarzen Adern und samtig-schwarzen Mitten besitzen. Diese Pflanze ist recht selten, doch lohnt es sich, nach ihr zu suchen.
Größe: 90 - 120 cm, kriechend. **Standort:** Sonne oder Halbschatten. **Frosthärte:** winterhart. **Boden:** normale Gartenerde. **Vermehrung:** durch Teilung oder Aussaat. **Pflanzpartner:** Frühlings-Zwiebelblumen; Pflanzen mit silbrigem Laub.

Schwalbenwurzenzian *(Gentiana asclepiadea)*

Geranium endressii
(Storchschnabel)

Diese dankbare Pflanze wächst in jedem Boden und sowohl in der Sonne als auch im Schatten. Sie eignet sich ausgezeichnet als Füllelement für neuangelegte Gärten und wirkt mit ihren fröhlichen leuchtendrosa Blüten und hellgrünen Blättern in einer vernachlässigten schattigen Ecke ebenso hübsch wie am besten Platz im Blumenbeet. Wenn sie nach mehrmonatiger Blüte unansehnlich geworden ist, schneidet man sie zurück - nach einer kurzen Ruhepause ist sie wieder die alte.
Herkunft: Pyrenäen. **Größe:** H: 30 cm; B: 45 cm. **Standort:** Sonne oder Halbschatten. **Frosthärte:** winterhart. **Boden:** keine besonderen Ansprüche; verträgt Staunässe nicht. **Vermehrung:** durch Teilung oder Aussaat. **Pflanzpartner:** sieht besonders hübsch unter rosa Kohlrosen wie ›Constance Spry‹ oder ›Caroline Testout‹ aus.

Geranium x *riversleaianum* ›Russell Prichard‹ (Storchschnabel)

Dieser Storchschnabel sollte als ausdauerndster Blüher in ein Buch der Rekorde eingetragen werden. Über fünf bis sechs Monate hinweg entwickelt er tiefrosa Blüten, die in seinen graugrünen Blättern eine wunderbare Ergänzung finden. Diese Großzügigkeit scheint die Pflanzen allerdings auszulaugen, so daß häufige Vermehrung ratsam ist. Da ein Elternteil dieser Hybride der nur bedingt winterharte *G. traversii* aus Neuseeland ist, sollte man für diese Pflanze einen warmen Platz wählen – besonders gern sonnt sie sich auf warmen Pflastersteinen.
Größe: H: 25 - 30 cm; B: 45 - 60 cm. **Standort:** Sonne oder Halbschatten. **Frosthärte:** bedingt winterhart. **Boden:** normale Gartenerde. **Vermehrung:** im Abstand von einigen Jahren im Spätfrühjahr teilen. **Pflanzpartner:** Beifuß *(Artemisia)*, Fetthenne *(Sedum)*.

Fackellilie (*Kniphofia* ›Little Maid‹)

Geranium wallichianum ›Buxton's Blue‹ (Storchschnabel)

Dies ist der Aristokrat unter den Vertretern dieser großartigen Gattung. Er hat einen niedrigen, kriechenden Wuchs und reinblaue, flache Blüten mit großen, weißen Mitten, die er im Spätsommer und Herbst unermüdlich öffnet. Da er auf feuchten Himalajawiesen heimisch ist, braucht er einen feuchteren Standort als die meisten Storchschnabelarten.
Größe: H: 30 cm; B: 90 cm. **Standort:** Sonne oder Halbschatten. **Frosthärte:** winterhart. **Boden:** humusreiche, nicht zu trockene Erde. **Vermehrung:** durch Teilung oder Aussaat (Sämlinge können unterschiedlich ausfallen. **Pflanzpartner:** Hundszahn *(Erythronium)* und andere kleine Frühlings-Zwiebelblumen, wie *Tulipa sprengeri.*

Gillenia trifoliata

Dies ist eine Staude aus dem Osten Nordamerikas, die mit ihren kleinen weißen, rosa überlaufenen Blüten und rötlichen Stengeln, an denen wohlgestaltete dreiteilige Blätter sitzen, die ganze Wachstumsperiode hindurch ansehnlich ist. Auch wenn die Blütenblätter abgefallen sind, bleibt sie recht hübsch, da sich die weichen, roten Blütenkelche bis in den Herbst halten. Kurz bevor sie sich für den Winter in den Boden zurückzieht, färben sich ihre Blätter leuchtend scharlachrot.
Größe: H: 90 cm; B: 60 cm. **Standort:** Halbschatten. **Frosthärte:** winterhart. **Boden:** saure Erde. **Vermehrung:** durch Aussaat oder Teilung. Als **Schnittblume** geeignet. **Pflanzpartner:** Funkie (*Hosta sieboldiana* var. *elegans*).

Glockenblume siehe *Campanula latifolia*

Gypsophila x *hybrida* ›Rosenschleier‹ (Schleierkraut)

Ein wogendes Meer aus winzigen, gefüllten, blaßrosa Blüten, die ausgezeichnete Schnittblumen sind, hüllt die niedrigen blaugrauen Laubkissen dieses Schleierkrauts ein. Es eignet sich ideal als Abschluß einer sonnigen Rabatte und ist im Gegensatz zu anderen Arten langlebig, sofern es in durchlässigem Boden und voller Sonne wächst. Nach dem Pflanzen sollte man es nicht mehr stören und sofort nach der Blüte zurückschneiden, damit es im Herbst noch einmal blüht.
Größe: H: 30 cm; B: 60 cm. **Standort:** Sonne. **Frosthärte:** winterhart. **Boden:** gut entwässerte, fruchtbare, kalkhaltige Erde. **Vermehrung:** durch Aussaat oder Basalstecklinge, auch Teilung möglich. **Pflanzpartner:** Nerinen; silberblättrige Pflanzen; frühe Blätter, die bereits verwelkt sind, wenn das Schleierkraut im Juni zu blühen beginnt. Als **Schnittblume** geeignet.

Hemerocallis lilioasphodelus (Taglilie)

Diese unkomplizierte, robuste Pflanze vergißt man leicht, bis eines

Tages ihre zitronengelben Trompetenblüten mit den zurückgebogenen Blütenblättern erscheinen, die sich über einer Fontäne aus mittelgrünen Blättern erheben. Wenn man dann noch entdeckt, daß diese reizenden Blüten auch herrlich duften und ohne jede Pflege zufrieden blühen, wird man verstehen, warum die Taglilie seit Jahrhunderten eine beliebte Gartenpflanze ist.
Größe: H: 75 cm; B: 45 cm. **Standort:** Sonne oder Halbschatten. **Frosthärte:** winterhart. **Boden:** normale, nicht zu trockene Gartenerde. **Vermehrung:** durch Teilung. **Pflanzpartner:** Lupinen *(Lupinus)*, Ziest (*Stachys grandiflora* ›Superba‹).

Herbstanemone siehe *Anemone-Japonica*

Hornveilchen siehe *Viola cornuta*

Ingwerorchidee siehe *Roscoea cautleoides*

Iris pallida
(Dalmatinische Iris)

Diese Bartiris hat durchscheinende, lavendelblaue, duftende Blüten und hübsche graublaue, spitze Blätter. Bei den meisten Bartiris-Arten bleibt nach dem Verwelken der herrlichen Blüten nur noch Laub, das nach und nach zu einem Durcheinander verkommt. Die Blätter von *I. pallida* wirken jedoch den ganzen Herbst hindurch frisch und lassen einen schönen vertikalen Kontrast zu niedrigen Pflanzen in der Nachbarschaft entstehen. Die buntlaubigen Formen dieser Pflanze (*I. p.* ›Aurea Variegata‹ und *I. p.* ›Variegata‹ haben weiße bzw. blaßgelbe Streifen) sind niedriger und sehr dekorativ. Sie vermehren sich nur langsam.
Herkunft: Südeuropa, Westasien, Österreich, Schweiz. **Größe:** H: 90 cm; B: 30 cm. **Standort:** Sonne. **Frosthärte:** winterhart. **Boden:** nährstoffreiche, durchlässige und vorzugsweise leicht kalkige Erde. **Vermehrung:** durch Teilung. **Pflanzpartner:** Weigelie (*Weigela praecox* ›Variegata‹) und Taubnessel (*Lamium maculatum* ›Beacon Silver‹). Als **Schnittblume** geeignet.

Kardendistel siehe *Morina longifolia*

Kaukasusvergißmeinnicht siehe *Brunnera macrophylla*

Knautia macedonica
(Witwenblume)

Die Blüten der Witwenblume (syn. *Scabiosa rumelica*), die sich monatelang entwickeln, sehen wie kleine karminrote Nadelkissen aus. Diese reizende, unkomplizierte Pflanze eignet sich für viele Farbarrangements. Sie kann ein wenig unordentlich wirken, doch läßt sich dies mit einem niedrigen Metallreifen leicht verhindern (siehe Seite 98). Regelmäßiges Entfernen abgeblühter Blütenköpfe sorgt dafür, daß die Pflanze während der ganzen Blütezeit schön aussieht.
Herkunft: Balkan, Südostrumänien. **Größe:** H: 75 cm; B: 60 cm. **Standort:** Sonne. **Frosthärte:** winterhart. **Boden:** normale, durchlässige Gartenerde. **Vermehrung:** durch grundständige Stecklinge. **Pflanzpartner:** Funkie (*Hosta fortunei* ›Marginato-Alba‹) oder andere weiß-bunte Pflanzen. Als **Schnittblume** geeignet.

Kniphofia
›Little Maid‹
(Fackellilie)

Für alle diejenigen, die Fackellilien bisher für vulgäre Pflanzen hielten, ist diese Sorte eine Überraschung. Diese anmutige kleine Fackellilie ist eine Züchtung von Beth Chatto mit blaß cremegelben Blütenständen und reizvollem grasartigem Laub; ihr gebührt ein prominenter Platz im Garten. Da die Heimat der Fackellilien Südafrika ist, gilt es zu berücksichtigen, daß sie viel Sonne und einen gut drainierten, fruchtbaren Boden verlangt, der nicht austrocknet.
Größe: H: 60 cm; B: 40 cm. **Standort:** Sonne. **Frosthärte:** bedingt winterhart; in kalten Gegenden mulchen. **Boden:** nährstoffreicher, gut drainierter Boden. **Vermehrung:** durch Teilung im Frühjahr, sofern mehr Pflanzen gebraucht werden; sonst ungestört wachsen lassen. **Pflanzpartner:** *Aster thomsonii* ›Nanus‹.

Küchenschelle siehe *Pulsatilla vulgaris*

Kuhschelle siehe *Pulsatilla vulgaris*

Lobelia fulgens
›Queen Victoria‹

Mit ihren leuchtend scharlachroten Blütenständen und glänzenden dunkelvioletten Blättern ist diese Stau-

Storchschnabel (*Geranium wallichianum* ›Buxton's Blue‹)

Lobelia fulgens
›Queen Victoria‹

de eine großartige Ergänzung für die Spätsommerrabatte. Wenn man erst einmal einen gewissen Bestand an Pflanzen hat, kann man einige von ihnen in Töpfen ziehen, um mit diesen im Spätsommer Lücken zu schließen - sie lassen sich sogar noch kurz vor der Blüte umsetzen. Hat sich im Spätfrühjahr die Erde allmählich erwärmt, teilt man die Pflanzen in einzelne Rosetten, arbeitet Kompost oder gut verrotteten Mist in den Boden ein und pflanzt die Rosetten ins Freie.
Größe: H: 90 cm; B: 30 cm. **Standort:** Sonne oder Halbschatten. **Frosthärte:** bedingt bis völlig winterhart. **Boden:** nährstoffreiche, feuchte Erde. **Vermehrung:** durch Teilung. **Pflanzpartner:** Arrangements aus warmen Farben mit *Dahlia* ›Bishop of Llandaff‹ und *Verbena* ›Lawrence Johnson‹.

Lysimachia ephemerum
(Felberich)

Felberich ist der Inbegriff für zarte, kühle Farben. Diese besonders hübsche Art hat schlanke Trauben aus kleinen blaßgrauen Blüten und blaugraue Blätter. Im Gegensatz zu anderen, wuchsfreudigeren Verwandten wächst sie genau an dem Platz, an den man sie gesetzt hat.
Herkunft: Pyrenäen, Südwestfrankreich, Marokko. **Größe:** H: 90 cm; B: 30 cm. **Standort:** Sonne oder Halbschatten. **Frosthärte:** bedingt bis völlig winterhart. **Boden:** nährstoffreiche, feuchte Erde. **Vermehrung:** durch Aussaat und Basalstecklinge. **Pflanzpartner:** Arrangements mit Perlpfötchen *(Anaphallis triplinervis).*

Macleaya cordata
(Federmohn)

Federmohn ist eine wunderschöne Pflanze mit großen, wohlgeformten, stark gelappten Blättern, die oben blaugrau und unten grauweiß sind. Sie sitzen an hohen Stengeln mit weißlichem Flaum, an deren Enden Rispen aus zarten, cremefarbenen Blüten stehen. Der Federmohn hat stark architektonischen Charakter und braucht einen Platz, an dem er gut zur Geltung kommt. Die Pflanzen in seiner näheren Umgebung sollten niedrig gehalten werden. Obwohl er sich ausbreitet, ist er keineswegs so wuchernd wie die eng verwandte Art *M. microcarpa.*
Herkunft: Japan, China, Taiwan. **Größe:** 1,9 - 2,4 m; B: 0,9 - 1,2 m. **Standort:** Sonne oder Halbschatten. **Frosthärte:** winterhart. **Boden:** tiefgründiger, nährstoffhaltiger feuchter Boden. **Vermehrung:** durch Teilung oder Basalstecklinge. **Pflanzpartner:** paßt gut zu zarten Farben, aber auch zu warmen Farbkombinationen; frühe Zwiebelblumen dazwischensetzen. Als **Schnittblume** geeignet.

Malva moschata
›Alba‹
(Moschusmalve)

Diese entzückende Form der wilden Moschusmalve mit ihren reinweißen Blüten und dunkelgrünen, gelappten Blättern ist eine unkomplizierte, genügsame Pflanze, die sich immer an den richtigen Stellen auszusamen scheint. Obwohl es sich um eine mehrjährige Pflanze handelt, ist sie nicht sehr langlebig, und sobald sie holzig wird, sollte man sie entfernen und durch eine Jungpflanze ersetzen.
Herkunft: Europa. **Größe:** H: 60 - 80 cm; B: 45 - 60 cm. **Standort:** Sonne. **Frosthärte:** winterhart. **Boden:** normale, gut durchlässige Gartenerde; fruchtbare, feuchte Böden fördern zu starkes Wachstum. **Vermehrung:** durch Aussaat oder Basalstecklinge. Als **Schnittblume** geeignet.

Meconopsis x *sheldonii*
›Slieve Donard‹
(Scheinmohn)

Eine wunderhübsche Pflanze ist dieser herrliche Scheinmohn mit seinen schimmernden, nickenden Blüten, die an geraden Stengeln über Rosetten aus länglichen, gezähnten, blaßgrünen Blättern mit rötlichbraunen Haaren stehen. Er braucht kühle, feuchte Bedingungen, möglichst ähnlich dem Klima im neblig-feuchten Himalaya.
Größe: H: 1,2 m; B: 45 cm. **Standort:** Sonne oder Halbschatten. **Frosthärte:** winterhart. **Boden:** nährstoffreiche, neutrale bis saure Erde, die feucht, aber durchlässig ist; mit organischem Dung anreichern. **Vermehrung:** durch Aussaat; zur Erhal-

tung der Lebenskraft alle 3 Jahre teilen. **Pflanzpartner:** Prachtspiere *(Astilbe)*, Schaublatt *(Rodgersia)*, Funkie *(Hosta)*.

Morina longifolia
(Kardendistel)

Auch diese distelartige Staude stammt aus dem Himalaja, ist jedoch sehr viel anpassungsfähiger. Sie hat einen sehr charakteristischen Wuchs und stachelige Blätter und Stengel. An den Stengeln sitzen in Quirlen kleine weiße Blüten, die sich nach dem Bestäuben rosa färben. Durch ihre einzigartige Form wirkt die Pflanze auch noch lange nach dem Abfallen der Blüten interessant.
Größe: H: 60 - 90 cm; B: 45 - 60 cm. **Standort:** Sonne oder Halbschatten. **Frosthärte:** bedingt winterhart. **Boden:** durchlässige, mit Kompost angereicherte Erde. **Vermehrung:** durch Aussaat oder Teilung. **Pflanzpartner:** niedrige teppichbildende Pflanzen unterstreichen die schöne Wuchsform. Als **Trockenblume** geeignet.

Moschusmalve siehe *Malva moschata*

Nectaroscordum siculum

Diese früher unter *Allium* geführte Pflanze entwickelt Dolden aus merkwürdig hübschen, herabhängenden, grünen Glockenblüten, die purpurfarben überhaucht sind. In der Natur wächst sie in feuchten, schattigen Wäldern, und sie bietet sich an, um im Frühsommer kühlere Rabatten durch ein höheres Element zu ergänzen. Da die Pflanze auf den ersten Blick sehr ungewöhnlich wirkt, glaubt man kaum, daß man eines Tages genug von ihr haben könnte. Aber es kommt die Zeit, da man ihr Einhalt gebieten möchte und die Fruchtstände entfernt, bevor sie ihre Samen verstreuen.
Herkunft: Frankreich, Italien. **Größe:** H: 90 cm; B: 30 cm. **Standort:** Sonne oder Halbschatten. **Frosthärte:** bedingt winterhart. **Boden:** normale, gut durchlässige Gartenerde. **Vermehrung:** durch Teilung oder Aussaat. **Pflanzpartner:** Taubnessel (*Lamium maculatum* ›Argenteum‹), Hornveilchen *(Viola cornuta)*.

Nerine undulata
(Guernsey-Lilie)

Sie gehört zu den Lichtblicken, die man in der Herbstmitte findet. *Nerine undulata* ist eine kleine Zwiebelblume mit schmalen, riemenförmigen Blättern und Dolden aus zartrosa Blüten, deren Kronblätter gekraust sind. In der kühlen Herbstwitterung halten die hübschen Blüten wochenlang. Die Pflanze sollte am wärmsten Platz im Garten stehen, vorzugsweise am Fuß einer sonnigen Mauer.
Herkunft: Südafrika. **Größe:** H: 40 cm; B: 20 cm. **Standort:** gut geschützter Platz in voller Sonne. **Frosthärte:** nicht winterhart. **Boden:** leichte, durchlässige Erde; bei Neupflanzungen etwas gut verrotteten Kompost und Knochenmehl in den Boden einarbeiten. **Vermehrung:** durch Teilung. **Pflanzpartner:** *Iris unguicularis*. Als **Schnittblume** geeignet.

Paeonia mlokosewitschii
(Pfingstrose)

Dies ist eine bezaubernde Pflanze, deren dicke, glänzend dunkelrote Triebe im Frühjahr aus dem Boden kommen und langsam anschwellen. Dann öffnen sie sich zu dunkelpurpurnen Blättern, die flaumig und karminrot geädert sind. Wenn in milden Klimalagen im Spätfrühjahr die Blüten erscheinen, hat sich das Laub bläulichgrün gefärbt und bildet einen schönen Hintergrund für die großen, ungefüllten, zitronengelben Blüten. Man mag einwenden, daß die Blütezeit dieser Pfingstrose sehr kurz ist, doch es lohnt sich, sie zu ziehen - wenn sie blüht, wirkt sie wahrhaft göttlich.
Herkunft: Kaukasus. **Größe:** H: 60 bis 70 cm; B: 45 - 60 cm. **Standort:** Sonne oder Halbschatten. **Frosthärte:** winterhart. **Boden:** gut durchlässige Erde, die mit gut verrottetem Mist oder Kompost und Knochenmehl angereichert wird; wenn im Frühjahr gemulcht wird, dürfen die Wurzelkronen nicht zugedeckt werden. **Vermehrung:** durch Teilung. **Pflanzpartner:** Akelei *(Aquilegia)*, Kaukasusvergißmeinnicht *(Brunnera macrophylla)*.

Kardendistel *(Morina longifolia)*

Papaver-Orientale-Sorten
(Türkischer Mohn)

Papaver Orientale ist ein riesiger, leuchtendgefärbter Mohn mit glänzenden, knittrigseidigen Blütenblättern, die an der Basis einen dunkelbraunen Fleck haben. Durch seine strahlende Färbung und enorme Größe lenkt er in jeder Frühsommerrabatte die Blicke auf sich. Empfehlenswert sind für Liebhaber kräftiger, warmer Farben die scharlachrote Sorte ›Goliath‹, die lachsfarbene ›Turkish Delight‹ und ›May Queen‹ mit gefüllten, lebhaft orangefarbenen Blüten sowie ›Black and White‹ in einem hinreißenden, zarten Rosa, wenn Sie sanftere Farben lieben. Wenn der Türkische Mohn von Mai bis Juni seine wunderschönen Blüten gezeigt hat, sterben bald danach die harten, mittelgrünen Blätter ab.
Größe: H: 0,5 – 1 m; B: 60 – 75 cm. **Standort:** Sonne. **Frosthärte:** winterhart. **Boden:** normale, gut durchlässige Erde. **Vermehrung:** durch Teilung oder Wurzelstecklinge (im Winter ins Frühbeet). **Pflanzpartner:** *Clematis x durandii* oder Staudenwicke (*Lathyrus latifolius* ›Albus‹) zum Schließen der entstandenen Lücke, wenn der Mohn verblüht ist.

Paeonia mlokosewitschii

Penstemon
›Evelyn‹
(Bartfaden)

Der Bartfaden steht in dem Ruf, etwas empfindlich und kurzlebig zu sein, doch ›Evelyn‹ ist eine zuverlässige, hübsche kleine Pflanze und robuster als die meisten anderen Bartfäden. Sie entwickelt während des ganzen Sommers hübsche rosa Blüten, die zart karminrot schattiert sind, und hat reizvolle schmale Blätter. Sie eignet sich besonders für kleine Gärten. Alle Bartfäden sehen zu Winterende leider recht mitgenommen aus und sollten daher im Frühjahr zurückgeschnitten werden. Dies darf aber nicht zu früh geschehen, sonst entwickeln sie neue Triebe, die von Spätfrösten vernichtet werden können.
Größe: H und B: 45 cm. **Standort:** sonnig und geschützt. **Frosthärte:** winterhart (nur in besonders milden Klimalagen). **Boden:** fruchtbare, gut durchlässige Erde. **Vermehrung:** durch Stecklinge oder Aussaat. **Pflanzpartner:** pinkfarbene Nelken *(Dianthus)*, Beifuß *(Artemisia)*, Storchschnabel (*Geranium sanguineum* var. *postratum*).

Perlpfötchen siehe *Anaphalis triplinervis*

Perovskia atriplicifolia
›Blue Spire‹
(Blauraute)

Die Blauraute ist ein herrlicher Halbstrauch mit angenehm aromatisch duftenden Blättern, der den wärmsten, sonnigsten Platz im Garten verdient und sich anmutig der Sonne entgegenreckt. An seinen verzweigten, blaßgrauen Stengeln sitzen gezähnte, graugrüne Blätter, die den Duft von Rosmarin verströmen, wenn man sie zwischen den Fingern zerreibt. Im Spätsommer erscheinen über mehrere Wochen hinweg kleine, lavendelblaue Blüten. Falls die Blauraute im Winter nicht ohnedies zurückfriert, schneidet man sie im Frühjahr stark zurück, damit sie kompakt bleibt.
Größe: H: 1,2 m; B: 60 cm. **Standort:** Sonne. **Frosthärte:** winterhart. **Boden:** sehr durchlässige Erde. **Vermehrung:** durch Stecklinge. **Pflanzpartner:** graublättrige Gewächse, Steinquendel *(Calamintha nepeta)*, Lavendel.

Pfingstrose siehe *Paeonia mlokosewitschii*

Pimpinella major
›Rosea‹
(Bibernelle)

Pimpinella major ist eine hübsche Pflanze, die dem Kerbel und der Wilden Möhre ähnelt. Sie hat zartgefiedertes, farnartiges Laub und Dolden aus kleinen blaßrosa Blüten. Sie ist nicht leicht zu finden, aber die Suche lohnt sich.
Herkunft: Europa, Kleinasien, Kaukasus. **Größe:** H: 60 cm; B: 30 cm. **Standort:** Sonne oder Halbschatten. **Frosthärte:** winterhart. **Boden:** normale Gartenerde. **Vermehrung:** durch Teilung. **Pflanzpartner:** *Iris pallida* ›Argentea Variegata‹.

Primula florindae
(Tibetprimel)

Diese Primel, die später als die meisten Arten blüht (im Hochsommer und noch später), ist eine hübsche robuste Pflanze, und obwohl sie am liebsten in nährstoffreichem, feuchtem Boden am Wasser steht, wächst sie auch zufrieden in einer normalen Rabatte, selbst wenn die Erde eher trocken ist. Ihre schwefelgelben, nickenden Blüten haben einen mehligen Überzug und duften. Sie stehen an hohen Schäften, die sich aus Büscheln rundlicher, mittelgrüner Blätter entwickeln.
Herkunft: Tibet. **Größe:** H: 60 - 90 cm; B: 30 cm. **Standort:** Sonne oder Halbschatten. **Frosthärte:** winterhart. **Boden:** bevorzugt nährstoffreiche, feuchte Erde (siehe oben). **Vermehrung:** durch Aussaat oder Teilung. **Pflanzpartner:** Funkie *(Hosta)* und violette Veilchen *(Viola).*

Pulsatilla vulgaris
(Kuhschelle, Küchenschelle)

Blüten, Stengel und junge Blätter der *Pulsatilla vulgaris* (syn. *Anemone pulsatilla* L.), die zu den schönsten Frühjahrsblumen gehört, sind mit seidigen, silbrigen Haaren bedeckt. Die glockenförmigen Blüten haben schimmernde Blütenkronblätter und sind zumeist rosalila oder violett, aber es gibt sie auch in Zartrosa, Rosa und Weiß. Die seltene Sorte ›Budapest‹ hat sogar reinblaue Blüten mit einem türkisfarbenen Hauch. Vorn in eine sonnige Rabatte setzen. Alle europäischen Arten der *Pulsatilla* unterliegen dem Artenschutz.
Herkunft: Europa. **Größe:** H: 20 cm; B: 15 cm. **Standort:** Sonne. **Frosthärte:** winterhart. **Boden:** durchlässige, feuchte Erde. **Vermehrung:** durch Aussaat oder Teilung. **Pflanzpartner:** Alpenaurikel (*Primula auricula* ›Old Irish Blue‹).

Ranunculus aconitifolius
›Flore Pleno‹
(Silberhahnenfuß)

Dies ist eine entzückende altmodische Pflanze mit kleinen, reinweißen, dichtgefüllten Knopfblüten, die an verzweigten Stengeln mit dunkelgrünen, tiefeingeschnittenen Blättern stehen. Sie benötigt sorgfältige Pflege und nährstoffreichen, feuchten Boden.
Herkunft: Südeuropa, Rußland. **Größe:** H: 40 cm; B: 45 cm. **Standort:** Sonne oder Halbschatten. **Frosthärte:** winterhart. **Boden:** normale, feuchte Erde. **Vermehrung:** durch Teilung oder Aussaat. **Pflanzpartner:** Schwalbenwurzenzian *(Gentiana asclepiadea)*, Glockenwinde *(Codonopsis clematidea).* Als **Schnittblume** geeignet.

Rodgersia pinnata
›Superba‹
(Schaublatt)

Die hübschen Blätter dieser Pflanze glänzen dunkelbronzerot und sind tief geädert, steif und runzelig. Sie haben eine ähnliche Form wie das Laub der Roßkastanie und bleiben die ganze Wachstumsperiode hindurch schön. Ihre Struktur bildet einen herrlichen Kontrast zu den fedrigen leuchtendrosa Blütenständen. Mit seinen eindrucksvollen Blattbüscheln spielt das Schaublatt im Garten eine wichtige Rolle im Reigen der Blätter.
Größe: H: 90 - 120 cm; B: 90 cm. **Standort:** Sonne oder Halbschatten, möglichst windgeschützt. **Frosthärte:** bedingt bis völlig winterhart. **Boden:** nährstoffreiche, feuchte Erde; gedeiht gut in Sumpfgärten. **Vermehrung:** durch Teilung. **Harmonierende Pflanzpartner:** Funkie *(Hosta)*, Wolfsmilch (*Euphorbia griffithii* ›Dixter‹).

Bartfaden
(*Penstemon* ›Evelyn‹)

Romneya coulteri
(Baummohn)

In manchen Büchern, in denen diese Pflanze beschrieben wird, beteuert der Verfasser beharrlich, es sei ein Strauch, während sie in anderen als Staude geführt wird, und wer sie kennt, versteht diese Uneinigkeit. Der Baummohn braucht Zeit, bis er angewachsen ist, und vielleicht sind mehrere Anläufe nötig, bevor er wirklich zu wachsen beginnt. Wenn er dann endlich die ersten wunderschönen großen, flachen Blüten öffnet, deren seidigknittrige, weiße Kronblätter einen Kranz goldener Staubgefäße umgeben, dann schnuppern Sie einmal daran, und Sie werden entdecken, daß diese herrliche Blume nach reifen Aprikosen duftet. Das Laub ist blaugrau, und der Baummohn ist sehr gut als Schnittblume geeignet. Wenn er einmal angewachsen ist, beginnt er zu wuchern, aber wen

Romneya coulteri

kümmert das? Im Frühjahr schneidet man ihn auf 30 cm über den Boden zurück. Seine Wurzeln dürfen nicht gestört werden.
Größe: H: 1,8 m; B: 1,2 m. **Standort:** Sonne; warm und geschützt. **Frosthärte:** bedingt winterhart. **Boden:** leichte, durchlässige Erde. **Vermehrung:** nicht einfach; man kann es im Frühjahr mit grundständigen Stecklingen versuchen bzw. im Winter mit Wurzelstecklingen oder Aussaat.

Roscoea cautleoides
(Ingwerorchidee)

Diese exquisite kleine Pflanze gehört zur Familie der Ingwergewächse. Sie hat reizvolle zitronengelbe Blüten, die an Orchideen erinnern und über glänzendem, grünem Laub stehen. Die Ingwerorchidee macht zwar auf den ersten Blick einen schwierigen Eindruck, ist tatsächlich aber unkompliziert und langlebig. Sie verdient einen schönen Platz vorn in der Rabatte, sollte jedoch sorgfältig mit Stäben markiert werden, damit man sie nicht versehentlich ausgräbt, da sie erst im Hochsommer erscheint. Noch hübscher ist *Roscoea cautleoides* ›Kew Form‹. Sie hat einen kompakteren Wuchs und größere Blüten, ist aber schwer zu bekommen.
Herkunft: China. **Größe:** H: 40 cm; B: 15 cm. **Standort:** Sonne. **Frosthärte:** bedingt winterhart. **Boden:** feuchte, humusreiche Erde. **Vermehrung:** durch Teilung oder Aussaat. **Pflanzpartner:** frühblühende Zwiebelblumen.

Salvia x *superba*
›May Night‹
(Salbei)

Viele Formen des Salbeis sind nicht winterfest, diese ist jedoch eine ziemlich zuverlässige, gute Gartenpflanze mit aufrechten, recht holzigen Stengeln, angenehm aromatisch duftendem Laub und verzweigten, schlanken, violettblauen Blütenähren mit rötlichen Kelchen. Welke Blüten sollten regelmäßig entfernt werden, damit fördert man die Entwicklung weiterer Knospen, und selbst wenn die Hochblätter schon abgefallen sind, sehen die Kelche noch monatelang dekorativ aus.
Größe: H: 40 - 50 cm; B: 30 - 40 cm. **Standort:** Sonne. **Frosthärte:** winterhart. **Boden:** kalkhaltige, durchlässige Erde. **Vermehrung:** durch Teilung oder Aussaat. **Pflanzpartner:** hellgelb blühende Pflanzen, wie Färberkamille (*Anthemis tinctoria* ›E. C. Buxton‹) und *Rosa* ›Graham Thomas‹.

Schaublatt siehe *Rodgersia pinnata*

Scheinmohn siehe *Meconopsis* x *sheldonii*

Schleierkraut siehe *Gypsophila* x *hybrida*

Schöterich siehe *Erysium*

Schwalbenwurzenzian siehe *Gentiana asclepiadea*

Sedum
›Herbstfreude‹
(Fetthenne)

Die blaß blaugrünen, fleischigen Blätter dieser Pflanze wachsen in hübschen Rosetten und bilden im Sommer einen schönen Hintergrund für andere Pflanzen. Im Spätsommer färben sich die breiten, flachen blaugrünen Blütenknospen langsam, bis sie tief lachsrosa sind und Schmetterlingen als Landeplatz dienen, die sich am Nektar der Blüten laben. Mit Fortschreiten des Herbstes bekommen die Blüten nach und nach ein sattes Braun, bewahren ihre Form jedoch den ganzen Winter hindurch. Auch wenn diese Pflanze nicht außergewöhnlich sein mag, bereichert sie doch den Garten das ganze Jahr. Diese Fetthenne unterliegt, wie die meisten *Sedum*-Arten, dem Artenschutz.
Größe: H: 30 - 45 cm; B: 30 cm. **Standort:** Sonne. **Frosthärte:** bedingt winterhart. **Boden:** normale, durchlässige Gartenerde. **Vermehrung:** durch Teilung. **Pflanzpartner:** Beifuß *(Artemisia)*, *Nerine*, Verbene *(Verbena)*. Als **Schnitt-** und **Trockenblume** geeignet.

Selinum tenuifolium
(Silge)

Dies ist eine Pflanze mit architektonischem Charakter, die wie ein imposanter Kerbel aussieht und mit ihren filigranen, frischgrünen Blät-

tern und Dolden aus winzigen, cremeweißen Blüten einen Hauch von Frühling in den trockenen Spätsommer bringt.
Größe: H: 1,2 m; B: 60 cm. **Standort:** Sonne oder Halbschatten; nicht zu warm. **Frosthärte:** winterhart. **Boden:** normale Gartenerde. **Vermehrung:** durch Aussaat oder behutsame Teilung (die Pflanze wird nicht gern gestört). **Pflanzpartner:** niedrige Gewächse, die ihre elegante Form unterstreichen.

Silberhahnenfuß siehe *Ranunculus acontifolius*

Silge siehe *Selinum tenuifolium*

Sterndolde siehe *Astrantia major*

Storchschnabel siehe *Geranium*

Taglilie sie *Hemerocallis lilioasphodelus*

Thalictrum delavayi
(Wiesenraute)

Die Wiesenraute ist eine ungewöhnlich schöne Pflanze, von der man am liebsten eine ganze Gruppe in den Garten setzen möchte. Ihre Rispen aus winzigen, tieflila Blüten stehen an solch zarten Stengeln, daß sie beinahe in der Luft zu schweben scheinen und wie ein lilarosa Dunstschleier wirken. Hübsche mittelgrüne Blätter machen das Bild perfekt.
Herkunft: Westchina. **Größe.** 1,5 m; B: 60 cm. **Standort:** Sonne oder Halbschatten. **Frosthärte:** winterhart. **Boden:** nährstoffreiche, mäßig saure, feuchte Erde. **Vermehrung:** durch Teilung oder Aussaat. **Pflanzpartner:** Perlpfötchen *(Anaphalis triplinervis)*, Hornveilchen *(Viola cornuta)*. Als **Schnittblume** geeignet.

Tibetprimel siehe *Primula florindae*

Tränendes Herz siehe *Dicentra spectabilis*

Trichterschwertel siehe *Diearama pulcherrimum*

Türkischer Mohn siehe *Papaver-Orientale*-Sorten

Verbena patagonica
(Eisenkraut)

Diese herrliche Spätsommerpflanze ist ebenso schön wie nützlich. Sie vermehrt sich von allein, braucht keine Stütze, hat eine lange Blütezeit und verträgt Trockenheit und Hitze. An ihren Stengeln stehen dichte, kleine Büschel aus lilavioletten Blüten. Während der Sommer fortschreitet, verzweigen sich die Stengel immer wieder und entwikkeln an jeder Spitze Blüten, bis sie schließlich duftige rosalila Nebelschleier bilden. Die Pflanze ist nicht sehr langlebig, doch meist sind Jungpflanzen vorhanden, welche die alte ersetzen können.
Herkunft: Südamerika. **Größe:** H: 1,2 bis 1,5 m; B: 60 cm. **Standort:** Sonne. **Frosthärte:** nicht winterhart; in kalten Klimalagen einjährig ziehen. **Boden:** durchlässige, leichte Erde. **Vermehrung:** durch Aussaat. **Pflanzpartner:** silberblättrige Gewächse.

Viola cornuta
(Hornveilchen)

Das Hornveilchen ist eine hübsche kleine Pflanze und im Gegensatz zu manchen anderen Veilchen, die regelmäßig vermehrt werden müssen, eine echte Staude. *V. cornuta* hat violette Blüten, es gibt aber auch fliederfarbene und weiße Sorten. Das Hornveilchen blüht an einem kühlen, feuchten Platz über lange Zeit. Die welken Blüten sollten entfernt werden. Schneidet man es nach dem Hochsommer zurück, entwickelt es noch einmal neue Blätter und Blüten. Man setzt es vorn in Schattenrabatten und zwischen Farne oder pflanzt es als Bodendecker unter Büsche. Das Hornveilchen gehört zu den geschützten Arten.
Herkunft: Pyrenäen. **Größe:** H: 15 bis 30 cm; B: 20 – 30 cm. **Standort:** Sonne oder Halbschatten. **Frosthärte:** winterhart. **Boden:** fruchtbare, nicht zu trockene Erde. **Vermehrung:** durch Aussaat, Teilung oder Basalstecklinge. **Pflanzpartner:** Taubnessel *(Lamium)*, niedrigwachsende Glockenblume *(Campanula)*.

Wasserdost siehe *Eupatorium maculatum*

Wiesenraute siehe *Thalictrum delavayi*

Witwenblume siehe *Knautia macedonia*

Wolfsmilch siehe *Euphorbia*

Hornveilchen
(Viola cornuta)

Register

Kursiv gedruckte Seitenzahlen beziehen sich auf die Abbildungen, **fettgedruckte** Seitenzahlen auf das Kapitel »Die wichtigsten Pflanzen für den blühenden Garten«.

Abkürzungen bei den botanischen Pflanzennamen:
syn. = Synonym
ssp. = subspecies (Unterart)
var. = varietas (Varietät)

A

B

C

D

E

F

G

H

I

J

K

Danksagung der Autorin

Für ihre große Hilfe bei diesem Buch gilt mein besonderer Dank meinem Mann Val Dillon sowie Diane Tomlinson, Mary Rowe, Charles Nelson, Mary Davis, Jim Reynolds, Kitty Reardon, Rosemary Brown und Carole McGlynn. Viel verdanke ich dem gärtnerischen Wissen, das ich während vieler Jahre bei meinen beiden großen Mentoren Graham Stuart Thomas und David Shackleton sammeln konnte.

Danksagung des Verlags

Der Verlag dankt den folgenden Fotografen und Organisationen für ihre freundliche Genehmigung zur Veröffentlichung der Fotos:

Clay Perry/Garden Picture Library S. 1; Georges Lévêque S. 2-3; Jerry Harpur (The Old Rectory, Burghfield) S. 4-5; Georges Lévêque S. 6-7; D. Tomlinson S. 8 links; Georges Lévêque S. 8 rechts; Clive Nichols S. 9; Andrew Lawson S. 10; Georges Lévêque S. 11; Marijke Heuff (Ineke Greve, Holland) S. 12-13; Andrew Lawson S. 14; Carol Hellmann/Garden Picture Library S. 15; Clive Nichols S. 16; Pat Brindley S. 17; Clive Nichols S. 20; Marijke Heuff (Mr. & Mrs. Lauxterman, Holland) S. 21; Photos Horticultural S. 22; Christine Temynck S. 23; D. Tomlinson S. 24; Clive Nichols S. 25; S & O Mathews S. 26; Philippe Perdereau S. 27; Georges Lévêque S. 31; Jerry Harpur S. 33; D. Tomlinson S. 35; Brian Carrer/Garden Picture Library S. 36; Marianne Majerus S. 37; S & O Mathews S. 40; Philippe Perdereau S. 41; Jerry Harpur/Elizabeth Whiting and Associates S. 42 links; Clive Nicols S. 42 rechts; Jerry Harpur (Park Farm, Chelmsford) S. 43; Clive Nichols S. 44-45; Georges Lévêque S. 46; Tania Midgley S. 47; Jerry Pavia/Garden Picture Library S. 48; Noel Kavanagh S. 49; Andrew Lawson S. 50; D. Tomlinson S. 51; Andrew Lawson S. 52; Jerry Harpur (Sticky Wicker, Buckland Newton) S. 54; Elizabeth Whiting and Associates S. 55; Clive Nichols S. 56-57; D. Tomlinson S. 58; Andrew Lawson S. 59; Georges Lévêque S. 62; J. S. Sira/Garden Picture Library S. 63; Jacqui Hurst/Boys Syndication S. 64 oben; Andrew Lawson S. 64 unten; S. & O. Matthews S. 65; Georges Lévêque S. 66 oben; Andrew Lawson S. 66 unten; Photos Horticultural S. 67; Andrew Lawson S. 70; Clive Nichols S. 71; S & O Mathews S. 72; Clive Nichols S. 73-74; Garden Picture Library S. 75; Georges Lévêque S. 78-79; Steven Wooster/Garden Picture Library S. 80; Marijke Heuff (Mr. & Mrs. Lauxterman, Holland) S. 81; D. Tomlinson S. 83; Andrew Lawson S. 85; Jessy Harpur (Sir Charles and Lady Fraser) S. 86; Georges Lévêque S. 91; Jerry Harpur S. 98; S & O Mathews S. 99; Georges Lévêque S. 100-101; D. Tomlinson S. 102; John Miller S. 103; John Glover/Garden Picture Library S. 104; Clive Nichols S. 105-106; Andrew Lawson S. 113; D. Tomlinson S. 114; Photos Horticultural S. 115; Andrew Lawson S. 116; Eric Crichton S. 118; Andrew Lawson S. 119-120; D. Tomlinson S. 122; Clive Nichols S. 119-120; D. Tomlinson S. 122; Clive Nichols/Garden Picture Library S. 123.

Der Verlag dankt außerdem Vanessa Courtier, Lesley Craig, Barbara Nash, Janet Smy, Alistair Plumb, Helen Ridge und Michael Shoebridge.